新時代の経営マネジメント

中山　健・丹野　勲・宮下　清［著］
Takeshi Nakayama　Isao Tanno　Kiyoshi Miyashita

創 成 社

はしがき

　本書は，はじめて経営学を学ぶ大学生を対象に書かれたものであり，経営学分野の基本的用語と理論の学習に最適な書となっている。これまで経営学を学んだことがない社会人や起業を目指す人々にとっても，仕事をする上で知っておくべき基本事項が網羅され，実践にも役立つものとなっている。また，資格試験（公務員試験，中小企業診断士試験，公認会計士試験，経営学検定試験など）の受験用図書として，あるいはビジネス・スクール（経営大学院）の受験を準備されている方への参考書としても，本書をお薦めしたい。

　われわれが本書を執筆した理由は，先進国経済が成熟化段階にあるなかにあって，日本企業を取り巻く経営環境が以下のように大きな変化を遂げようとしている点に着目したからである。

　まず第1に，高齢化と少子化の進行である。人口が減少するなかにあって，65歳以上の高齢者は年間50万人規模で増加し続けている（厚生労働省調べ）。人口減少社会のなかで高齢者のマーケットは拡大することになり，とりわけ医療・福祉分野において大きなビジネス・チャンスが見込まれており，元気な高齢者を対象とした人材紹介，余暇産業などにおいて新しいビジネスが次々と生まれている。その一方で，少子化が進行するため働き手は減少することになる。働く世代（15～64歳）の人口を意味する生産年齢人口は，高齢者の増加とは逆に50万～60万人規模で毎年減少し続けており，50年後には半減すると予想されている。人口減少に加えて働く世代も減少することは経済への大きなダメージとなるため，開発・生産・流通・サービス現場での人手不足を深刻化させるとともに国内需要の減少を招くことになる。

　第2に，新たなイノベーション（技術革新）の到来とそれへの対応である。第4次産業革命ともいわれているAI（人工知能）の進化，IoT，ロボット技術

の進展，3Dプリンターやドローンは企業経営のさまざまな部門において生産性を向上させ，省力化・無人化を促進する。ロボットと共存しつつ少人数で生産を行う工場も散見されるが，いずれは製造部門だけでなく事務部門や販売・輸送部門における人間の仕事の多くを代替することになる。これら新技術の進展と普及が進めば，前述した少子化による人手不足もいずれは解消され，業務内容によっては働き手を必要としなくなるであろう。他方で，創造力を必要とする企画・開発・デザイン部門やサービス志向の高い部門，福祉・介護・保育をはじめとするサービス産業においては，AIやロボットだけでは対応が困難な仕事もかなりある。以上を考えると，組織のなかでの人間の役割は限定され偏在するであろうが，そうした新技術の活用を踏まえて経営者，管理者ならびに現場の従業員は人間関係や組織のあり方を考え，さまざまな交渉や意思決定を行う必要があろう。

　第3に，グローバル化の進展とそれへの対応である。生産活動の国際展開に加えて，電子商取引の普及によるモノ・サービスの国際取引も年々増加している。こうした企業活動の国際化は，組織の国際化を招いており，多くの外国人が日本企業で働くようになってきただけでなく，日本で起業するケースも増えてきた。国により異なる文化・宗教・制度・商慣習を理解し，その国に適合した製品やサービスをどう創出すればいいか，多国籍の人々と協働しながらスムーズに仕事をするにはどうすればいいか，など働く環境と生活環境の多様性に適応した組織づくりを構築することが求められている。

　こうした大きな変革や諸課題が生じている新たな時代においては，企業（非営利組織を含む）が優れた経営戦略をつくること，創造性と意欲に溢れた人材を育成し活用すること，新たな知識を生み出す組織を構築すること，中小規模の組織が成長するための条件，グローバル化に対応できるマネジメントのあり方，などについて学ぶことが重要といえる。読者の皆さんには，本書を通してそれらの知識をぜひ身につけていただきたい。

　われわれ執筆者は，経営学を専門としながらもそれぞれの研究分野は異なるため，各々の専門領域の章を執筆することでほぼすべての経営学領域を網羅し

た図書を完成させることができた。今後とも読者の皆さんの意見を参考にしつつ，改訂を重ねながらより良い内容にしていきたい。

　最後に，本書を出版するにあたって㈱創成社の塚田尚寛代表取締役，ならびに西田徹出版部課長，営業部の中川史郎氏には大変お世話になった。また，同社の北川恵さんには，企画段階から長期間にわたって大変有意義なアドバイスと温かい励ましを頂いた。このようなご支援がなければ出版は叶わなかったと思われる。この場をお借りして心より感謝申し上げたい。

2018年4月20日

中山　健，丹野　勲，宮下　清

──────── 著者紹介 ────────

中山　健（Takeshi NAKAYAMA）　担当章：第2章，第6章，第9章，第11章
[現在] 横浜市立大学国際総合科学部・大学院国際マネジメント研究科 教授・博士（学術）
[学歴] 慶應義塾大学経済学部卒業
　　　 筑波大学大学院経営政策科学研究科修士課程修了
　　　 桜美林大学大学院国際学研究科博士課程修了
　　　 東京大学大学院教育学研究科博士課程単位取得
[職歴] 独立行政法人中小企業基盤整備機構，ほかを経て現職
[著書] 『中小企業のネットワーク戦略』同友館，2001（単著）（中小企業研究奨励賞「本賞」受賞），『経営管理論』理想書林，2006（共編著），『21世紀中小企業のネットワーク組織』同友館，2017（共編著），ほか。

丹野　勲（Isao TANNO）　担当章：第1章，第3章，第4章，第12章
[現在] 神奈川大学経営学部・大学院経営学研究科委員長 教授・博士（経営学）
[学歴] 青山学院大学経営学部卒業
　　　 筑波大学大学院経営政策科学研究科修士課程修了
　　　 筑波大学大学院博士課程社会工学研究科単位取得
[職歴] 大日本印刷（株），筑波大学準研究員を経て現職
[著書] 『アジアフロンティア地域の制度と国際経営』文眞堂，2010（単著），『日本的労働制度の歴史と戦略』泉文堂，2012（単著），『日本企業の東南アジア進出のルーツと戦略』同文舘出版，2017（単著），ほか。

宮下　清（Kiyoshi MIYASHITA）　担当章：第5章，第7章，第8章，第10章
[現在] 長野県立大学グローバルマネジメント学部教授・博士（学術）
[学歴] 筑波大学第一学群社会学類卒業
　　　 インディアナ大学大学院経営管理研究科修士課程修了，MBA
　　　 横浜国立大学大学院国際開発研究科博士課程後期修了
[職歴] 日産自動車（株），産業能率大学，首都大学東京，オックスフォード大学客員研究員，大分大学などを経て現職
[著書] 『組織内プロフェッショナル』同友館，2001（単著），『現代経営行動論』白桃書房，2007（共著），『テキスト経営・人事入門』創成社，2013（単著），『働き方改革をすすめる「ホワイトカラー資格」』中央経済社，2018（単著）ほか。

目　次

はしがき

第1章　企業とは何か（企業形態論）── 1
1. 企業，会社 ……………………… 2
2. 会　社 ……………………………… 4
3. 会社の種類 ……………………… 9
4. 他の共同企業 ………………… 10
5. 協同組合，公企業，ＮＰＯ法人 ……………………………………… 11
6. 独占，企業結合，不公正な取引，カルテル ……………………… 15

第2章　起業プロセスと起業家 ── 19
1. 起業プロセス ………………… 19
2. ビジネス・プラン（Business Plan：事業計画書）…… 22
3. 起業活動の現状 ……………… 26
4. 起業家と起業課題 …………… 32
5. 起業支援施設とベンチャーキャピタル ……………………… 35

第3章　株式会社の仕組みと特徴 ── 43
1. 会社の機関 …………………… 43
2. 株式とは何か ………………… 47
3. 株式の発行と上場 …………… 49
4. 社　債 …………………………… 58
5. 資金調達 ……………………… 59

第4章　コーポレートガバナンス ── 62
1. トップマネジメントと所有構造 ……………………… 62
2. アメリカのコーポレートガバナンス ……………………… 64
3. ドイツのコーポレートガバナンス ……………………… 65
4. 日本のコーポレートガバナンス ……………………… 66
5. 中国のコーポレートガバナンス ……………………… 68
6. コーポレートガバナンスの理論 …………………………… 71

第5章　経営管理 ── 74
1. 経営管理の生成と発展 ……… 74
2. 古典的経営管理 ……………… 77
3. 人間関係論 …………………… 83
4. 行動科学理論 ………………… 84

5 状況適合理論 89

第6章　経営戦略 ── 94
1 経営戦略への注目 94
2 戦略のレベルと戦略策定
　　 プロセス 96
3 企業戦略 99
4 事業戦略 113
5 資源ベース戦略論 121

第7章　経営組織 ── 126
1 組織の機能と特徴 126
2 基本的な組織形態 130
3 発展的な組織形態 134
4 組織文化と組織活性化 137

第8章　人材マネジメント ── 143
1 人材マネジメントとは 143
2 環境・戦略・組織と人材 148
3 人材マネジメントの諸機能 152
4 企業と人材開発 157

第9章　リーダーシップ論 ── 162
1 リーダーシップとリーダー 162
2 リーダーシップ特性論 163
3 リーダーシップ行動理論 164
4 リーダーシップ状況理論 170
5 変革型リーダーシップ理論 173

第10章　知識経営 ── 178
1 知識経営の意義 178
2 知識資産と知識経営 181
3 知識経営の場と組織 186
4 知識経営と人材 190

第11章　中小企業経営 ── 195
1 中小企業とは 195
2 企業成長の理論と実際 197
3 下請企業経営 203
4 産地企業の経営 207
5 中小企業（製造業）の
　　 経営戦略 210

第12章　国際経営 ── 213
1 海外直接投資と間接投資 213
2 海外直接投資の性格・目的 215
3 完全所有子会社と合弁会社 218
4 貿　易 220
5 グローバルなM＆A戦略 223
6 国際戦略提携 229
7 知的財産権の国際戦略 239

索　引 242

第 1 章
企業とは何か（企業形態論）

　経営学（management）は，グローバルなレベルでダイナミックに変貌している現代社会において，もっとも今日的な学問である。経営学は，**組織体の管理に関する社会科学**であるといえるが，その研究対象は，**企業**が中心である。そのほか，官庁，協同組合，病院，国際機関，学校，ボランティア団体，ＮＰＯ法人，宗教団体，スポーツ団体，各種法人などの**非営利組織**も含まれる。

　経営学は，学際性，実践性という特徴を有している。経営学は，経済学，法学，工学，心理学，社会学，歴史学，文化学，国内や海外の地域研究等の学問分野と密接に関わり（経営経済学，経営法学，経営工学，経営心理学，経営社会学，経営史学，経営文化論などの専門分野もある）を持っており，**学際的なアプローチ**を重視している。学際性とともに，**実践性**を強く有していることも経営学の特徴である。特にアメリカ経営学は，政策論や技術論として，企業経営に実際に役立つことを重視し，アメリカのビジネススクール（大学院レベルの教育研究機関）での教育研究においては特にこの傾向が強い。

　企業のグローバル化が急速に進展してきている。そのなかで，企業を中心とした組織体の管理・経営のあり方が国際的に相違しているという**国際比較経営**の視点も必要である。

　経営学が当然**社会科学**である限り，グローバルな視点から，**普遍的な経営理論構築**も必要である。すなわち，社会科学としての経営学は，原因と結果，理由・動機と行動・結果といった，因果関係，一般的な法則を探求することであるといえる。その研究方法としては，仮説検証，事実発見，モデル構築・分

析，概念構築・分類，制度・構造分析などがある。さらに，経営学では，**歴史的視点**も必要である。企業経営が，時間の経過とともに変化してきているという歴史的視点での分析（経営史，歴史比較制度など）も重要である。

本章では，経営学の中心的な研究対象である企業について考察していくことにしよう。

■1 企業，会社
①1 企業，会社とは何か

企業とは，継続的に生産，流通，金融，サービスなどの経済活動，事業活動を行う独立した単位である。企業には，私人，民間が出資する**私（民間）企業**，および，国や地方公共団体などが直接運営するか，出資する**公企業**がある。

図表1－1は，日本での企業の種類を表したものである。

私（民間）企業とは，個人や民間が出資し，営利を目的とする企業をいう。私企業には，個人企業と共同企業がある。**個人企業**は，原則として1人が出資して事業を営む企業形態で，**共同企業**は原則として2人以上が出資して事業を営む企業形態である。

共同企業には，日本の法律では，会社，協同組合，民法上の組合，匿名組合，有限責任事業組合，投資事業有限責任組合などがある。そのなかで，会社がもっとも代表的で，合名会社，合資会社，株式会社，（特例）有限会社，合同会社などの形態がある。

国際的に企業形態をみると，国営企業，公営企業などの公企業，および個人企業，合名会社，合資会社，株式会社，有限会社，協同組合などの私企業（民間企業）が存在しているという点でほぼ共通している。ただし，国により各種の企業形態の比重が違っていたり，同じ株式会社，有限会社であっても各国の会社法制により微妙に相違している。また，これ以外の企業形態が存在している国もある。中国やベトナムといった社会主義諸国では最近民営化されつつあるが，一般的に公企業の比重が高い。

図表1-1 日本での企業の分類

1) 私(民間)企業
　(1) 営利企業
　① 個人企業
　② 共同企業
　　(a) 法人企業
　　　　合名会社
　　　　合資会社
　　　　株式会社
　　　　有限会社(特例有限会社)
　　　　合同会社
　　(b) 非法人企業
　　　　民法上の組合
　　　　匿名組合
　　　　有限責任事業組合
　　　　投資事業有限責任組合
　③ 外国会社
　(2) 非営利企業
　　協同組合
　　　農業協同組合,漁業協同組合,消費者生活協同組合,事業協同組合,
　　　信用協同組合,労働者協同組合など
2) 公企業
　(1) 官公庁企業
　(2) 国営企業
　　　法人公企業
　　　　独立行政法人,公庫,機構など
　　　特殊法人
　(3) 地方公営企業
　(4) 公私混合企業

出所:筆者作成。

2 個人企業

個人企業は,原則として個人が出資し,経営する形態である。歴史的にみて,最初の企業形態である。個人企業主は,通常,経営の決定を1人で行い,得た利益はすべて自分のものにできる。しかし,損失や債務はすべて個人事業主が負うことになる。以上のように,個人企業は,企業の債務に対して**無限責**

任を負うことになる。

　個人企業は，現在でも，もっとも数の多い企業形態である。たとえば，八百屋，肉屋，そば屋，ラーメン屋，パン屋，酒屋などの各種商店，居酒屋，理髪店，銭湯などのサービス事業店，農家などは，多くは個人企業である。

　個人企業は，個人が集めることのできる資金には限界があるため，事業が拡大すると，一般的に共同企業形態としての会社に発展する。

2　会　社

　原則として2人以上が出資して事業を営む形態が**共同企業**である。共同企業で代表的な形態が**会社**である。日本の法律では，会社には，合名会社，合資会社，株式会社，有限会社（特例有限会社），合同会社などがある。

　日本で最初に会社制度が法的に承認されたのは，1872（明治5）年の**国立銀行条例**であるといわれている。これは，アメリカのナショナルバンク制度をモデルにしたものである。これにより，国立銀行は，第一国立銀行をはじめとして，1879（明治12）年にはその数は153行にも及んだ。

　その後，株式会社としての事業会社が相次いで設立された。1882（明治15）年に設立された大阪紡績会社が本格的な株式会社としての事業会社の最初であるとされている。さらに，鐘淵紡績（現在のカネボウ），倉敷紡績（現在のクラボウ）などが株式会社として設立された。1884（明治17）年からは，官営工場，官営鉱山などの民間払い下げが開始され，多くの株式会社が設立され，三井，三菱，住友，古河，浅野といった財閥の基礎が形成されていった。

　2006年5月に施行された会社法（以下**新会社法**と明記する）では，株式会社以外の会社である，合名会社，合資会社，合同会社の3つの会社形態を合わせて**持分会社**とした。

　会社は，日本の商法では，営利目的で設立された**社団法人**であると定義している。会社は，経済的な利益を得るという，営利を目的とするものである。社団法人は，法律用語である。**社団**とは団体としての組織・機構を備えた人の集合体を意味する（これに対して**財団**は，財産の集合である）。また，**法人**とは，文字

図表1－2　日本の主な私（民間）企業の種類と特徴

	個人企業	合名会社	合資会社	株式会社	（特例）有限会社	合同会社
出資者	1名以上	1名以上	無限責任出資者と有限責任出資者1名以上	1名以上	1名以上	1名以上
出資者の責任	無限責任	全員無限責任	無限責任と有限責任の出資者	全員有限責任	全員有限責任	全員有限責任
特徴	個人事業主が営む形態で，数が多い。	所有と経営が一致。	有限責任出資者を加えたことで，多くの出資者から資本調達が可能。	資本の証券化。多額の資本調達が可能。最も代表的な企業形態。	株式は非公開。中小企業に適した形態。（有限会社の廃止による経過措置）	所有と経営が一致。原則として出資者全員の一致で会社の経営を行う。

出所：筆者作成。

どおり法律がつくった人である。すなわち法人とは，本当の人（これを法律用語で**自然人**といっている）と同等の権利能力を持つ法律上の主体をいう。したがって，法人は自然人同様に，契約の締結，取引行為，財産の所有などの権利義務の主体としての権利能力を持つのである。たとえば，会社は，会社名義で取引をしたり，財産を持つことができる。ただし，法人格の濫用または法人格の形骸化が認められるような場合に，当該法人かぎりで法人格が否定される，**法人格否認の法理**が，判例により認められている。

図表1－2は，日本の主な私（民間）企業の種類と特徴を表したものである。

1 合名会社

合名会社とは，1人以上の者が出資して共同で事業を営む形態で，出資者（法律用語では**社員**という）全員が会社債務に対して**無限責任**を負う企業形態である。合名会社の出資者は，原則として，会社の業務を執行し，会社を代表するという，企業の所有と経営が一致している。出資者の持分を譲渡する場合，他の出資者全員の承諾を必要とする。

歴史的には，最初の合名会社は，中世ヨーロッパのイタリアやポルトガルに

生まれた**ソキエタス**（societas）という共同企業である。

ここで重要なのは，**無限責任**という概念である。無限責任とは，出資者が，会社債務に対して個人財産で限度なしに責任を負うことである。たとえば，もし会社が倒産し，会社に10億円の債務があるとすると，出資額が10万円であっても他の出資者と連帯責任で10億円の会社債務の義務を負うことになる。すなわち，無限責任では，出資額にかかわらず，会社債務に対して個人財産を差し出しても責任を負うのである。

戦前の財閥，たとえば三井財閥では，本社としての持株会社は三井合名会社という合名会社形態であった。現在の日本では，合名会社形態は，会社総数の1％以下ときわめて少ないのが実情である。

2 合資会社

合資会社とは，2人以上が出資（無限責任出資者と有限責任出資者各1名以上）して共同で事業を営む形態で，無限責任の出資者に加えて，会社債務に対して出資額限りの責任しかとらない**有限責任**の出資者を加えた企業形態である。

合資会社の無限責任の出資者（社員）は，合名会社と同様に，原則として，会社の業務を執行し，会社を代表するという，企業の所有と経営が一致している。無限責任出資者の持分を譲渡する場合，他の無限責任出資者全員の承諾を必要とする。

合資会社の有限責任の出資者（社員）は，もし会社が倒産し，会社に10億円の債務があったとしても，出資額が10万円であれば，その出資額限りの責任を負うだけである。

合資会社は，中世イタリアの地中海沿岸商業都市で発展した**コンメンダ**（commenda）を起源にしているといわれる。戦前の財閥，たとえば三菱財閥，住友財閥では，本社としての持株会社は三菱合資会社，住友合資会社という合資会社形態であった。

有限責任の出資者を加えたことで，多くの出資者から資本を調達することが可能となった。

③ 株式会社

　株式会社は，現在では私企業の代表的形態である。日本では，合名企業や合資会社の数はきわめて少ない。国際的にみても，資本主義国のみならず，中国やベトナムなどの諸国（いわゆる社会主義市場経済国）においても，株式会社（特に大企業）は，もっとも一般的な企業形態となってきている。

　株式会社の起源は，1602 年設立の**オランダ東インド会社**（江戸時代の長崎出島はオランダ東インド会社の支店であった）であるといわれている。株式会社は，人類の経済発展のなかで画期的な制度で，現代でも最も重要な経済単位の 1 つである。

　株式会社の第 1 の特徴は，資本を出資した株主は，**全員有限責任**である。たとえば，もしある株式会社が倒産し，その株式会社に 10 億円の債務があったとしよう。株主は，株式への出資額が 10 万円であれば，その株式が無価値になり投資を回収できなくなるが，それ以上の会社債務返済の義務はない。すなわち，株主は自己の出資額を限度として会社の債務に責任を負えばよく，それを超えた部分に対しては責任を負わない。そのため，出資のリスクが限定されることから，株式会社は多数の人々から多額の資本を集めることを可能とした。

　第 2 の特徴は，**資本の証券化**である。株式会社は，**株式**という証券を発行して株主から資金を調達する。株式会社のなかで，公開（上場）企業の場合，原則として株式は証券市場で自由に売買することができる。

　新会社法において，株式会社の最低資本金制度がなくなり，資本金 1 円でも株式会社を設立することが可能となった。資本金 1 円では，出資者は 1 人のみということになり，いわゆる**1 人会社**も認められている。そのため個人が，独立，起業しやすくなった。

　株式会社を設立する場合，会社の基本的規則としての**定款**を作成し登記をする必要がある。定款には，会社の商号，企業の目的（事業内容など），本社の所在地，設立に際して出資される財産の価額またはその最低額，発起人の氏名または名称と住所などのほかに，会社が発行する株式の総数（**授権株式数**），および会社の設立に際して発行する株式の総数を必ず明記しなければならない。そして，実際に発行する株式数（**発行株式数**）は，授権株式数の 4 分の 1 以上でな

ければならないとしている。なお，授権株式数の枠内であれば，取締役会の決議のみで新株を発行（**増資**）できる。定款の変更により既存の授権株式数を増加する場合にも，発行済株式数の4倍までしか増加できない。

株式会社の設立にあたって，発起人のみが株主となって会社を設立する**発起設立**，および発起人以外にも株主を募集して会社を設立する**募集設立**がある。

4 （特例）有限会社

株式会社の特徴をいかして，小さな企業でも設立しやすいような企業形態が**有限会社**である。株主が全員有限責任で，一般的には株式が非公開（閉鎖会社）の企業形態である。日本では，小企業の多くに有限会社形態が存在する。

国際的にみると，ドイツでは，大企業でも株式会社ではなく有限会社形態の企業が一部存在する。

新会社法では，有限会社制度を廃止した。ただし，既存の有限会社については，経過措置が設けられて，**特例有限会社**として存続可能である。

5 合同会社

新会社法で創設された新しい会社形態である。

合同会社は，出資者（法律用語では社員）はすべて有限責任であり，法人格を持ち，内部関係については民法上の組合に近く，定款自治が強く認められる企業形態である。

合同会社の出資者としての社員は，原則として，会社の業務を執行し，会社を代表するという，企業の所有と経営が一致している。合同会社は，原則として，出資者全員の一致で定款の変更や会社経営の決定が行われ，各社員が会社の業務を執行する。経営の事項について，出資額にかかわらず社員の総意で決定することができる。会社の持ち分の譲渡については，原則として社員全員の一致が要求される。

合同会社は，アメリカのLLC（Limited Liability Company）のような企業形態である。合同会社は，新時代の日本で注目される企業形態の1つである。

合同会社は，ベンチャー企業，産学共同事業，会計や弁護士事務所などのプロフェッショナル企業に適している企業形態である。

3 会社の種類
1 公開会社と非公開会社

公開会社は，すべての種類，または一部の株式について譲渡制限がない株式会社である。公開会社は，原則として株式を証券市場で自由に取引している企業である。公開会社には，会社の株式を証券取引所等の証券市場で売買される企業として**上場会社**がある。

一方，**非公開会社**（**閉鎖会社**）は，すべての種類の株式について譲渡制限がある株式会社である。すなわち，非公開企業は，株式のほとんどが少数の特定株主により所有され，流通市場を持たない会社である。

一般的には，公開会社は大企業で，非公開会社は中小企業である。ただし，大企業でも，一部の企業で非公開会社が存在する。

2 大会社と小会社，中小企業

資本金が5億円以上，または負債が200億円以上の会社が，**大会社**である（新会社法第2条6号）。資本の額が1億円以下の企業を，**小会社**と定義している（商法特例法）。中会社は，大会社，小会社以外の会社である。

なお，中小企業基本法では，以下のような企業を**中小企業**と定義している。
① 製造業等では，資本金3億円以下または従業員数が300人以下。
② 卸売業では，資本金1億円以下または従業員数が100人以下。
③ サービス業では，資本金5,000万円以下または従業員数が100人以下。
④ 小売業では，資本金5,000万円以下または従業員数が50人以下。

3 親会社と子会社

他の会社の株式を原則として過半数以上所有する企業が**親会社**であり，所有される側の会社が**子会社**（従属会社ともいう）である。親会社のうち，他の会社

の株式を100%所有する企業を**完全親会社**，所有される側の子会社を**完全子会社**という。

ソニーのケースをみてみると，親会社としてのソニーは，ソニーセミコンダクターソリューション，ソニーモバイルコミュニケーションズ，ソニーマーケティング，ソニーファイナンシャルホールディングスなどの多くの子会社を持っている。

4 外国会社

外国の法令に準拠して設立された法人その他外国の団体で，日本の会社と同種または類似のものを，**外国会社**という（新会社法第2条2号）。

外国で設立した会社の法人格は，原則として，日本でも承認される。なお，外国会社が，日本で継続的に事業活動しようとする場合，日本で代表者を定め，外国会社の登記をしなければならない（新会社法第817，818条）。

4 他の共同企業
1 民法上の組合

共同企業の簡単な形は，民法上の組合である。2人以上（法人でもよい）が出資し，共同で事業（営利事業である必要はない）を営むことに合意すれば，組合契約が成立し，**民法上の組合**となる。その構成員は，債務に対して無限責任を負う。民法上の組合は**契約**であり，会社と違い法人格を持たない。構成員相互間の契約関係で結ばれており，各構成員の独立性は強い。

たとえば，友人同士で，資金を出し合ってベンチャーやネット販売などの事業を始めた場合，民法上の組合という契約で始めることができる。

2 匿名組合

当事者の一方（匿名組合員）が相手方（事業者）の事業のために出資し，その事業から生じる利益分配を約する契約が，**匿名組合**である（商法第535条）。匿名組合員（法人でもよい）は，業務執行権を持たず，出資した財産を限度として

危険を負担する有限責任のみである。匿名組合には，法人格はない。匿名組合は，出資している事実を公にしたくない者にとって，利用価値のあるものである。

たとえば，日本では航空機リースや不動産の証券化等の事業で利用されている。

③ 有限責任事業組合

出資者は全員有限責任で，民法上の組合に近い新しい共同企業形態が，**有限責任事業組合**（LLP：Limited Liability Partnership）である。2005年に施行された有限責任事業組合法に基づく新しい形態である。これは，総組合員が業務執行権限を有する形で，出資者全員が有限責任である。

事業運営は，原則として自由な運営が可能で，設立が容易である。有限責任事業組合は，会社と違い，法人格がない。そのため，不動産登記や内部留保ができない。また，法人課税はされず，出資者に課税される。

有限責任事業組合は，中小企業の連携，共同研究開発，投資ファンド，街おこし，イベント開催などの組織として設立されている。

④ 投資事業有限責任組合

投資事業有限責任組合は，ベンチャー企業などへの投資を目的とする，無限責任組合員および有限責任組合員からなる組合である。

日本のベンチャー企業などへの投資を目的とするかなりのファンドが，投資事業有限責任組合である。

５ 協同組合，公企業，ＮＰＯ法人
① 協同組合

組合員の相互扶助と地位の向上を図る目的で設立された法人が，**協同組合**である。協同組合は，組合員（消費者，事業者など）のための企業であるといえる。

歴史的にみると，17世紀に産業革命を経験したイギリスで確立されたとされ，協同組合の原型は，1844年に設立されたロッチデール公正開拓者組合（The Rochdale Society of Equitable Pioneers）であるといわれている。そのため，協

同組合は，ヨーロッパで発展を遂げ，現在でもヨーロッパ各国で多くみられる。他の諸国でも，協同組合は存在している。

日本では，農林水産業者のための協同組合として，農業協同組合（**農協**），農林中央金庫，森林組合，水産業協同組合などがある。消費者のための協同組合として消費生活協同組合（**生協**），全労済などがある。なお，全労済（全国労働者共済生活協同組合）は共済事業を行う。中小企業のための協同組合として事業協同組合，信用協同組合（信用組合），企業組合などがある。**事業協同組合**は，商業，工業，鉱業，運送業，サービス業などを営む小規模事業者のための協同組合である。たとえば，事業協同組合として，同業者組合，商店街組合，工業団地などにおける団地組合，産地組合，下請組合，地区組合などがある。**信用協同組合**は，組合員のための金融機関である。**企業組合**は，他の協同組合と異なって，個人が主体となり事業を営む協同組合である。たとえば，労働者同士が共同出資して事業を営む**労働者協同組合**（ワーカーズコープ）などがある。

協同組合の特徴として以下がある。

① 組合員は，出資口数の多少にかかわらず，原則として，**1組合員に1票の議決権**を有する。すなわち，協同組合は，株式会社のような1株1票主義ではなく，1人1票主義という民主的運営の原則を採用している。

② 協同組合の加入，脱退は原則として自由である。ただし，組合員の資格が限定されている場合（たとえば農協の場合は農業従事者，生協の場合は一定の地域や職域による人）は，その範囲の人が組合員になることができる。

③ 組合員は，原則として，出資1口以上を有しなければならない。協同組合の組合員になるためには，出資して持ち分を得る必要がある。

④ 剰余金の割戻し。原則として，組合員の利用分量に応じて剰余金の割戻しを受けることができる。共同組合では，剰余金の分配は，株式会社のような出資額によるのではなく，組合からの購買額，利用額に比例する方法である。

協同組合は，参加的で民主的な運営という特徴があるので，国際的にも今後の発展が期待されている。

2 公企業

　国や地方公共団体などが直接運営するか，出資する企業が，**公企業**である。

　私企業以外の企業形態として，いわゆる社会主義国のみならず資本主義国においても，国営，公営企業などの公企業が多く存在している。国営・公営企業の**民営化**の動きが，社会主義国だけではなく資本主義諸国でも共通する世界的趨勢として存在していることは注目される。なぜ公企業の民営化が行われるのであろうか。それは，一般的に公企業は，国や地方からの規制や天下り，経営自主権の制約，地域・事業独占などにより，結果として企業経営が非能率の傾向があるからである。公企業を民営化することにより，自由競争の原理をとり入れ，経営自主権を高め経営を効率化しようというものである。

　発展途上国では，一般的に国営・公営企業の比重が高い傾向がある。経済発展の初期段階，発展途上の段階の場合，公部門による産業基盤整備，産業育成が必要であるためである。日本でも，明治初期に官営事業として多くの公企業を設立した。たとえば，1868（明治1）年に石川島造船所，横須賀製鉄所，横浜製鉄所，1872（明治5）年に**富岡製糸場**（世界遺産として登録された），滝野川紡績所，1875（明治8）年に深川セメント製造所，1876（明治9）年に品川ガラス製造所などの官営事業を創設した。

　公企業の目的とその国際的事例として，以下がある。

① 公益性の強い事業。道路，港湾，鉄道，空港などの輸送施設，郵便，通信，電話などの通信施設，水道，下水，電力，ガスなどの公益事業サービス。
② 財政収入のため。タバコ，酒などの事業。
③ 経済発展の基盤形成のため。経済発展の初期段階におけるインフラ（産業基盤）整備，幼稚産業の育成の事業。
④ 国家的安全の確保のため。防衛，軍需，原子力などの活動，事業。
⑤ 資源の確保のため。原油，天然ガス，鉱物などの開発事業。
⑥ 経済政策のため。日本では，住宅金融支援機構，日本政策金融公庫，中小企業基盤整備機構など。
⑦ 社会的共通資本の建設と管理のため。公共財，国防，警察，消防などの

国家の安全や社会の治安維持,公共施設,福祉,病院,道路,公園などの公衆衛生や生活環境,学校,図書館,博物館などの教育・文化施設。

かつては,日本の公企業として,国鉄,電電公社,専売公社などがあったが,国鉄は,JR各社に,電電公社はNTT各社に,専売公社はJTとして民営化された。

日本の公企業として,以下がある。

第1は,**官公庁企業**である。これは,官公庁が直接事業を行っている形態である。国有林野事業（林野庁）,紙幣印刷事業・造幣事業（国立印刷局,造幣局）などがある。官公庁企業は,郵政事業の民営化などにより少なくなってきている。

第2は,**独立行政法人**である。これは,国がかなりの額を出資している独立法人形態の企業である。独立行政法人には,以下がある。

① 機構。中小企業基盤整備機構,都市再生機構,労働政策研究機構,日本貿易振興機構など。

② 政府系銀行。産業・国際的融資を行う。日本協力銀行,日本政策金融公庫,日本政策投資銀行など。

第3は,国の法律に依拠した公的な事業を営む**特殊法人**である。放送法による日本放送協会（NHK）,日本銀行法による日本銀行などがある。その他に,官公庁に関連する多くの特殊法人がある（官僚の天下りという問題も生じている）。

第4は,**地方公営企業**である。地方公共団体が運営,または出資する事業である。水道,下水,鉄道・バス事業などがある。

第5は,**公私混合企業**である。国や地方と,民間が出資した企業である。公私混合企業の1つとして,第3セクターという形態がある。**第3セクター**として,地域開発事業,インフラ建設,地方鉄道の再建,新鉄道の建設などがある。

3 NPO法人

企業ではないが,日本で最近注目されている法人形態の組織として,**NPO法人**がある。

NPOとは,英語で Non Profit Organization のことで,非営利組織を意味

する。日本では，ＮＰＯ法として，「特定非営利活動促進法」が 1998 年に公布され，同年 12 月に施行された。日本では，ＮＰＯ法人を，正式には**特定非営利活動法人**という。

ＮＰＯ法人は，営利を目的とせず，公益性を持つ活動を行う団体に法人格を与えるものである（公益法人として，そのほかに社会福祉法人，学校法人，宗教法人，医療法人などがある）。ＮＰＯ法人設立の狙いは，ボランティア活動をはじめとする市民が行う自由な社会貢献活動としての特定非営利活動を促進しようとするものである。なお，国際的に援助や支援等の活動を行う**ＮＧＯ**（Non-Governmental Organization）も注目されている。

ＮＰＯ法は，ＮＰＯ法人が主たる目的として行う分野として，保健，医療，社会教育，まちづくり，文化，芸術，スポーツのような活動をあげている。日本では，介護施設，福祉施設，児童館，学童クラブなどの運営，ボランティア活動，文化・スポーツ活動，国際協力（一部の NGO を含む）などを目的とするＮＰＯ法人が多く設立され，今後の活動が期待されている。

6 独占，企業結合，不公正な取引，カルテル

現在の市場経済のもとで，企業は自由競争に勝つために，大量生産を行うことによって商品の生産コストを下げようとする**規模の利益**（スケールメリット）の実現を図ろうとする。そのため，各企業は，市場占有率を高めるよう激しい競争を展開する。それに伴い競争力のない企業が市場から消えていき，市場は少数の大企業によって支配されるようになった。このような，市場を数社が支配する場合が**寡占**（oligopoly）といい，市場を一企業のみで支配している場合を**独占**（monopoly）といい，市場を 2 社で支配している場合を**複占**（duopoly）という。

日本では，独占の弊害を除去し，自由で公正な競争を確保するために，**独占禁止法**を制定し，企業結合，私的独占，カルテル，不公正な取引，不当な取引制限などを禁止している。また，その運用にあたる機関として，**公正取引委員会**を設置している。海外諸国でも，このような規制を設けている国が多い。

独占禁止法では，以下のような規定がある。

1 独占的状態

独占禁止法において，**独占的状態**を以下のように規定している。

第1の要件として，一定の事業分野の国内総供給価額が，1年間において1,000億円を超えなければならない。第2の要件として，1社で50％の市場占有率があるか，または2社の市場占有率の合計が75％以上あることである。第3の要件として，市場における弊害の発生が必要である。これは，新規参入を著しく困難にする事情がある，相当の期間にわたって，価格メカニズムが働かず価格の下方硬直性がある，および独占的利潤を得ているなどである。

以上の要件が満たされると独占的状態にあることになる。公正取引委員会は，さらに各種の配慮事項を考慮し，必要な措置をとることができる。ただし，近年，日本企業は外国企業とのグローバル競争が激化してきており，独占禁止法の運用が緩くなってきている傾向がある。これは，他の先進国でもほぼ同様である。

2 株式の保有，合併などの制限

事業をしないで株を所有することだけを目的とする会社が，**持株会社**である。1997年までは，持株会社は全面的に禁止されていたが，同年の独占禁止法の改正により，規制が緩和され，持株会社は認められるようになった。ただし，超巨大な持株会社だけが禁止されるようになった。さらに，銀行のような金融会社は，国内の他の会社の発行済みの株式総数の5％（保険会社では10％）以上を保有することは原則的に禁止している。日本の大企業では，持株会社を中心として傘下の企業とグループを形成して，事業を行うケースが増えてきている。

合併を制限している。国内の会社が，一定の取引分野における競争を実質的に制限することになる場合，または不公正な取引方法によるものである場合，合併が禁止されている。

3 不公正な取引方法

独占禁止法において，**不公正な取引方法**として以下がある。

① 不当に他の業者を差別的に取り扱うこと。
　不当である取引の拒否，出荷の停止，ボイコットなどがある。自社の系列に入らないと取引を拒絶するという行為も該当する。

② 不当な対価をもって取引すること。
　著しい原価割れ販売，不当廉売などがある。

③ 不当に競争者の顧客を自己と取引するように誘引し，または強制すること。不当である価格表示，景品・表示，広告・宣伝などがある。

④ 相手方の事業活動を不当に拘束する条件をもって取引すること。
　不当である再販売維持行為，価格の拘束，テリトリー制，拘束条件付き取引，販売業者への販売方法の拘束，事業活動の拘束などがある。

⑤ 自己の取引上の地位を不当に利用して相手方と取引すること。
　不当である押しつけ販売・協賛金の強要，違約金の強要，代金支払いの遅延，返品，購入契約の締結，従業員派遣の要請などがある。

⑥ 不当な取引の妨害行為と競争会社の内部干渉
　競争業者に対する不当な取引妨害，並行輸入の不当阻害などがある。

4 カルテル

カルテル（kartell）とは，同業者が集まって，互いに競争しないようにしようと決めることである。独占禁止法では，各種カルテルや**入札談合**を禁止している。重要なカルテルには，以下がある。

① 価格カルテル
　複数の会社が共謀して価格を引き上げる値上げカルテル，価格維持カルテル，最低価格を定めるカルテル，再販売価格を決めるカルテルなどがある。

② 数量カルテル
　数量カルテルは，供給量，生産数量，販売数量を業者が共同して決定するカルテルである。

③ 取引先制限カルテル

　企業間で取引の相手方や販売経路・販売地域などを取り決めるカルテルである。

④ 入札談合

　入札について談合するカルテルである。

5 不当な取引制限と独占禁止法

　カルテルのような**不当な取引制限の要件**として以下がある。

　第1は，複数の企業が相互に意思の連絡があるという，共同行為であることである。

　第2は，カルテルのような取引制限の目的が，価格，生産，投資調整，販路，技術，その他取引条件であることである。

　第3は，公共の利益に反して，一定の取引分野において，実質的に競争を制限していることである。

　このような不当な取引制限に対しては，**公正取引委員会**は，協定（カルテル）の破棄，刑事罰，課徴金などの措置を行うことができるとしている。

【参考文献】

馬場克三『株式会社金融論』森山書店，1978年。
江頭憲治郎『株式会社法』有斐閣，2017年。
神田秀樹『会社法』弘文堂，2017年。
川越憲治『独占禁止法』金融財政事業研究会，2010年。
岸田雅雄『ゼミナール会社法入門』日本経済新聞社，2012年。
小松章『企業形態論』新世社，2006年。
大塚久雄『株式会社発生史論』中央公論社，1946年。
丹野勲・榊原貞雄『グローバル化の経営学』実教出版，2007年。
丹野勲『アジアフロンティア地域の制度と国際経営』文眞堂，2010年。
丹野勲『日本的労働制度の歴史と戦略』泉文堂，2012年。
丹野勲『日本企業の東南アジア進出のルーツと戦略』同文舘，2017年。
弥永真生『リーガルマインド　会社法』有斐閣，2015年。

第2章
起業プロセスと起業家

■1 起業プロセス
1 起業家とは

　個人企業または法人企業（株式会社，合資会社，合名会社など）を自ら設立し経営することを「**起業**（する）」または「**創業**（する）」[1]という。また，その設立者（＝経営者）を「**起業家**」，「**創業者**」あるいは「**アントレプレナー**」（entrepreneur）という。日本国内では，毎年80万人以上が起業家になりたいという希望を持っており，彼らは「起業家予備軍」とよばれている。そして，毎年30万人前後が実際に起業している[2]。

　2006年5月に**会社法**が施行され，株式会社の設立要件が大幅に緩和された。それまで株式会社を設立するには1,000万円以上の資本金が必要だったが，会社法の施行により最低1円の資本金があれば設立できることとなった。また，設立手続きも簡略化された。アイデアはあっても会社の設立が難しかった学生，主婦，非正規雇用者などの起業家予備軍にとって，気軽に起業できる環境が整ったわけである。

　本章では，起業にあたってビジネス・プラン（事業計画書）にどのようなことを記載すべきか，その記載内容を解説し，実際に起業した人たち（＝起業家）のマネジメントを概観する。

2 起業のプロセス

　起業は，ビジネス・アイデアが発案され，それを事業化しようという「**起業**

の意思決定」が下されたときから始まる。

　まず、起業家が行うべきことは**経営理念**の策定である。経営理念とは、「企業の価値観や経営への取り組み姿勢、社会的責任などを簡潔な表現で明文化したもの」である。企業のパンフレットやホームページなどをみると、企業理念、企業ビジョン、企業使命、社是・社訓、綱領などと名付けられて掲載されているが、これらはいずれも経営理念を表したものである。なお、欧米の企業では**ミッション**（mission：**使命**）という表現で経営理念を記述する場合が多い。

　図表2－1に大手企業の経営理念が掲げられている。これをみると、「社会（世界）への貢献」であるとか「価値ある商品・サービスの提供」といった抽象的でわかりやすい言葉が使用されており、企業の目的や存在意義を明示していることが理解できるであろう。

図表2－1　経営理念の例

企業名	経営理念
㈱資生堂	（企業の使命）私たちは、多くの人々との出会いを通じて、新しく深みのある価値を発見し、美しい生活文化を創造します
パナソニック㈱	（綱領）私たちの使命は、生産・販売活動を通じて社会生活の改善と向上を図り、世界文化の進展に寄与すること
ヤマハ㈱	（企業理念）私たちは、音・音楽を原点に培った技術と感性で、新たな感動と豊かな文化を世界の人々とともに創りつづけます
㈱ファーストリテイリング（ユニクロ）	（企業理念）服を変え、常識を変え、世界を変えていく
吉本興業㈱	（行動憲章）吉本興業グループは、「笑い」を中心としたエンタテインメントによる社会貢献と、「誰もが、いつでも笑顔や笑い声をもてる社会」の実現を目指しています
コカ・コーラ・カンパニー（米国）	（Mission）・世界中にさわやかさをお届けすること ・前向きでハッピーな気持ちを味わえるひとときをもたらすこと ・価値を生み出し前向きな変化をもたらすこと

出所：各社のホームページにより作成。

経営理念を策定した後，個人企業で始めるか，あるいは法人企業（株式会社，合名会社，合資会社など）で始めるかを選択しなければならない。いずれの場合も，通常，設立のための手続きとともに**ビジネス・プラン**（**事業計画書**，後述）を作成することが重要である。株式会社の設立を想定すると，手続面からは，まず発起人および役員を選任し，事業目的，商号，本店所在地などが記載された「**定款**」を作成し，資本金を払い込む。その後，取締役会を開催し，法務局に登記をすることによって事業の開始が可能となる。

図表2-2　起業プロセス（株式会社：発起設立の場合）

```
          ┌──────────────────┐
          │  起業の意思決定  │
          └────────┬─────────┘
                   ▼
          ┌──────────────────┐
          │  経営理念の策定  │
          └────────┬─────────┘
        ┌──────────┴──────────┐
        ▼                     ▼
```

〈設立手続き：株式会社の場合〉
1. 発起人の決定
2. 定款の作成（取締役3人以上＋監査役または3委員会。任期は原則2年最長10年）
3. 引受け株式数の決定（株券は発行しなくてもよい）
4. 出資金の払い込み（最低1円）
5. 取締役会の開催
6. 設立登記

（なお，株式譲渡制限会社の場合，取締役は1人以上いればよく，取締役会および監査役は置かなくてもよい）

〈ビジネス・プランの作成〉
1. 事業内容
    （開業理由は？　どんな事業を行うのか？）など
2. マーケティング
    （原材料・製品をどこから仕入れるか？　誰にいくらで売るか？）など
3. 資金計画
    （いくら資金が必要か？　どこから調達するか？）など
4. 売上・利益計画
    （どのくらい売れるか？　利益の予想は？）など

```
                   ▼
          ┌──────────────────┐
          │    事業開始      │
          └──────────────────┘
```

出所：筆者作成。

2 ビジネス・プラン（Business Plan：事業計画書）

　ビジネス・プラン（**事業計画書**）とは，「事業全般の計画に関して，十分に考えて記述された資料であり，起業家にとって重要な指針となるもの」[3]である。

　事務所や店舗，工場などの設立資金を，銀行や信用金庫から借り入れたり，後述する**ベンチャーキャピタル**（Venture Capital：**投資会社**）や**個人投資家**（Angel：**エンジェル**）から資金を得る際の説明資料として必要なものである。また，そうした場合でなくとも，頭のなかだけでアイデアを構想するのではなく，実現可能なものかどうかを具体的に文書上に描いて自社分析をするためにも有用なものである。バイオ企業やハイテク企業の創業には，ベンチャーキャピタルから多額の投資を仰ぐことになるが，そうした場合は数十ページに及ぶビジネス・プランが必要となる。通常の創業の場合，政府系金融機関のなかには，1ページ程度の簡単な書式の事業計画書を提出すればよいところもある。

　ビジネス・プランの主たる記載事項は，①**事業内容**，②**マーケティング**，③**資金計画**，④**売上・利益計画**である（図表2−3参照）。

① 事業内容

　　どのような内容の事業なのか，なぜその事業を実現したいのかを記述する。業種，創業の目的・動機，取り組みへの熱意，事業経験の有無，取扱い商品・サービスとそのセールス・ポイントなど，事業の内容と特徴を明らかにする。

② マーケティング

　　マーケティング計画，すなわち商品・サービスを「どこから仕入れて誰にいくらで売るか」について記述する。原材料・部品・商品の仕入先，完成した製品や商品・サービスの販売対象となる顧客層，販売価格，販売促進方法（広告・宣伝）などを明らかにする。

③ 資金計画

　　資金需要（創業に必要な資金）と**資金調達**（調達先と調達額）に関して記述する。創業に必要な設備資金と運転資金の額を明示し，その必要資金

図表 2-3　ビジネス・プランの主な記載内容

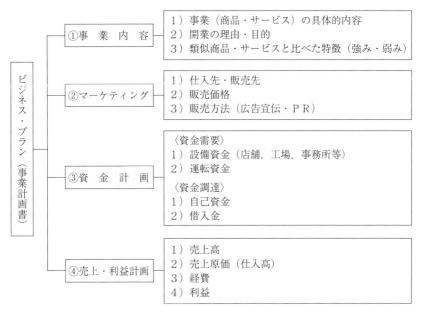

出所：筆者作成。

の調達額を，**自己資金**（自ら用意した資金），近親者や友人から借り入れる資金，銀行など金融機関から借り入れる資金に分けて明らかにする。

　金融機関の調査データ（全業種の平均）によると，開業に必要な費用は業種により違いはあるものの1社当たり約1,400万円であり，この数値は近年それほど大きく変化していない。また，資金調達に関しては，1社当たり（平均額）自己資金320万円，金融機関からの借入額931万円，近親者・友人・知人などからの借入額137万円である。資金調達額の約3分の2（65％）は，金融機関からの借り入れに依存しているのが現状である[4]。

④　売上・利益計画

　創業後（数カ月あるいは数年）の販売状況を予想しながら，売上額，売

図表2-4 ビジネス・プランの様式（記入例）

創 業 計 画 書　【記入例】

〔平成 ○ 年 ○ 月 ○ 日作成〕

お名前　○○○○

> 創業のきっかけ、経歴、技術、事業の特徴などのポイントを記入してください。

1　創業の動機（創業されるのは、どのような目的、動機からですか。）

	公庫処理欄
・自分の経験を生かしたい。 ・かねてから自分の店をもつことが夢だった。 ・○○駅の近くに良い店舗が見つかったため。	

2　経営者の略歴等

	年　月	内　容	公庫処理欄
経営者の略歴	平成○年○月	○○服飾専門学校卒	
	平成○年○月～	(株)○○衣料(婦人服卸)5年勤務	
	平成○年○月～	(株)ブティック○○(婦人服小売)7年勤務(現在の月給25万円)	
	平成○年○月	退職予定(退職金30万円)	
過去の事業経験	☑ 事業を経営していたことはない。 □ 事業を経営していたことがあり、現在もその事業を続けている。 □ 事業を経営していたことがあるが、既にその事業をやめている。 　（⇒やめた時期：　　　年　　月）		
取得資格	☑ 特になし　□ 有（　　　　　　　　　　　　　　　　　　　　　　）		
知的財産権等	☑ 特になし　□ 有（　　　　　　　　　　（□ 申請中　　□ 登録済　））		

3　取扱商品・サービス

取扱商品サービスの内容	① 婦人服（売上シェア 60 ％） 　約50点揃える。価格3,000円～20,000円	公庫処理欄
	② 子供服（売上シェア 30 ％） 　約30点揃える。価格2,000円～15,000円	
	③ その他（アクセサリーなど）（売上シェア 10 ％） 　付近の同業店で取扱っていない輸入小物価格500円～	
セールスポイント	婦人向けにはトータルコーディネートができるよう、商品ごとの組み合わせを重視した品揃えにする。また、子供向けには、親とお揃いの服を揃えるなど、親子でコーディネートを楽しめるような商品を提供する。	

4　取引先・取引関係等

	取引先名 フリガナ (所在地等)	シェア	掛取引の割合	回収・支払の条件	公庫処理欄
販売先	一般個人 (○○駅利用者)	100 %	%	即金　日〆　日回収	
	( )	%	%		
	( )	%	%		
	ほか　　社	%	%		
仕入先	カ)○○イリョウ (株)○○衣料(○○区○○) (元勤務先)	50 %	100 %	末　日〆　翌月末　日支払	
	カ)××ショウテン (株)××商店(○○区○○) (現勤務先の仕入先)	50 %	100 %	末　日〆　翌月末　日支払	
	ほか　　社	%	%		
外注先	( )	%	%	日〆　日支払	
	ほか　　社	%	%		
人件費の支払	末　日〆　翌月15日支払（ボーナスの支給月　　　　月、　　　　月）				

> ・販売先・仕入先との結びつきがあれば記入してください。
> ・契約書・注文書などがあれば添付してください。
> ・販売・仕入条件について確認しておく必要があります。
> ・立地選定理由についても触れてください。

> ・借入金の返済元金はここから支払われることになります。
> ・個人営業の場合、事業主分の人件費はここに含まれます。

第 2 章　起業プロセスと起業家　○──── 25

☆ この書類は、ご面談にかかる時間を短縮するために利用させていただきます。
　なお、本書類はお返しできませんので、あらかじめご了承ください。
☆ お手数ですが、可能な範囲でご記入いただき、借入申込書に添えてご提出ください。
☆ この書類に代えて、お客さまご自身が作成された計画書をご提出いただいても結構です。

5　従業員

常勤役員の人数（法人の方のみ）	人	従業員数（うち家族）	0人（0人）	パート・アルバイト	1人

6　お借入の状況（法人の場合、代表者の方のお借入れ（事業資金を除きます。））

お借入先名	お使いみち	お借入残高	年間返済額
○○銀行△△支店	□住宅 ☑車 □教育 □カード □その他	76万円	24万円
	□住宅 □車 □教育 □カード □その他	万円	万円
	□住宅 □車 □教育 □カード □その他	万円	万円

7　必要な資金と調達方法

	必要な資金	金額	調達の方法	金額
設備資金	店舗、工場、機械、備品、車両など （内訳） ・内装工事費 （○○社見積のとおり） ・備品類 （○○社見積のとおり） ・商品棚 （○○社見積のとおり） ・保証金 見積書などを添付してください。	620万円 400 50 80 90	自己資金 親、兄弟、知人、友人等からの借入 （内訳・返済方法） 日本政策金融公庫　国民生活事業 からの借入　元金7万円×86回（年○.○％） 他の金融機関等からの借入 （内訳・返済方法）	250万円 万円 600万円 万円
運転資金	商品仕入、経費支払資金など （内訳） ・商品仕入 ・広告費等諸経費支払	230万円 200 30	金額は一致します。	
	合計	850万円	合計	850万円

8　事業の見通し（月平均）

		創業当初	軌道に乗った後（○年○月頃）	売上高、売上原価（仕入高）、経費を計算された根拠をご記入ください。
	売上高 ①	195万円	234万円	<創業当初> ①売上高 7,500円（平均単価）×10人／日×26日＝195万円 ②原価率 60％（勤務時の経験から） ③人件費 アルバイト1人　時給800円×5時間／日×26日＝11万円 家賃15万円 支払利息 600万円×年○.○％÷12ヵ月＝2万円 その他 リース料、光熱費、通信費等11万円 <軌道に乗った後> ①創業当初の1.2倍（勤務時の経験から） ②当初の原価率を採用 ③人件費 アルバイト1人増 5万円増 　その他諸経費5万円増 （注）個人営業の場合、事業主分は含めません。
	売上原価 ②（仕入高）	117万円	141万円	
経費	人件費 (注)	11万円	16万円	
	家賃	15万円	15万円	
	支払利息	2万円	2万円	
	その他	11万円	16万円	
	合計 ③	39万円	49万円	
	利益 ①-②-③	39万円	44万円	

人件費は、従業員数もわかるようにしてください。

支払利息（月間）は、「借入金×年利率÷12ヵ月」で算出します。

ほかに参考となる資料がございましたら、計画書に添えてご提出ください。

（日本政策金融公庫　国民生活事業）

出所：日本政策金融公庫『創業の手引き』, 2017 年, 9～10 頁。

上原価，経費，利益額を計算し記述する。極端に多くの来店客を予想するのでなく，無理のない範囲で，しかもある程度の根拠をもとに売上額や売上原価，経費を計算し，最終的にどの程度の利益額が得られるのかを明らかにする。たとえば，小売業を創業する場合の1カ月当たり売上高は，1日当たりの平均来店客数×**客単価**（顧客1人当たり平均購入額）×1カ月当たりの営業日数により算出する。

　これら①から④までの内容は，ビジネス・プランに記載すべき最小限の内容である。なお，**図表2－4**は，婦人服・子供服販売の小売店を創業予定の起業家が，政府系金融機関から創業資金を借りるために提出しなければならない創業計画書の記入例である。無理な内容になっていないか，設備資金や売上予測，経費の見積もりなどが実現可能な数値であるか，借入額が多過ぎないか，事業への情熱・やる気はあるか，などが審査の際に特に重要となる。ちなみに，この政府系金融機関からは，担保・保証人不要で4,000万円までの創業資金を借りることができる。

3 起業活動の現状
1 起業家活動（アントレプレナーシップ：entrepreneurship）
　起業家活動とは「新たな価値を創造するとともに，リスクを受け入れ報酬を獲得するプロセス」[5]である。起業家活動においては，業種にかかわらず以下の4つの特徴がみられる[6]。

　　① 創造的なプロセス（creation process）
　　　製品や製造，販売，組織といった面で革新的なことを行い，今までにない新たな価値を創造しようとする。
　　② 時間と努力を惜しまない（devotion of the necessary time and effort）
　　　十分な時間と努力を費やすことによって新たな価値を生み出したり，その事業化を果たそうとする。
　　③ リスクを受け入れる（assuming the necessary risks）
　　　起業において直面する経済的（金融）リスク，精神的リスク，社会的リ

スクといった種々のリスクを受け入れる。
④ 報酬を得る（receiving rewards）
起業家であることは報酬を得ることでもある。なかでも「自立」、「自己満足」、「金銭的満足」が重要な報酬となる。

2 起業が活発な業界

起業が活発なのはどのような業界だろうか。この疑問に対しては、開業率の高い業界は何か、そして新規に開業した人はどのような業界を選んだのか、という2つの面からみてみよう。

業種別開業率のデータ（図表2-5(1)）をみると、まず飲食サービス業（和・洋・中華料理店、居酒屋など）が旧来から開業者の多い業種として1位にあげられている。同じく高い開業率を示しているのは、近年、外国人観光客の増加に伴って新規開業が顕著に増えてきたホテル・旅館（宿泊業）である。次いで、住宅のリフォーム需要の増加や電柱の埋設化によって建設業の開業率が高くなっている。また、SNSやIoT（モノのインターネット）、スマホ・アプリなどに代表される情報通信業、和服レンタルや自転車レンタルなどシェアリング・エコノミーの普及による物品賃貸業、高齢化社会の進展に伴う医療・福祉分野において多くの新規開業がみられる。

国内で新規開業者は年間30万人以上にのぼるが、それらの業種構成比率（図表2-5）をみると、最も多いのがサービス業で26％を占めており年間8万人の起業家が誕生している。次いで、医療・福祉業界であり2割弱（5.5万人）を占めている。これらに次いで、飲食店・宿泊業（16％、4.8万）、小売業（9％、2.9万人）、建設業（9％、2.6万人）と続く。

今後、新規開業の増加が見込まれるビジネスにはどのようなものがあるだろうか。以下に示すように、特に起業家の増加が見込めるのは、①少子高齢化、②情報化、③新産業という3つの分野におけるビジネスであろう。
① 少子高齢化…介護ビジネス、介護予防ビジネス、介護・家事ロボット、見守りビジネス、食事・食材他の宅配ビジネス、終活関連（遺言・相続・

図表 2 − 5　開業が盛んな業種と新規開業者の業種

(1) 開業が盛んな業種（開業率 5％以上の業種）

業　種	開業率
(1) 宿泊業，飲食サービス業	9.7％
(2) 建設業	8.3％
(3) 生活関連サービス業，娯楽業	7.8％
(4) 情報通信業	6.5％
(5) その他の業種（鉱業，金融，農林他）	6.2％
(6) 不動産業，物品賃貸業	5.8％
(7) 学術研究，専門・技術サービス業	5.2％
(8) 医療，福祉	5.1％

資料：厚生労働省「雇用保険事業年報」，2015 年。
（注）開業率は，当該年度に雇用関係が新規に成立した事業所数／前年度末の事業所数。
出所：中小企業庁編『中小企業白書 2017 年版』日経印刷，2017 年。

(2) 新規開業者の業種内訳

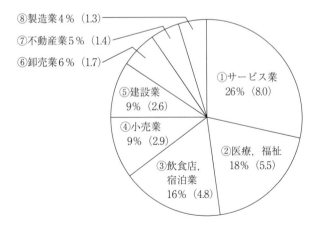

（注）カッコ内の単位は万人。
出所：中小企業庁編『中小企業白書 2014 年版』日経印刷，2014 年，および日本政策金融公庫『2016 年度新規開業実態調査』，2016 年により筆者作成。

葬祭）ビジネス，婚活ビジネス，アンチエイジング関連ビジネス，リフォーム・ビジネスなど
② 情報化…ネット通販，IoT機器，仮想通貨，スマホ用アプリ，クラウド・ファンディング，SNS活用ビジネス，人工知能（AI）関連ビジネス，自動運転車関連ビジネス，製造業の無人化（無人工場），小売業の無人化（無人店舗），物流・倉庫の無人化，など
③ 新産業…バイオ（再生医療など）ビジネス，ペット・ビジネス，途上国（BOP市場）向けビジネス，環境関連ビジネス，シェアリング・ビジネス，水ビジネス，全産業における無人化実現のためのロボットなど

3 ベンチャー企業

　情報通信（IT）やバイオ，ナノテクなどの先端技術分野において，高度な技術を武器に急成長する企業がある。また，それら以外の産業においても，他社が簡単に真似できない独創的な製品やサービスによって急成長する企業があり，それらは**ベンチャー企業**とよばれている。

　本来，「ベンチャー企業」は和製英語であり，1971年にはじめて使用された用語である[7]。その後，多くの研究者・研究機関・官庁により多様な定義[8]がされてきたが，それらをまとめると，**ベンチャー企業**は「製品・サービス・事業内容において高い革新性を持ち，強い成長意欲を有する企業」と定義できる。新製品を開発・販売したり，これまでになかったサービスを提供する，そして企業の規模，売上高，利益を拡大したい，将来，株式を上場したいといった強い成長意欲を有する企業がベンチャー企業なのである。その分，開発資金として多額の借金を負ったり，短期間で多店舗展開を行ったりするため，失敗確率も高い。実際に，創業してから5年以内（スタートアップ期）に，ベンチャー企業の60％以上が消滅[9]している。

4 起業の理由

起業家が起業を志した理由については図表2-6に示されている。このグラフに掲載された諸項目をまとめると以下のように概ね6つの理由となる。

① 仕事の自由度が高いため
  自分の裁量や判断で自由に仕事ができる点が最も大きな理由となっている。

② 自己実現の充足のため
  追い求めていたビジネス・アイデアを事業化したい，理想としていた店舗を実際につくってみたい，など，自己の思い描いていた夢を実現したいという欲求（＝自己実現欲求）の充足。

③ 年齢・性別・家庭環境に関係なく働くことができるため
  シニア起業家や女性起業家などが増加しており，彼らは年齢や性別に関係なく何歳まででも働けることを動機に起業している。また，①の理由とも関係するが，家事や育児，介護等をしながら働くことが可能である点も大きな理由となっている。

④ 技術，技能，特技などの専門性を発揮するため
  理容・美容業，不動産業，ソフトウェア会社など専門的な資格を得たので新規に開業・独立したい，手作りアクセサリーのネット販売，サーフィン販売店など特技や趣味を活かしたいといった起業理由は少なくない。

⑤ 金銭欲求の充足
  過半数の起業家が，よりよい収入を得たいという金銭的欲求を有している。実力次第で大きな利益を得ることができる点を起業の理由としている。

⑥ 社会貢献
  約4割の起業家は，自らのアイデアをもとに社会に有用な商品やサービスを提供することで，社会に貢献することを起業理由としてあげている。

図表2-6 起業を志した理由

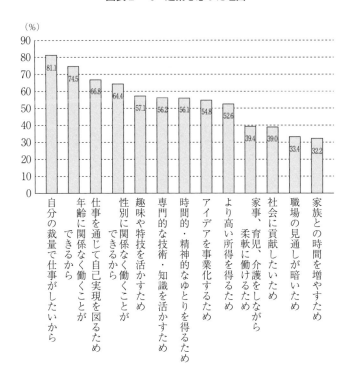

(注) 複数回答。
出所：中小企業庁編『中小企業白書2014年版』日経印刷，2014年，196頁により作成。

4 起業家と起業課題
1 起業家の特徴

　毎年多くの人々が新規開業をしているが，彼らはどのような特徴を有しているのであろうか。大規模な調査結果から起業家の特徴として以下の諸点を指摘することができる[10]。

① 　主たる起業年齢は30歳代と40歳代である。
　　2016年に誕生した起業家の年齢は，30歳代が35.3％，40歳代が34.5％であり，30～49歳が全体の約7割を占めている。それ以外の年齢は50歳代が16.9％，29歳以下が7.1％となっている。なお，開業時の平均年齢は42.5歳である。また，過去20年間のデータにおいても30代，40代が起業活動の中心となっている点は大きく変わらない。

② 　開業する業種はサービス業が最も多い。
　　起業する業種は，サービス業（26.2％）がもっとも多く，次いで医療・福祉（18.0％），飲食店・宿泊業（15.8％），小売業（9.4％），建設業（8.5％）と続く。先進国では，どの国においてもサービス業での起業がもっとも多い点は共通している。また例年，これらの順位にほぼ変わりはなく，上位5業種で起業全体の約8割（77.9％）を占めている。

③ 　ほとんどの起業家は現在の事業に関連した仕事を経験している。
　　8割以上の起業家（85.3％）は，現在の事業に関連した仕事に従事した経験（斯業（しぎょう）経験）があり，平均して約14年間の仕事経験を有している。斯業経験がある起業家は，ない起業家よりも開業後に目標月商（目標とする1カ月当たりの売上高）を達成できる可能性が高いことが統計的に実証されており，製品やサービスに関する知識や人脈が豊富であり高い技術（技能）を保有していることが経営上，有利に作用していると考えられる[11]。

④ 　起業家の大半は中小企業から誕生する。
　　約7割（69.5％）の起業家は，新規開業の直前まで勤務していた企業の規模が従業員300人未満の中小企業である。

⑤ 全般に事業への満足度は高く、ほとんどの起業家は売上拡大への意欲を持っている。

起業家として満足している割合は高く（約7割が「かなり満足」「やや満足」）、9割以上（92.4%）は、売上高の拡大を志向している。

2 起業時の課題

起業家が起業する際に直面する課題は、①**資金**、②**マーケティング**、③**人材**、④**知識**の**4大課題**である（図表2－7参照）[13]。

① 資金面の課題

資金面では、自己資金が十分でない、あるいは銀行や信用金庫からの借入金が思うような金額でないなど、創業段階で満足できるだけの資金を得ないまま事業を始める起業家が少なくない。通常、開業にかかる費用の約4分の1程度は自己資金でまかなうことができているが、それ以外のほとんどの資金は金融機関の融資に依存せざるを得ない。いざ事業を始めるとなれば、従業員の給与、家賃・地代、部品・原材料の仕入代金、借入金の利息など、毎月末にはそれらの支払いに追われることになり、資金不足にならないよう売上やコスト管理を厳格に行う必要がある。

② マーケティング面の課題

これまでにない商品を開発した、これまでにないビジネスの内容である、といった事業を始めようとすると、どのような相手に売っていいのかわからない場合が多い（どのような顧客層や地域に売るのか、直接消費者に売るのか商社に売るのか、ネット販売か店舗売りにするのかなど）。また、価格をいくらにすればよいのか、どこから部品や原材料を仕入れればいいのか、宣伝方法やアフターサービスをどうするかなども課題になる。たとえば、食品スーパーであれば、安心できる新鮮な食材を安定的に仕入れられる業者を確保することが重要である。

③ 人材面の課題

人材面では，起業したばかりで知名度もないため社員を募集しても応募者がいない，営業方法や生産管理，経理処理，資金繰りに関して十分な知識がある社員がいない，社員の管理，教育，育成方法がわからないといった課題が指摘される。また，経営者は企業のトップであるため経営面で相談できる相手がいない，といった問題点もあげられている。

④ 知識面の課題

社会保険や税務申告の手続き，コスト削減や節税に関する知識，就業規則や適切な経営目標の作り方など，各種手続きや規則など経営上必要な知識が不足している。また，業界の商慣習や業界動向，最新技術の状況など，業界に関する知識不足も指摘されている。たとえば，アルバイト・パートを雇用する場合，正社員とは異なる就業規則を作成する必要があり，飲食店や食品を扱う小売店や飲食店を経営する場合は保健所への届出や講習を受けなければいけない。

図表2－7　創業時の課題

課題	具体的内容
1．資金	・資金繰り，資金調達（46.0％）
2．マーケティング	・顧客，販路の開拓（45.7％） ・仕入先，外注先の確保（11.9％） ・商品，サービスの企画・開発（10.6％）
3．人材	・従業員の確保（17.1％） ・従業員教育，人材育成（13.6％） ・経営の相談ができる相手がいない（11.6％）
4．知識	・財務，税務，法務に関する知識不足（30.9％） ・業界に関する知識不足（8.0％）

（注）3つまでの複数回答。
出所：日本政策金融公庫『新規開業実態調査2016年』，2016年，12頁により作成。

5 起業支援施設とベンチャーキャピタル
1 起業支援施設（ビジネス・インキュベーター，チャレンジショップ）

　十分な資金を準備して起業できる人は少ない。多くの起業においては，事務所や店舗を借りて営業を開始することになるが，その際の家賃負担を軽減するとともに，前述した4大課題を克服することを目的に種々の経営支援も行おうというのが「**ビジネス・インキュベーター**」（あるいは「**インキュベーション**」「**インキュベーション施設**」ともいう）である。ビジネス・インキュベーターの正式な定義は，「創業間もない企業等に対し，不足するリソース（低賃料スペースやソフト支援サービス等）を提供し，その成長を促進させることを目的とした施設」（経済産業省）[14]のことである。インキュベーター（incubator）は本来「孵卵器」を意味するが，それを転用して，ビジネス面で起業家の卵を支援し成長させるための施設を「ビジネス・インキュベーター」と名づけたのである。米国では1959年にニューヨークで最初の施設が設立され，1980年代後半以降，全米に普及するようになった[15]。一方，日本では，1990年代以降，全国に普及し，現在約500カ所の営利・非営利施設が運営されている。

　また，**インキュベーション・マネージャー**（IM：Incubation Manager）とは「事業をはじめようとする経験の少ない起業家へ事業の知識，経営資源など不足するものを幅広く速やかに補うことを支援し，時には事業以外についても相談相手となり，起業家を事業目標の達成へと導く**起業支援担当者**」[16]のことである。わかりやすくいうと，ソフトとハードの両面から，ビジネス・インキュベーターに入居した創業間もない企業がうまく成長できるよう，経営支援を行う担当者である。

　具体的には，ソフト面からは専門家の紹介，各種情報提供，経営ノウハウの提供，資金調達方法，産学官連携などの支援をする。インキュベーション・マネージャーは，特許，会計，法律，技術，ビジネス・プランなどに関するさまざまな相談に1人で対応できないため，外部の弁理士や会計士，弁護士，中小企業診断士などの人脈を活用したり金融機関や行政と交渉する，いわば**コーディネーター**（調整・仲介役）である。一方，ハード面からは低廉・良質な施設

の提供，試験・研究設備の整備，ＩＴの整備などで支援をする。なお，支援対象は主に起業希望者と**スタートアップ期**（創業から5年程度まで）の企業である。

　全国にあるビジネス・インキュベーターの約9割は都道府県，市町村や独立行政法人，第3セクター，財団法人といった**非営利組織**であり，営利組織は5％に過ぎない。入居企業はソフトウェア等の情報・通信企業，医療・バイオ産業，環境リサイクル産業等のベンチャー企業が多い。2～3年間の入居期間を終えた卒業企業のほとんど（84％）は事業を継続し，主に地元（インキュベーターと同じ都道府県内）で立地するため，ビジネス・インキュベーターの設置は地域の雇用増や経済活性化に有益であると考えられている[17]。

　ビジネス・インキュベーターはＩＴ産業や製造業において活用されるが，小売業，サービス業においてインキュベーターに相当するのは，チャレンジ・ショップである。チャレンジ・ショップとは，「小売業，サービス業を将来開業したい人に対して，一定期間低い賃貸料で貸し出す空き店舗または空きスペース」のことである。チャレンジ・ショップの形態には，公的施設の一部スペースを活用するタイプ，商店街の空き店舗を活用するタイプ，空き家・古民家を活用するタイプなどがある。特に近年，全国の4分の3の商店街に空き店舗が存在しているため，空き店舗対策と創業希望者への体験学習を提供する意味から，多くの商店街でチャレンジ・ショップ事業が実施されている[18]。

2　ビジネス・インキュベーター，チャレンジ・ショップの例[19]

　調布市（東京都）は産業労働支援センター内にビジネス・インキュベーション（施設名「スモール調布」）として7部屋を開設し，パソコンを使用して事業ができる場を創業希望者に提供している（図表2－8（1）参照）。部屋の広さは6～11m^2，利用料金は1カ月当たり30,400円～54,400円（共益費，光熱費，管理警備費を含む）である。入居資格は申し込み日から6ヵ月以内に創業しようとする個人または団体，あるいは創業後3年以内の個人事業主または法人（株式会社等）であり，入居できる期間は3年間となっている。基本的に，同センターが入居者に支援をする内容は以下の6つである。

① 常駐する経営アドバイザーに無料で相談できる。
② 権利金，保証金が不要。
③ 事務机と椅子を無償で借りられる。
④ 24時間利用できる。
⑤ 光ファイバー回線が利用可能（通信費は入居者負担）。
⑥ 商談，打ち合わせのための会議室，情報交流スペースが利用できる（有償）。

現在，教育系映像・Ｗｅｂコンテンツの企画・制作会社，医療機器の企画・開発会社，電子機器の設計・開発・製造会社などが入居している。

一方，チャレンジ・ショップの例に関しては，仙台市内の商店街にある仙台市ガス局ショールームに設置された商品販売やサービス業での起業希望者ならびにカフェ開業希望者向け施設（施設名「TRY（トライ）６チャレンジ・ショップ」）

図表２－８　ビジネス・インキュベーター，チャレンジ・ショップの例
(1) 調布市「スモール調布」

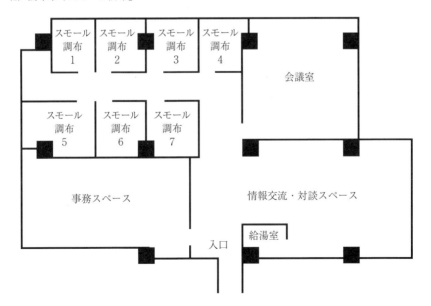

(2) 仙台市「TRY6 チャレンジ・ショップ」

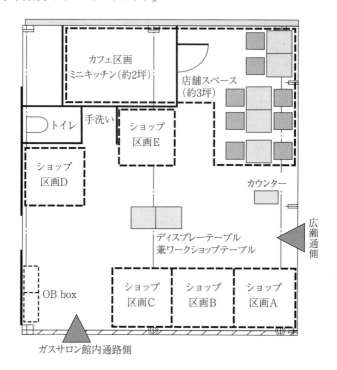

出所：(1) 調布市産業労働支援センターホームページ（http://chofu-industry.jp/ent/smalloffice/）
(2) 仙台市中心部商店街活性化協議会ホームページ（https://machi-kuru.com/try6/challengeshop）

をみてみよう（図表2-8(2)参照）。チャレンジ・ショップは同ショールーム1階フロアーに6区画設けられており，内訳は5区画が商品販売用で1区画がカフェ用である。広さは，ショップ1区画当たり3.3m²（1坪），カフェは16.5m²（5坪）でその内ミニキッチンが13.2m²（2坪），店舗が9.9m²（3坪）用意されている。入居資格は，満20歳以上の東北六県に在住・在勤する者で，起業希望者や新商品・サービスの販売予定者，新事業予定者，第2創業希望者などである。

利用料金は，ショップ区画の場合1カ月当たり4,860円，カフェの場合は1

カ月当たり 30,780 円となっている。入居期間は1カ月または5カ月であり，毎週2時間，商品ディスプレイなどの勉強会に参加したり，専門家を派遣してもらい販売方法や広告・宣伝方法について指導を受けることができる。これまでに入居したショップの事業内容は，手作りアクセサリー販売，菜の花パン販売，無添加石鹸販売，エステティック，ジャム販売，耳つぼ・漢方美容などであり女性起業家が多い。

3 ベンチャーキャピタル

ベンチャーキャピタルとは，「成長可能性の高いベンチャー企業に投資し，将来，株式公開等によって株を売却することにより高い収益を得ることを目的とする**投資会社**」のことである（**図表2-9**参照）。ベンチャーキャピタルは，投資家から資金を集め，それを高成長が期待されるベンチャー企業に投資（＝

図表2-9 ベンチャーキャピタルの仕組み

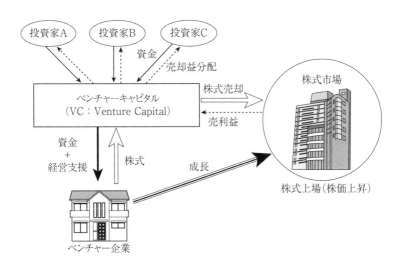

（注）実際にはベンチャーキャピタルが投資事業組合を設立・運営管理し，そこを通して株式の購入や売却を行う。ここでは理解しやすいよう投資事業組合を省略した。
出所：筆者作成。

株を購入）する。

　同時に，成長へ向けて経営支援を行う。そして，うまく成長・発展し上場が達成できれば，株価が高騰するため，株を売り払って高い**キャピタル・ゲイン（売却益）**を獲得し，それを投資家に配分する。10社に投資してその内3社が成功（上場）すれば，十分に収益が得られるといわれている[20]。

　ベンチャー企業の資金調達には，銀行から融資を受ける場合とベンチャーキャピタルから投資を受ける場合があるが，その違いは次のようになる。銀行から融資を受ける場合，企業は借りた資金に利息をつけて返済しなければならない。一方，ベンチャーキャピタルから株式による投資を受ける場合，企業側は得られた資金を返済する必要がない。

　また，実際にはベンチャーキャピタルが自己資金を投資する場合以外は投資事業組合を設立し，組合を通して投資家からの資金集めや投資を行う。

　エンジェル（Angel）とよばれる個人投資家の場合，主に500万円以下の出資を新規性のあるベンチャー企業に対して行うが，ベンチャーキャピタルの場合は，きわめて独創的・先端的で急成長が見込まれるベンチャー企業に対して，数千万～数十億円という大規模な投資を行うのが特徴である。

【注】

（1）起業以外にも創業，開業などの用語があるが，いずれも概ね同じ意味として使用されている。ここでは用語の混乱を避けるため，「起業（する）」で統一した。また，他の参考資料において「開業」「創業」と使用されているものについても概ね同様である。なお，非営利のＮＰＯ（Non Profit Organization）法人などを創業する場合も「起業（する）」というが，営利企業と非営利企業では，ガバナンス，組織，戦略などのあり方が違うため，本書では便宜上，営利企業を対象に同用語を使用している。
（2）2000年以降の数値。中小企業庁編『中小企業白書2017年版』日経印刷，2017年。
（3）Hal B. Patric & Royce L. Abrahamson, *Small Business Management*, 5th ed., John Wiley & Sons, 1990, p.692.
（4）日本政策金融公庫『2016年度新規開業実態調査～アンケート結果の概要～』，2016年，10頁。

（5） Robert D. Hisrich & Michael P. Peters, *Entrepreneurship*, 5th ed., McGraw-Hill, 2002, p.10.
（6） 同上書，10～11頁。
（7） ベンチャービジネスという用語は，以下の文献においてはじめて使用された。清成忠男・中村秀一郎・平尾光司『ベンチャー・ビジネス─頭脳を売る小さな大企業』日本経済新聞社，1971年。
（8） 従来の定義は，①リスクを強調する定義，②革新性を強調する定義，③成長を強調する定義，④アントレプレナーシップを強調する定義に分類されるという（金井一頼・角田隆太郎編『ベンチャー企業経営論』有斐閣，2002年，2～3頁）。
（9） Jeffry A. Timmons, *New Venture Creation*, 4th ed., Richard D.Irwin, 1994.（千本幸生・金井信次訳『ベンチャー創造の理論と戦略』ダイヤモンド社，1994年，221頁）
（10） 日本政策金融公庫，前掲書。
（11） 村上義昭「開業者の斯業経験と開業直後の業績」，日本政策金融公庫『日本政策金融公庫論集第12号』，2011年，1～18頁。
（12） 松田修一『ベンチャー企業［第2版］』日経文庫，2001年，39～40頁。
（13） 日本政策金融公庫，前掲書，10頁。
（14） 経済産業省ホームページ（http://www.meti.go.jp/policy/local_economy/bi/index.html）。
（15） 米国におけるビジネス・インキュベーションの歴史については以下を参照されたい。Adkins, D., *A Brief History of Business Incubation in the United States*, Athens, Ohio: NBIA Publications, 2002.
（16） 経済産業省経済産業政策局地域経済産業グループ『ビジネス・インキュベータの効果的な起業支援および効率的な運営のためのガイドライン2005』，2005年，2頁。
（17） 日本立地センター『平成25年度地域経済産業活性化対策調査（ビジネス・インキュベーション調査）報告書』，2014年。
（18） 中小企業庁商業課「商店街，空き店舗所有者を対象とした空き店舗に関する調査」，新たな商店街政策の在り方検討会（第4回），配布資料，2017年。
（19） 調布市産業労働支援センターおよび仙台市中心部商店街活性化協議会の各ホームページを参照。
（20） 松田，前掲書，151頁。

【参考文献】

Adkins, D., A *Brief History of Business Incubation in the United States*, Athens, Ohio: NBIA Publications, 2002.

調布市産業労働支援センターホームページ（http://chofu-industry.jp/ent/smalloffice/）。
中小企業庁編『中小企業白書 2014 年版』日経印刷，2014 年。
中小企業庁編『中小企業白書 2017 年版』日経印刷，2017 年。
中小企業庁商業課『商店街，空き店舗所有者を対象とした空き店舗に関する調査』，新たな商店街政策の在り方検討会（第 4 回），配布資料，2017。
Hal. B. Patric & Royce L. Abrahamson, *Small Business Management,* 5th ed., John Wiley & Sons, 1990.
Jeffry A. Timmons, *New Venture Creation,* 4th ed., Richard D.Irwin, 1994.（千本幸生・金井信次訳『ベンチャー創造の理論と戦略』ダイヤモンド社，1994 年，221 頁）
金井一頼・角田隆太郎編『ベンチャー企業経営論』有斐閣，2002 年。
経済産業省経済産業政策局地域経済産業グループ『ビジネス・インキュベータの効果的な起業支援および効率的な運営のためのガイドライン 2005』，2005 年。
経済産業省ホームページ（http://www.meti.go.jp/policy/local_economy/bi/index.html）。
清成忠男・中村秀一郎・平尾忠司『ベンチャー・ビジネス—頭脳を売る小さな大企業』日本経済新聞社，1971 年。
松田修一『ベンチャー企業［第 2 版］』日経文庫，2001 年。
村上義昭「開業者の斯業経験と開業直後の業績」，日本政策金融公庫『日本政策金融公庫論集第 12 号』，2011 年，1 ～ 18 頁。
日本政策金融公庫『2016 年度新規開業実態調査～アンケート結果の概要～』，2016 年。
日本政策金融公庫『創業の手引き』，2017 年。
日本立地センター『平成 25 年度地域経済産業活性化対策調査（ビジネス・インキュベーション調査）報告書』，2014 年。
Robert D. Hisrich & Michael P. Peters, *Entrepreneurship,* 5th ed., McGraw-Hill, 2002.
仙台市中心部商店街活性化協議会ホームページ（http://machi-kuru.com/try6/challengeshop）。

第3章
株式会社の仕組みと特徴

　株式会社は,現在ではグローバルにみても私（民間）企業の代表的形態である。

　株式会社の起源は,1602年設立の**オランダ東インド会社**であるといわれている。現在の日本の大企業は,ほとんどが株式会社の形をとっている。

　株式会社では,資本を出資した株主（日本の法律では**社員**という）は,会社に対して出資義務を負うだけで,会社債務者に対してまったく責任を負わない。すなわち,株主は,**全員有限責任**である。事業に失敗しても,株主は,株式が無価値になるだけで,それ以上の会社債務返済の義務はない。そのため,出資のリスクが限定されることから,株式会社は多数の人々から多額の資本を集めることを可能とした。

1 会社の機関

　会社の機関は,国際的にみても株主総会,取締役会,監査役会の3つを基本とするのが一般的である。この3機関は,国の3権分立にならって,株主総会が国会,取締役会が内閣,監査役会が裁判所という役割として機能している。

　日本の**新会社法**では,会社の機関として必ず置かなければならないのは,株主総会と取締役のみで,それ以外の機関は,公開会社と非公開会社,大会社と小会社の区分によりオプションとして規定されている,自由度の高いものとなった。すなわち,株式会社では,新会社法で規定された会社機関の組み合わせのオプションのなかから自由に選択できるようになった。

図表 3 − 1　新会社法による株式会社の機関

	大　会　社	大会社以外の会社
公開会社	取締役会＋監査役会＋会計監査人 取締役会＋3委員会等＋会計監査人	取締役会＋監査役（会） 取締役会＋監査役（会）＋会計監査人 取締役会＋3委員会等＋会計監査人
非公開会社	取締役（会）＋監査役（会）＋会計監査人 取締役会＋3委員会等＋会計監査人	取締役 取締役（会）＋監査役（会） 取締役（会）＋監査役（会）＋会計監査人 取締役会＋3委員会等＋会計監査人 取締役会＋会計参与

(注) 3委員会等とは，委員会設置会社における，指名委員会，監査委員会，報酬委員会のことである。
出所：筆者作成。

　たとえば，公開会社で大会社の場合は，株主総会，取締役会，監査役会，会計監査人という会社機関の会社，または，株主総会，取締役会，3委員会（指名委員会，監査委員会，報酬委員会），会計監査人という会社機関の会社という2つのパターンがある。**図表3−1**は，新会社法による株式会社の機関に関して，公開会社と非公開会社，大会社と小会社の区分により，会社機関設置のパターンを表したものである。

1　株主総会

　株主の総意によって会社の最高意思決定をする機関が**株主総会**である。株主は，原則として**1株1票の議決権**を持つ株主総会に参加し，議決権を行使することができる。株主総会の，法律上の決議事項として以下がある。
　① 取締役・監査役などの機関の選任・解任に関する事項。
　② 会社の基礎の根本的変動に関する事項（定款変更，授権株式数，資本減少，

合併・会社分割，解散など）。
③ 株主の重要な利益に関する事項（利益処分・損失の処理，自己株式の買い受け，第3者に対する新株・新株予約権の有利発行など）。
④ 取締役にゆだねたのでは株主の利益が害されるおそれのある事項（取締役の報酬の決定など）。

それ以外の事項の決定については，取締役会にゆだねられる。ただし，定款で定めれば，これ以外の事項を株主総会で決定する権限とすることができる。

2 取締役，取締役会

会社の経営を行うのが，**取締役**である。取締役の全員で**取締役会**を構成する。株主総会が取締役を選任する。会社を対外的に代表するのが**代表取締役**である。一般的に，代表取締役は，会長，社長，副社長クラスである。

日本では，近年，外部取締役が導入されつつあるが，取締役の多くは会社の従業員のなかから出世していった，いわゆる**内部昇進取締役**が一般的である。

日本で，重役とよばれるのが取締役である。取締役には，会長，社長，副社長，専務，常務，平取締役のような，ランクがあるのが通常である。かつては，日本の大会社では，取締役の数が30名，40名といった多くの取締役がいた会社も多かったが，近年，その取締役の数が減ってきている。その理由は，後述する**執行役員制度**や委員会設置会社の導入などのためである。

日本では，本部長，部長，支店長，工場長といった部門管理職と兼任の取締役も多い。

公開会社における重要な**取締役会**の**決定事項**は以下である。
① 重要な財産の処分および譲受け。多額の借財。
② 支配人，その他の重要な使用人の選任，解任。
③ 支店，その他の重要な組織の設置，変更，廃止。
④ 株主総会の招集。
⑤ 代表取締役の選定・解職。
⑥ 定款での授権資本内による新株の発行。

⑦ 株式の分割（たとえば，1株を10株とするように株式数を増やすこと）。

すなわち，社長などの代表取締役の選任と解任，授権資本内の増資は，取締役会の決定事項となる。

大企業の場合，取締役の数が数十名という場合，頻繁に取締役会を開催することが難しい。取締役会は，法的に議事録の公開義務がある。このような事情から，大企業では，現実には取締役会は形骸化しており，常務会などが実質的に重要事項を協議，決定している企業も多い。会社によっては経営委員会，最高経営会議などの名称が使われている。

３ 監査役，監査役会

株式会社の監査を行う機関が，**監査役**，**監査役会**である。新会社法では，監査役の設置は，公開会社を除いて任意となった。

監査役，監査役会は，取締役の業務執行を監督する機関である。監査役は，株主総会で選任する。

従来から監査役制度はあまり機能していないといわれている。それは，監査役の多くが企業内部の出身であること，監査役の社内ランクが低く，取締役会を監査する力が弱いからなどのためである。

４ 委員会設置会社（３委員会），執行役設置会社

監査役（会）を置かず，取締役会，執行役，および**３委員会（指名委員会，監査委員会，報酬委員会）** から構成される会社が**委員会設置会社**である。2002年から施行された改正商法で，委員会設置会社では，執行役の制度が法制化された。この委員会設置会社は，**アングロサクソンモデル**としてのアメリカの経営（執行）委員会を見習ったトップマネジメント構造である。執行役制度の導入により，執行役員から構成される**執行委員会**が会社の業務を行い，取締役会は執行委員会を監視するという役割分担をするという制度である。

執行役，および代表執行役は，取締役会により選任される。**執行役**は，取締役会で選任される会社の業務執行の責任者である。執行役のなかで，会社を代

表する権限を持つのが，代表執行役である。取締役によって構成される指名委員会，監査委員会，報酬委員会の3委員会は，取締役は3人以上で，かつ過半数は社外取締役でなければならない。**指名委員会**は，取締役の候補者を決める機関である。**監査委員会**は，取締役や執行役の業務を監査し，会計監査人の候補者を決める機関である。**報酬委員会**は，取締役や執行役の報酬を決定する機関である。

2 株式とは何か
1 株式とは

　資本の単位で，証券化したものが，**株式**（stock）である。株式は，借入れではないので返済する必要のない**自己資本**である。公開会社の場合，原則として，株式は，証券市場を通して自由に譲渡できるし，購入することもできる。株主は，株式を通じて会社の一部を所有していることになる。

　株式には，株式の価格が明記されている**額面株式**と，株式の価格が明記されていない**無額面株式**とがあった。額面株式は，1株当たり，50円，500円，5,000円の価格が一般的であった。しかし，2001年度以降，このような額面株式が廃止され，株式はすべて無額面株式となった。したがって，株券には，1株の金額の定め，記載もなく，株式数のみが記載されている。また，株式を印刷して株券として発行するのではなく，株式の電子化が認められるようになった。

　株式には，原則として以下のような**株主の権利**がある。

　第1は，**議決権**である。株式会社の場合，普通株を所有する株主は，株主総会で意思決定を行使することのできる議決権を持っている。

　第2は，**配当権**である。株主は，会社が利益を出した場合，利益の株主への還元として配当権を持っている。ただし，会社の利益が少ない場合や赤字の場合，無配当ということもあり得る。

　第3は，**株主代表訴訟権**である。株主は，原則として，株主の利益に反するような行為をした場合，会社や取締役を裁判所に訴えることのできる権利を持っている。

2 1株1議決権の原則

　株式会社の株主（普通株式を持つ株主）が，株主総会において，その有する株式1株につき1つの議決権を有することを，**1株1議決権の原則**という。

　たとえば，A氏が会社の株式の51％を所有しているとすると，株主総会の議決権の51％を持っていることになる。すると，A氏は，理論的には株主総会で決定する会社の重要な意思決定を単独で行えることになる。

　このように，会社の株式を過半数，または多数所有すると，会社を実質的に支配することが可能となる。最近，企業の株式を株式市場や公開買い付け（TOB）などで取得する，企業買収が増加している。

　一方，協同組合や合同会社では，1株1議決権の原則ではなく，株主（組合員）1名に対して1票の議決権があるという形態である。すなわち出資額にかかわらず，平等な議決権を持つのである。

3 議決権制限株式

　一般的には，前述したように株主は議決権を行使することができるが，この議決権を制限する株式があり，これを**議決権制限株式**という。

　議決権制限株式には，すべての事項について議決権を有しない完全無議決権株式と，一定の事項についてのみ議決権を有する一部議決権制限株式がある。

4 優先株と劣後株

　株式は，剰余金の配当または残余財産の分配の観点から，以下の3つに分類することができる。

　優先株式は，他の株式に優先して配当，財産分配などを受ける権利のある株式をいう。**劣後株式**は，他の株式より遅れてしか配当，財産分配などを受け取ることができない株式をいう。**普通株式**は，配分，財産分配などの標準となる株式をいう。

3 株式の発行と上場
1 新株の発行

　新しい株式，すなわち新株を発行して，**増資**（資本の増加）して資金を調達する主要な方法として以下の3つがある。なお，新株発行の決定は，定款に特に規定がない限り，取締役会が決定する。また，発行すべき新株の数は，**授権株式数**（定款で決めた株式数）の範囲内であることを要するが，それを超過して発行したい場合は，定款（株主総会の決議事項）を変更しなければならないとしている。

① 株主割当てによる新株発行

　既存の株主に対して，その持株数に応じて新株の割当てを受ける権利を与えて行う新株発行が，**株主割当てによる増資**である。通常は，新株の発行価格は株式の時価（株式の市場価格）より低いことが多い。なお，株主割当てによる方法の場合は，発行価額はいくら安くても株主の利害は害されないので，発行価額はどう定めてもよいとされている。

　たとえば，株主は，A社の株式を1,000株所有し，その株価（時価）は1,000円であるとしよう。A社は，1,000株当たり100株，発行価格は800円で株主割当てによる新株発行を決定した。その株主は，新株を時価より200円安い価格で，100株の株式を手に入れることができることになる。

② 第3者割当てによる新株発行

　特定の株主や株主以外の第3者に，新株式を引き受けて購入してもらう新株発行が**第3者割当てによる増資**である。第3者割当てによる新株発行は，会社の再建，安定株主対策，買収の防止，他社との関係強化などの目的がある。なお，第3者割当てによる新株発行のような株主割当てによらない場合には，株主の経済的利益を害さないよう，**公正な発行価額**であることを要するとしている。

　たとえば，A電器は，メインバンクの銀行と同じ企業グループのC自動車

に，新株を引き受けてもらうような場合である。

③ 公募による新株発行

新株の購入を募集し，応募した者に新株を割当てるのが**公募による増資**である。近年，公募による増資が急速に普及し，新株発行でもっとも多い方法となっている。公募による新株は，株式の時価に近い価格で新株を発行する**時価発行**が一般的である。

④ 新株予約権による株式の発行

将来において，新株を購入する権利を持つことを**新株予約権**という。現時点で，将来に，いくらの価格で，何株購入できるという権利である。実際に，ある時期に，新株予約権を行使すると，新株予約権による新株の発行となる。

たとえば，A社は，2018年1月にB氏に対して，2020年1月に1株1,000円で，発行株式の5％の新株予約権を与えたとしよう。B氏は，2020年1月に，このような条件でA社の株式を購入することができる。しかし，A社の株式の時価が，その時点で，1株700円に下落してしまったという場合，B氏は，新株予約権を行使せず，購入しないこともできる。逆に，株式の時価が上がった場合，B氏は新株予約権を行使すれば，時価より安い価格でA社の株式を購入できることになる。

新株予約権は，以下の目的で利用される。

第1は，将来の**企業買収を防ぐ手段**としてである。新株予約権を，あらかじめ一定の価格（通常安い価格）である特定の株主に与えておくことにより，もし会社が買収されそうな場合でも，買収を困難にさせるのである。新株予約権を行使すると，新株予約権による増資となり，買収側の持株比率は低下するので，これは買収の対抗策になるし，買収の抑止力にもなる。

第2は，**資金調達の手段**としてである。新株予約権を行使すると，新株予約権による新株の発行となり，自己資金（自己資本）を調達することができる。

第3は，**ストック・オプション**の利用である。ストック・オプションとは，

会社の経営者などに対して，新株予約権を与えることをいう。ストック・オプションは，経営者に対する報酬，モチベーションを高める目的で，日本でも使われるようになった。

⑤ 自己株式の取得

会社が，自分の会社の株式を取得することを**自己株式の取得**という。2001年の商法の改正以前は，自己株式の取得は認められていなかったが，この商法改正で原則として認められるようになった。新会社法では，自己株式の取得の条件が緩和され，さらに自己株式の取得ができやすくなった。

自己株式を取得するのは，株価を下支えすること，および他社による買収を防ぐこと，などが主な狙いである。

たとえば，A社は，自社の発行済み株式を10％所有する，自己株式の取得を行ったとしよう。A社は，自社の10％分の株式を持つ大株主となると，残りの90％の株式が外部の株主ということになり，A社に対する他社の買収ができにくくなる。また，株式市場での流通株式が減ることにより，株価の維持にもなる。

自己株式の取得は，自社の業績が良く，株価が高い場合は，資産価値も高く，自己株を売却してもかなりの売却利益を確保できる。しかし，自己株式の取得の最大のリスクは，自社の業績が悪く，株価が低い場合では，資産価値が下がり，自己株を売却しても売却損になるという問題である。

⑥ 従業員持株制度

会社の従業員が，従業員持株会などにより自社の株式を取得・保有するのが**従業員持株制度**である。日本企業でも，この制度を導入している企業も多い。従業員持株制度は，従業員に対して，自社の利益，および経営への参加を実現しようとするものである。また，会社にとって持株会は安定株主となる利点がある。しかし，従業員にとっては，会社が倒産，危険という場合，自社株という自らの財産までリスクにさらされるという問題がある。

2 株式の上場

会社の株式が，証券取引所などで正式に売買されるようになることを**上場**という。会社の株式を上場するためには，会社が上場の申請をして，証券取引所が定める各種の上場基準をクリアーしなければならない。株式を上場している企業を**上場企業**という。

3 上場のメリット

会社が上場するメリットとして以下がある。

第1は，証券市場からの資金調達が可能となり，より資金調達の範囲が広がる。**新株発行による増資**などにより，証券市場から巨額な資金を調達する道が開かれることになる。

第2は，上場企業になると，**社会的信用**が高まることである。上場企業は，人材確保，販売，銀行からの借入等で，有利となる。

第3は，会社が株式市場に上場し，**市場価格**がかなり高くなると，株式を所有している株主は大きな利益を得ることができるということである。特に，自社株を多く所有する創業者や，持株会を通して自社株を所有する従業員は，多くの利益を得られる。

4 上場のデメリット

しかし，会社が上場すると以下のようなデメリットもある。

第1は，**買収される可能性**があることである。会社の株式を上場すると，原則として誰でも（外国人，法人，ファンド，機関投資家などを含む）会社の株式を取得することができるようになるため，会社が望まない者が，会社の株式を大量に取得し，会社を買収するという危険性が存在する。近年，海外の企業や投資家が日本の上場企業を買収するという事例も生じている。

第2は，**経営が株価の変動に左右**されることである。株価があまりにも下がると時価発行での公募増資ができにくくなる。投機的に株価が乱高下すると，会社の信用が損なわれることがある。短期的な株価の変動ばかり気をとられ

て，会社が長期的視点で経営できにくい状況を生む可能性がある。

　第3は，**創業者や有力株主の経営支配が薄れる**可能性があることである。上場企業は，証券取引所の上場基準の規制のため，少数の大株主の持株比率が制限されている。創業者や有力株主は，上場するとこのような規制のため，場合によっては株式を手放さなければならず，経営支配を維持できなくなるのである。

5 上場しない大企業のケース

　上場は，以上のようなメリットとデメリットがあるため，上場するかどうかは企業が判断することで，大企業でも，一部の企業で上場していない企業のケースが存在する。上場していない大企業には，以下のような企業がある。

　第1は，**外資系企業**である。特に，外国企業が，100％出資か過半数以上出資して日本で設立された会社で，成長して大企業になっても，依然として上場しないことも多い。たとえば，ネスレ，ＩＢＭ，ＨＰ，コカコーラ，インテル，マイクロソフト，デュポンなどの外国籍企業の日本法人である。

　第2は，**合弁企業**である。日本の企業が共同で出資した合弁企業や，日本企業と外国企業が出資した合弁企業で，成長して大企業になっても，上場しない企業もある。たとえば，富士ゼロックス，ニベア花王などがある。

　第3は，**公益性，中立性の維持**のためである。株式を上場すると，買収されたり，特定の株主の影響力が強くなるという懸念がある。マスコミのような公益性，中立性を要求される業界では，株式を上場しない企業もある。新聞社，広告代理店，出版社，放送局といったマスコミ企業である。たとえば，朝日新聞社，読売新聞社，産経新聞社，毎日新聞社，日経新聞社は上場していない。

　第4は，会社の経営戦略のため，または**買収防止**のために非公開にしている。また，会社が，上場するメリットがないと判断すれば，非上場という経営判断もあり得る。たとえば，ＹＫＫ，エースコック，オーディオテクニカなどである。

　第5は，**オーナー所有**，家族所有の企業である。森ビル，パロマ，などは非

公開企業である。

第6は，**大企業が出資した子会社**である。

6 日本の株式市場

日本の**証券取引所**には，東京，名古屋，札幌，福岡の4カ所，および，ジャスダック，マザーズ，などの証券取引所が存在する。東京，名古屋の証券取引所では，市場は1部と2部に分けられている。1部上場企業は，有力企業としての大企業が中心である。海外でも多くの国に証券取引所が存在している。

図表3－2は，各種証券取引所での上場会社数を表したものである

図表3－2　各種証券取引所などの上場会社数

東京証券取引所	1部	2,029社
	2部	523社
名古屋証券取引所	1部	194社
	2部	84社
福岡証券取引所		97社
札幌証券取引所		50社
マザーズ		242社
セントレックス		13社
Q－Board		14社
アンビシャス		8社
ジャスダック		750社
上場国内会社数		4,004社

出所：『2017年4集　会社四季報』東洋経済新報社より筆者作成。

7 株式の公開買付け

　不特定かつ多数の者に対し，公告により株式を買うという勧誘を行い，証券市場外で株式の買付けを行うことを，**株式の公開買付け**（Take Over Bid：ＴＯＢ）という。株式の公開買付けは，他の会社を買収するための方法として，日本でも行われるようになった。2005年のフジテレビジョンによるニッポン放送株のＴＯＢ，2006年の王子製紙による北越製紙のＴＯＢ（結果として失敗した），2009年のパナソニックによる三洋電機の買収，などは代表的な株式の公開買付けのケースである。

　株式の公開買付けでは，Ａ社がＢ社の株を一定の期日までに，1株いくらで，発行株式の何パーセント買い付けます，というような公告を出す。そして，期日までに目標の株式が集まれば，それらの株式を取得する。もし，目標に達しない場合は，一定期間延長するか，中止する。中止しても，応募した株式を買い取る義務はない。公開買付けの株式価格は，通常，時価より高めに設定して，公募しやすくしている。このような株式の公開買付けは，株式市場で徐々に株式を取得した場合に比較して，株価の高騰や失敗のリスクが少ないので，買収側企業にとっては有利である。

8 ＭＢＯ

　上場している会社を，非公開にする戦略としてＭＢＯが注目されている。

　自社やグループの経営陣が，それらの会社の株式や事業を取得して経営権を持つという企業買収が**ＭＢＯ**（Management Buy-Out）である。すなわち，子会社や会社・事業部門の経営陣が，その会社・事業の継続を前提として，株式の買い取り（株式譲渡である），または部門の買い取り（営業譲渡である）によって経営権を取得することである。ＭＢＯの目的には，以下のような非公開会社化と関係会社の独立などがある。

　第1は，上場会社を非公開化するという方法としてのＭＢＯである。現経営陣が，自社の株式を買い増し，会社を非公開にするのである。たとえば，すかいらーく，キョーサイ，レックス・ホールディングス（焼き肉チェーン「牛角」な

どを展開）などがMBOを行った経験がある。

第2は，企業グループのなかにある関係会社が，企業グループの経営戦略により分離し，独立する方法としてのMBOである。これは，オーナー経営者として独立することで，いわば暖簾分けである。

9 三角合併

企業のM＆A（合併と買収）戦略として，三角合併が注目されている。

三角合併とは，合併する場合，会社の1つが存続し，ほかの会社が消滅するという吸収合併の方法の1つであり，2007年に施行された。三角合併とは，会社合併による存続会社が，消滅会社の株主に対して，存続会社の親会社の株式を交付する方法による吸収合併である。この存続会社の親会社には，海外企業も含まれることから，外国企業による日本企業の買収の手法ともなり得る。

図表3－3は，海外企業による日本企業の三角合併による買収を説明したものである。海外企業A社が，日本企業C社を三角合併により買収しようとするケースである。海外企業A社は，日本に100％子会社としてB社を設立する。次に，日本子会社B社は，日本の買収対象会社C社を吸収合併する。その際，消滅会社C社の株主に対して，日本子会社B社の株式ではなく，存続会社B社の親会社である海外企業A社の株式を交付するのである。これで，海外企

図表3－3　海外企業による日本企業買収の三角合併

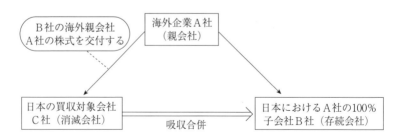

出所：筆者作成。

業A社が，子会社B社を通して，実質的に日本企業C社を買収することになる。よって，海外企業A社は，現金を用意する必要がなく，新株を発行するか，自社株所有の株式を用いることによって日本企業C社の買収が可能となる。

　ただし，存続会社となる子会社B社が買収対象会社C社に交付するのに必要な海外企業親会社A社の株式を持っていない場合には，親会社A社の株式を取得する必要が生じる。子会社による親会社の株式の取得は，一般には禁止されているが，三角合併の場合には認められている。日本の買収企業C社の株主（日本子会社B社に吸収合併すると日本子会社B社の株主となる）は，親会社である海外企業A社の株式を交付され株式交換するという三角交換によるのである。

　三角合併は，両当事会社の取締役会での承諾，また株主総会での承認を得なければならない。三角合併には，このような日本企業の取締役会や株主総会での同意が必要である。

　この三角合併という方法での，外国企業による日本企業の買収が今後どうなるか注目されている。

10 LBOによるM&A

　M&Aにおいて，買収する相手企業の資産を担保に借金して買収する手法がLBO（Leveraged Buy Out：レバレッジド・バイアウト）である。LBOのメリットは，買収者は手元資金が少なくても，相手企業の資産を担保として資金調達するため，買収可能となるという点である。しかしデメリットとしては，買収に失敗した場合や買収後に資産・事業価値が減少した場合には，調達資金の返済が困難になる可能性があるという点である。

　LBOは，米国をはじめ多くの国でのグローバルなM&Aの手法として用いられている。日本でのLBOとしては，2003年の米投資会社リップルウッド・ホールディングスによる，日本テレコムの買収のケースがある。

　なお，M&Aのための買収資金の調達方法としては，このLBOによる以外に，金融機関からの融資，新株発行等による増資，転換社債の発行などがある。

4 社　債
1 社債とは何か

　会社が，有価証券という債券を発行し，多数の公衆からお金を借りるという債権を**社債**という。株式発行は自己資本であるのに対して，社債は**他人資本**である。そのため，社債は，株式と違って，原則として，一定期間後に借り手にお金を返さなければならない。また，社債には，一定の利息が付く。

　会社にとっては，社債は，銀行などの金融機関以外の公衆から資金調達することが可能であるというメリットがある。すなわち，社債は，国内のみならず海外を含めた，一般個人，法人，投資家，機関などから，多額の資金を借り入れることができる。

　投資家にとっては，社債は，株式より，リスクが少ないというメリットがある。

　新会社法では，社債の発行は，株式会社のみならず，合名会社，合資会社，合同会社，特例有限会社でも認められた。

　社債は，以下のように分類することができる。

2 無担保社債と担保付社債

　社債の返済確保のために，社債に担保が設定されているのが**担保付社債**である。社債に，担保が設定されていないのが**無担保社債**である。かつては，担保付社債が原則であったが，最近では，一定の条件で無担保社債も認められるようになった。

　かつて，1997年9月，ヤオハンジャパンは会社更生法を申請し，発行した無担保社債が事実上の債務不履行（デフォルト）となったこともあった。無担保社債は，会社が破綻すると，このような危険性がある。

3 普通社債と新株予約権付社債

　通常の社債が，**普通社債**である。これに対して，会社の新株予約権がついている社債を**新株予約権付社債**という。

　新株予約権とは，将来，新株を一定の条件で購入する権利を持つことであ

る。投資家にとって新株予約権付社債のメリットは、ある時期に新株予約権を行使すると、株主になることができることである。一方、会社側のこの社債のメリットは、新株予約権を付加する分だけ、低利で発行することができることである。また、新株予約権を行使すれば、資本も増強できる。

なお、新株予約権付社債には、新株予約権を行使したときに、社債が株式に転換されるタイプ（社債が新株に代わるので、新たな金銭的払い込みはない）と、社債はそのままで新たに新株を持つことができる（新株に対して金銭の払い込みが必要）タイプがある。

4 内国債と外国債

社債の募集地が国内の場合が、**内国債**である。社債の募集地が海外の場合が**外国債**である。日本企業の大規模な外国債による資金調達も活発化してきている。外国債の額面額は、外貨で表示されるケースと、円建てで表示されるケースがある。

近年、日本の大企業は、外国で社債を募集するという外国債の発行を活発に行っている。たとえば、トヨタ、ソフトバンク、富士通、三菱商事、ニコン、オリックスなどの大手企業が米ドル建ての社債を発行した。

5 資金調達
1 自己資本と他人資本

企業の資金調達は、まず自己資本と他人資本に分類される。**自己資本**とは、株式発行による払込金としての資本と内部留保（留保利益、剰余金）である。**他人資本**とは、借入金、社債、支払手形などの外部からの借金である。

企業の財務をはかる指標として、自己資本と他人資本を使った**自己資本比率**がよく用いられる。

$$自己資本比率 = \frac{自己資本}{総資本（=他人資本+自己資本）}$$

この比率が高いと健全で，低ければ不健全であると一般にいわれる。

2 主要な財務指標

資金調達に関連する主要な財務指標として以下がある。

$$負債比率 = \frac{負債（他人資本）}{自己資本}$$

$$総資産利益率（ROA） = \frac{当期純利益}{総資産（＝総資本）}$$

$$自己資本利益率（ROE） = \frac{（税引後）当期純利益}{自己資本}$$

$$1株当たりの利益（EPS） = \frac{（税引後）当期純利益}{発行済株式総数}$$

$$株価収益率（PER） = \frac{株価}{1株当たり（税引後）当期純利益}$$

$$配当性向 = \frac{配当金}{（税引後）当期純利益}$$

3 直接金融と間接金融

また，資金調達には，直接金融と間接金融という分類もある。**直接金融**とは，株式および社債による資金調達をいう。**間接金融**とは，銀行などの金融機関からの借入による資金調達をいう。

日本の大企業は，第2次大戦後から1975年頃まで，資金調達において主に銀行からの融資による間接金融の比重がかなり高かった。その後，直接金融の比重が高くなってきている。

日本企業は，つい最近まで，**メインバンクシステム**とよばれる，取引銀行からの融資の比重が高かった。会社と銀行が，融資を通して密接な関係を保っていたのである。しかし，日本企業の資金調達が直接金融に移るにつれて，メイ

ンバンクシステムは，徐々に崩れてきている。

【参考文献】

江頭憲治郎『株式会社法』有斐閣，2017年。
河本一郎・川口恭弘『新・日本の会社法』商事法務，2015年。
神田秀樹『会社法』弘文堂，2017年。
岸田雅雄『ゼミナール会社法入門』日本経済新聞社，2012年。
森信静治他『M&Aの戦略と法務』日本経済新聞社，2005年。
龍田節・前田雅弘『会社法大要』有斐閣，2017年。
佐久間信夫・出見世信之『アジアのコーポレート・ガバナンス改革』白桃書房，2014年。
丹野勲・榊原貞雄『グローバル化の経営学』実教出版，2007年。
丹野勲『アジアフロンティア地域の制度と国際経営』文眞堂，2010年。
丹野勲『日本的労働制度の歴史と戦略』泉文堂，2012年。
渡邉顯・辺見紀男『敵対的買収と企業防衛』日本経済新聞社，2005年。

第4章
コーポレートガバナンス

■1 トップマネジメントと所有構造
1 トップマネジメントの制度

　トップマネジメント（top management）の制度・構造は，株式会社制度の場合，ほとんどの国が取締役会（執行役会がある国もある），株主総会，監査役会（監査委員会という名称の国もある）などをトップマネジメントの機関としている。ただし，その制度は，グローバルにみると国により若干相違がある。

　コーポレートガバナンス（corporate governance：**企業統治**）の視点からみると，トップマネジメントの各機関のパワーや構造が国により微妙に相違している。また，取締役の選任については，株主総会で選任される国や，監査役会で選任される国がある。

　取締役の経歴については，取締役のほとんどが企業内部の出身か，または親会社・関連会社出身のいわゆる**内部（社内）取締役**であるケースと，かなりの割合で内部出身以外の取締役である**社外（外部）取締役**をおいているケースがある。また，取締役は，企業内部の昇進による**内部昇進取締役**と，企業の外部の人材を登用した取締役のケースがある。

　企業が大規模化し，経済が発展するにつれて，株主構造が個人・家族を中心とした構造から，法人，機関や投資家などによる所有に移行し，所有と経営が分離するという動きは，グローバルな視点でみてもほぼ同様である。

　ただし，国により，大企業においても所有形態が個人・家族所有の傾向が強い国が存在する。個人・家族所有といっても，直接出資するのではなく，持株会

社を通しての間接投資という形態での支配という形もある。ケースとしては，アジアでは，東南アジアの企業，特に華僑・華人企業で典型的にみられるいわゆる**ファミリービジネス**の支配構造である。また，ヨーロッパ，特にドイツ，フランスにおいては，大企業においても同族企業の比重が高い傾向にある[1]。吉森は，ヨーロッパの大企業がアメリカや日本の大企業と比較して同族性が強い理由を以下のように指摘している。「同族企業が規模の拡大よりも企業の独立性と自立性を重視し，同族による企業の所有と支配の目的とするためのように思われる[2]。」

以上のように，所有と経営の分離は，グローバルな観点からみると同じ程度の経済的発展レベルの国であっても，その進展が相違している。

私企業以外の企業形態として，いわゆる社会主義国（中国やベトナムなど）のみならず資本主義国においても，国営・公営企業，協同組合企業が多く存在している。現在，国営・公営企業の民営化の動きが，社会主義国だけではなく資本主義諸国でも共通する世界的趨勢となっていることは注目される。

2 所有と経営の分離と経営者支配

1932年にアメリカのバーリ（Berle Adolf. Augustus）とミーンズ（Means Gardiner Coit）が，**経営者支配**とよんだことにより，その概念は確立した。

経営者支配とは，
① 株式所有の分散により，大株主が少なくなること，
② 企業経営の複雑化・専門化により，株式をほとんど所有していない専門経営者が事実上経営権を握ること，
である。

経済が発展し，株式会社が大規模化し，資本金が巨額になるにつれて，株主数が増大する。それに伴い，株主の多くが小株主化し，発行株式の過半数以上を所有する大株主が少なくなっていく。また，株主の大部分が，値上がり利益を目的とし，経営に関心を持たない株主が増えてくる。このように，企業は大規模化すると，**株式所有の分散**による大株主の消滅という現象が生ずる。

さらに，株式会社が大規模化し，経営が高度に専門化してくると，**テクノク**

ラート（高度な知識・技能・技術を持つ専門家・官僚）としての経営者の発言力が増大する。自分ではほとんど株式を所有しない経営者が，大株主の減少，および経営に関心を持たない零細株主から委任状を集めることによって株主総会が無機能化し，株主総会を事実上支配し，**専門経営者**が事実上経営権を握るようになる。

以上から，企業の所有者・大株主ではない，専門経営者による支配という**所有と経営の分離**という現象が生ずる。

2 アメリカのコーポレートガバナンス

アメリカの場合は，株主総会によって選任された**取締役会**（board of directors）が，会社の業務執行を行う機関として法律上定められているが，現実には，取締役会によって選任された**最高経営責任者**（**CEO**：Chief Executive Officer）を代表とする**経営（執行）委員会**（executive committee）が業務執行を担当する形が一般的である。

取締役会は，実質的には株主の意向を反映して，経営（執行）委員会をモニタリングし監督するという機能を果たしている。取締役は，会社の内部から選任された社内取締役と，かなりの割合で存在する会社外部の人材から登用する社外取締役によって構成される。

経営（執行）委員会代表としての最高経営責任者（CEO）は，代表取締役会長を兼任する場合が多い。経営（執行）委員会のメンバーについては，取締役であるケースとないケースがある。また，経営（執行）委員会は，**最高経営責任者**（**CEO**）を代表として，**最高執行責任者**（**COO**：Chief Operation Officer），**最高財務責任者**（**CFO**：chief financial officer）など会社の各業務の責任者から構成されている。アメリカは，この経営（執行）委員会が，トップマネジメントの業務執行機関として機能している。

そのほか，取締役会から選任される，監査委員会，指名（人事）委員会，報酬委員会などの各種委員会が設置されている。**監査委員会**は，会社の財務・会計を監査する，重要な委員会である。**指名（人事）委員会**は，経営者の候補者を選び，会社の人事全般の助言を行う。**報酬委員会**は，経営者の報酬を決める委員会である。そのほかに，各種委員会を設置している企業が多い。

以上のようなアメリカのトップマネジメント構造は，英国をはじめいわゆるアングロサクソン諸国で多くみられることから，**アングロサクソンモデル**とよぶこともできよう。

アメリカの大企業では，所有と経営の分離が進展しているが，株主の力が相対的に強く，企業経営においても株主の利益を最大化する行動をとりやすい。アメリカでは，年金基金や投資信託などの**機関投資家**による株式保有割合が高く，これらの機関投資家は，どちらかというと短期的視点で自己の利益を最大化すること，すなわちそのポートフォリオからの収益を最大化するという行動を志向する傾向がある。アメリカの機関投資家は，近年，年金基金などで変化もみられるものの，長期的に株式を保有し，安定株主として会社の経営を見つめるという意識はやや希薄である。

3 ドイツのコーポレートガバナンス

ドイツの場合は，他の国と比較して**監査役会**の権限が強い。

大会社については，監査役会の半数を従業員代表として従業員が選任する形となっている。さらに，監査役会（supervisory board，ドイツ語では Aufsichtsrat）は，執行役を選任する権限を持ち，執行役会（board of management，ドイツ語では Vorstand）は実質的に，経営の業務執行を担う機関として位置づけられている。また，執行役と監査役の兼任は認められない。ドイツでは，業務執行機関としての執行役会と監査機関としての監査役会を明確に分離して，別個の機関とするシステムである。

以上のような，ドイツの経営参加は，法律により明確に制度化されており，世界的にみても注目すべき経営参加の制度である。

ドイツでは，このような監査役会に従業員代表が参加するという**経営参加**の制度が，1951 年に制定された石炭・鉄鋼共同決定法，1952 年に制定された経営組織法に始まり，1976 年に制定された共同決定法により確立された。**共同決定法**では，2,000 人以上の従業員を雇用する株式会社，株式合資会社，有限会社などにおいて，資本側代表としての経営者，従業員代表としての一般従業

員・中間管理者・労働組合代表は,資本側と従業員側が同数の代表を出すことにより監査役会を構成するとしている。

以上のような監査役会における経営参加は,ドイツをはじめ,オランダ,デンマーク,ルクセンブルグ,ノルウェー,スウェーデンで導入されている。このような監査役会における経営参加を中心としたトップマネジメント構造を,**ドイツモデル**とよぶこともできよう。

さらに,ドイツの経営参加には,事業所における経営参加もある。事業所における経営参加は,従業員と経営者が事業所協議会を通して共同決定する制度である。すなわち,経営参加では,勤務時間,福利厚生,賃金などの労働条件に関する提案権,採用,配置転換などに関する同意権,作業場所の設計,作業手順,作業範囲などに関する協議権,解雇などに関する意見表明権,雇用計画に関する情報共有権などがある。提案権,同意権の2つは,従業員の同意が必要とされる点で,共同決定事項であり,その他は協力事項である。

ドイツでは,主に大銀行を中心として,大手企業の株式所有が行われている。ドイツ銀行などの大銀行が,メインバンクとして,役員派遣,経営モニタリング・コンサルティング,保険機能等の広範な機能を果たしており,金融機関と企業とは相互に密接な関係が存在する。ただし,近年,このような銀行による株式保有が崩れてきている傾向もある。

なお,ドイツでは,大企業においても株式会社以外の企業形態である,有限会社,合資会社等をとる企業が存在している[3]。また,閉鎖的な非公開会社の形態を採用する大企業のケースがあることは注目される。さらに,大企業でも個人・同族支配の企業が少なからずみられる。ボッシュ社,BMW社などは,個人・同族支配の強い会社であるとされている。

4 日本のコーポレートガバナンス

日本の場合は,アメリカのような経営執行委員会がなく,**取締役会**が,実質的に業務執行機関である形が一般的であった。日本企業は,アメリカの場合と同じく,**取締役**は,株主総会で選任される。取締役は,会社の内部の人材を登

用する取締役がほとんどで，いわゆる社外取締役は少ない。

　日本では，業務執行機関である取締役会をモニタリング，監督するトップマネジメント機関として，**監査役会**にその役目が期待される制度となっている。監査役は，株主総会で選出する。しかし，現実には，監査役の多くが企業内部出身の監査役であること，監査役の社内ランクが低いこと，さらに監査役が名誉職的な地位にあることなどにより，監査役会が取締役会をモニタリングし監督する機能を果たしにくい構造となっている。

　ただし，2002年に商法が改正され，**委員会等設置会社**規定が導入され，大会社は，アメリカ型の経営機構を選択できるようになった。委員会等設置会社には，取締役会の内部に**指名委員会**，**監査委員会**，**報酬委員会**という3つの委員会を設置するとともに，業務執行の担当者である**執行役**を置かなければならず，監査役を廃止した。取締役会の意思決定権限は執行役に大幅に委譲することが認められている。3つの各委員会構成員の過半数は，社外取締役でなければならない。このような経営（執行役が担当）と監督（取締役会が担当）とを分離することで，効率的な経営を実現することが期待されている。

　日本の大企業の一部では，委員会等設置会社形態に移行している。

　2006年5月に施行された新会社法では，会社のトップマネジメント，機関について大幅な改正が実施された（これについては，第3章で説明した）。

　日本の大企業では，所有と経営の分離は進展しているが，グループの企業が長期的な取引関係にある他の企業の株式を保有する**株式の相互持ち合い**がかなり存在していた。また，銀行や保険会社といった金融機関が，そのグループ企業や長期的な取引先の企業の株式を所有することも行われていた。特に大銀行は，メインバンクとして長期的に資金の貸付を通じて，企業をモニタリング，監視する役割を果たしてきた。このような法人所有の形態は，どちらかというと長期的視点に立った投資であり，安定株主という傾向があった。しかし，近年，このような株式の相互持ち合い，法人所有，金融機関による株式所有といった構造が崩れてきている。

　日本上場企業の所有者別持株比率の推移をみると，近年，金融機関の比率が

急速に低下し，外国人の割合が増加している。金融機関が，法人所有，株式の相互持ち合いの主要な担い手であったことを考えると，このような金融機関による持株比率の低下は，株式の持ち合いが崩れてきていることを象徴している。ただし，株式持ち合いは，買収防止，戦略提携の方策にもなりうるので，企業グループ間や提携企業間での株式持ち合いの動きが一部で生じている。

5 中国のコーポレートガバナンス
1 上場企業の所有構造

中国では，依然として国営・公営企業の経済に占める割合が高い。そのため，**中国のコーポレートガバナンス**を考える場合，国営・公営企業の問題を考慮することが必要である。中国では，国営・公営企業に権限が委譲されつつある方向にあるものの，依然として国や地方からの関与や規制が多いという現状にある。

中国の上場企業の所有構造は，国有法人（国有企業が中心），特殊法人（国有資産管理委員会の直接の管理下にある国有資産管理会社を指す一種の国有法人である）などを通して間接的にこれらの企業を支配するか，または国が直接に所有する形態がまだ多い。

なお，中国での株式は，特有な構造となっている。株式の種類として，**国家株**と**国有法人株**という**国有株**が存在している。国家株は，政府が所有する株式である。国有法人株は，国有企業が所有する株式である。国家株と国有法人株は，市場で取引できない**非流通株**である。さらに，非流通株として一般法人が所有している**一般法人株**がある。一般法人株とは，企業，または法人格を持つ社会団体が法的に認められた運用資産を使って投資した非流通株である。そのほかに，市場で取引できる**流通株**がある。上場企業の株式の構成をみると，国家株，国有法人株，一般法人株といった非流通株は，依然としてかなりの割合で存在する。中国株式市場の1つの特徴は，株式の非流動性であるともいえる。中国政府は，国家にとって重要な産業分野の企業に対しては，大株主として資本の公的所有を維持しながら，国有企業改革を進める政策をとっている。今後，政府は国家株や国有法人株といった国有株をどの程度に市場に放出し，

民営化を推進するかが課題となる。

2 中国の会社法

　中国の私企業のための法律として、**「中華人民共和国会社法（公司法）」**が1993年12月に公布され、1994年7月に施行された。さらに、2004年、同法は第2次改正を行い2006年1月に施行された[4]。なお、外資系企業については、「中外合資経営企業法」による合弁企業、「中外合作経営企業法」による合作企業、「外資企業法」による100％外資企業、が存在している。中国会社法は、外資系企業にも適用されるが、中外合資経営企業法、中外合作経営企業法および外資企業法に別段の定めがあればその定めが適用されるとしている。

　中国の会社法では、私企業の企業形態として有限責任会社と株式有限会社という2つを規定している。

3 有限責任会社

　第1の会社法による会社形態は、**「有限責任会社」**（有限責任公司）である。有限責任会社は、すべての出資者が有限責任である株式会社形態で、日本の会社法では、株式会社や中小企業に多くみられる（特例）有限会社に近い形態である。

　中国会社法では、有限責任会社を以下のように規定している。「有限責任会社は、株主は、50人以内の株主が出資して設立する」（中国会社法第24条）。登録資本についての最低額は、原則として3万元と規定している（同26条）。資本拠出は、現金（金銭）のみならず、現物、知的財産権、土地使用権などの金銭以外の財産も認めている。ただし、金銭出資金額は、登録資本の30％を下回ってはならないとしている（同27条）。

　有限責任会社では取締役会（董事会）を設置し、その構成員数は3人から13人とする（同45条）。取締役会では、代表取締役会長1人を置き、副会長を置くことができる（同45条）。小会社の場合は1人の業務執行取締役を置き、取締役会を設置しないこともできる（同51条）。監査役（監事）は、小企業の場合は1人ないし2人、大会社の場合は監査役会を設置するものとし3人以上で構

成しなければならない。

　監査役会は，株主代表と適当な比率の会社従業員代表を含まなければならず，そのうち，従業員代表の比率は3分の1を下回ってはならないものとし，具体的な比率は会社定款に定めるとしている（同52条）。

4 株式有限会社

　第2の会社法による会社形態は，「**株式有限会社**」（**股份有限公司**）である。株式有限会社形態は，すべての出資者が有限責任である株式会社形態で，日本の会社法では株式を公開している株式会社（公開会社）に近い形態である。

　中国会社法では，株式有限責任会社を以下のように規定している。株式有限会社の設立には，2名以上200名以下の発起人を要し，そのなかの半数以上が中国国内に住所を有しなければならない（同75条）。株式会社の設立は，発起設立または募集設立の方法を採用することができる。発起設立は，会社の設立において発起人が会社の発行するすべての株式を引き受けることをいう（同74条）。募集設立とは，会社の発行する株式の一部を発起人が引き受け，その他の部分を公開募集，または特定の対象者に対して募集して会社を設立することである（同78条）。

　株式有限会社の登録資本の最低額は，原則として500万人民元である（同81条）。資本拠出は，有限責任会社と同じく，現金（金銭）のみならず，現物，知的財産権，土地使用権などの金銭以外の財産も認めている。ただし，金銭出資金額は，登録資本の30%を下回ってはならないとしている（同27条）。

　株主による株式の譲渡は，法に基づき設立された証券取引所で行われるか，または国務院の定める他の方法により行わなければならない（同139条）。発起人の所持する自社の株式は，会社の設立より1年以内に譲渡してはならない（同142条）。会社の取締役，監査役，代表取締役は在任期間中，その所有する株式を譲渡してはならない（同147条）。

　株式有限会社では取締役会（董事会）を設置し，その構成員数は5人から19人とする。取締役会の構成員には会社の従業員代表を入れることができる（同100条）。取締役会では，代表取締役会長1人を置き，副会長を置くことができる（同110条）。

株式有限会社は，監査役会を設置し，その構成員は 3 名を下回ってはいけない。その内，従業員代表の比率は 3 分の 1 を下回ってはならない。具体的な比率は会社定款に定める。監査役会の従業員代表は，会社従業員が従業員代表大会またはその他の形式を通して民主的選挙によって選出する（同 118 条）。監査役会は，会社財務の検査，取締役，高級管理職への監督，などの権限を行使する（同 119 条）。

6 コーポレートガバナンスの理論

　企業の株主，会社機関（取締役会，監査役会など），従業員などの権限・権力関係，統制，牽制，調整に関する考え方が，**コーポレートガバナンス（企業統治）**である。すなわち，企業の主権者による統治のあり方である。

　それでは，企業の主権者，別の言葉でいえば，企業は誰のものなのであろうか。代表的考え方として，株主主権論と従業員主権論の 2 つがある。

1 会社は株主のものである―株主主権論

　第 1 は，企業は株主のものであるという考え方である。企業は株主のものというのは，会社の資本を所有しているのが株主であるという点で，きわめて常識的である。経済学の理論や法律の会社法では，暗黙の了解として会社の所有者は株主，すなわち会社の主権者は株主と仮定している。会社は，資本の集まりであるから，資本を所有している株主が会社の主権者であることになる。**株主主権論**は，私的所有による正当性であるといえよう。ただし，会社の所有は，資本のみならず不動産，動産，知的所有権，人材，その他の資産などもあるので，株式の所有は，会社のほんの一部にすぎず，株主主権論は，制限があるとする議論もある。

　日本の会社法では，株主の集まる機関である株主総会が最高意思決定機関であるとしている。さらに，株主は，議決権を行使することにより会社を支配する。会社法でいう「社員」は，株主を表しているのである。以上のように，会社法では，株主こそが会社の主権者である。

　会社は，株主のものであるとすると，企業は株主の利益をまず第 1 に考えて

経営するという,株主利益最大化が望ましいということになる。アメリカ型コーポレートガバナンスは,株主の利益を最優先とした,いわゆる資本の論理に基づいた考え方が強い。

2 会社は従業員のものである－従業員主権論

　第2は,企業は,従業員のものであるという考え方である。この考え方を,伊丹[5]は,**従業員主権論**であるといっている。

　企業は,資本の集まりであるが,また人の集まりでもある。このように,企業を人の結合体,組織体と考えれば,従業員,特に正規従業員のような中核従業員が企業の内部者であることは常識的に理解できる。だからこそ,従業員のことを社員とよぶ慣行が生まれたのである。

　従業員主権論は,組織体への参加とコミットメントによる正当性である。この考え方は,企業を経済共同体とみなし,それへの積極的参加とコミットメント,その共同体のために汗を流していることを,権力の正当性の根拠とする。いわば,参加による権力の正当性である。この従業員主権論は,国家の主権論を論拠にしている。国家の統治権力に関して,民主主義の国では主権在民である。つまり,国民が権力を持つ,国民が統治の主体である。それは,国民が市民権や国籍を持ち,参加とコミットしているから,国民が権力を持つという考え方である。つまり,この主権在民の考え方は,コーポレートガバナンスの主権論について,従業員の権力に正当性を認める考え方に似ている。

3 株主主権論と従業員主権論

　会社は,資本の結合体であると同時に,人の結合体としての組織体であるとすると,会社は誰のものかという会社の主権論を考える場合,資本と人という2つの側面が共に重要である。

　会社は株主のものという株主主権論は,企業の資本を株主が所有するという私的所有に基づくものである。この点では,株主主権論は正しい。ただし,問題は,企業は資本の提供者としての株主の利益を最優先するという資本の論理

だけでよいかということである。

　日本企業は，国際的にみても，長期雇用，会社への一体感，愛社精神に代表されるように，従業員の共同体意識は強い。日本では，企業は人の結合体としての組織体，共同体なのである。従業員主権論は，このような組織体としての従業員の主権を重視する立場である。

　結局，企業は，資本と人の結合体である限り，株主主権と従業員主権が重要である。別の言葉でいえば，従業員主権を無視した株主主権はあり得ないだろうし，株主主権を無視した従業員主権はあり得ないのである。むしろ，株主主権と従業員主権は，利害対立しながらも，共に重視することが会社の発展につながるのである。

【注】

（1）吉森賢『日本の経営・欧米の経営』放送大学教育振興会，1996年，22頁。
（2）吉森，前掲書，25頁。
（3）高橋俊夫『コーポレートガバナンス―日本とドイツの企業システム』中央経済社，1995年，19，27頁。
（4）中国の会社法の条文については，射手矢好雄・布井千博・周剣龍『改正中国会社法・証券法』商事法務，2006年。
（5）伊丹敬之『日本型コーポレートガバナンス』日本経済新聞社，2000年。

【参考文献】

深尾光洋・森田泰子『企業ガバナンス構造の国際比較』日本経済新聞社，1997年。
伊丹敬之『日本型コーポレートガバナンス』日本経済新聞社，2000年。
射手矢好雄・布井千博・周剣龍『改正中国会社法・証券法』商事法務，2006年。
菊池敏夫・平田光弘編著『企業統治の国際比較』文眞堂，2000年。
佐久間信夫・出見世信之『アジアのコーポレート・ガバナンス改革』白桃書房，2014年。
高橋俊夫『コーポレートガバナンス―日本とドイツの企業システム』中央経済社，2006年。
丹野勲・原田仁文『ベトナム現地化の国際経営比較』文眞堂，2006年。
丹野勲『アジアフロンティア地域の制度と国際経営』文眞堂，2010年。
丹野勲『日本企業の東南アジア進出のルーツと戦略』同文舘，2017年。
吉森賢『日本の経営・欧米の経営』放送大学教育振興会，1996年。

第5章
経営管理

■1 経営管理の生成と発展
1 経営学と経営管理

19世紀末期から20世紀にかけて,経営学はドイツとアメリカで成立した。ドイツ経営学は経営経済学ともいわれ,資本の流れを中心に商業学の方法論や理論を発展させたものである。一方,アメリカ経営学は経営管理といわれるように,生産現場の問題解決を起源とし,管理や人間についての研究が中心である。日本の経営学は当初,ドイツ経営学の影響を受けたが,次第にアメリカ経営学が中心となった。

経営学は,英語では「ビジネス・アドミニストレーション」(Business Administration)と訳されることが一般的である。いわゆるMBA (Master of Business Administration) とは,アメリカの経営大学院(ビジネススクール)の修士号であり,日本語では経営学修士や経営管理修士などと称される。このように,経営学と経営管理は,ほぼ同じ意味で用いられることが多い。

経営学を表すもう1つの英語として,**マネジメント**(Management)という言葉がある。これは管理や管理職といった意味で使われる場合が多いが,経営管理がもっとも近い日本語訳であろう。いずれにせよ,経営学がその一部を除き,経営管理にほぼ該当することは明らかである。さて**経営管理**(経営学)とは,どのようなものか,学習に役立つよう大きくとらえたい。

図表5-1　経営学研究の特徴（日米独の対比）

日本経営学	アメリカ経営管理学	ドイツ経営経済学
・ドイツ経営経済, アメリカ経営管理の吸収 ・学問から実践理論へ ・日本的経営論の追求 ・経営統合理論を志向	・経営管理, 組織が研究の中心テーマ ・問題解決, 実践科学的研究（過程）から理論体系化を図る	・商業学を源流に, 経営経済学の成立 ・経営経済学の学問的性格規程が中心テーマ ・経済学との関係追求

出所：藤芳誠一『新版経営学』学文社，1993年により作成。

経営学（経営管理）には，次のような3つが含まれる。まず第1に**企業の働き**を理解することである。そのために，企業の各部門（財務，マーケティング，人事管理，情報管理，製造（生産），販売（営業），研究開発など）の働きに対応する経営の各機能を研究することである。人事管理論，財務管理論，マーケティング論など各機能の管理論は，経営管理各論と考えられる経営学分野なのである。

第2に，**働く人間**を理解することである。これは人事管理を学ぶという意味ではなく，人間行動を理解することは，組織，管理を学ぶことになるからである。働く人間の研究はマネジメント研究そのものであり，経営管理なのである。まさに企業の各部門で行われる経営の各機能は人間行動とその結果であり，そのための意思決定は組織の運営に発揮される。組織をうまく運営するためには，組織の構築，管理の方法，人間行動を理解する必要があり，それらは経営管理論・組織論などに該当するものである。

第3に，**環境と行動**を理解することである。これは社会環境と企業内の環境を含み，経営戦略，意思決定，企業行動を研究することを意味する。経営環境に適応する戦略は企業の基本的な方向を決め，あらゆる意思決定，企業行動は経営戦略の下位にあることを戦略論，意思決定論などから学習する。

2 産業社会と経営管理

経営管理や経営学は産業社会の発展とともに成立した新しい学問分野だけに，未だに経済学の一部とみられることが少なくない。ここでは経営管理の意

義について，その社会的な位置づけや意味合いから記してみたい。

　経済学では，社会資本の動きを研究対象とするだけに，そこでの企業は単純化した全体としての働き（商品・サービスの提供）として示され，その内部すなわち企業活動やそのマネジメントについては，問題にされない。経済学では，「家計」，「政府」，「企業」と経済事象，財・サービスの交換を大きな枠組み（マクロ）でとらえることで，理論化が図られている。経済学は，企業の評価や分析を全体で取り上げるが，消費者や労働者という個人も企業もすべて最適な意思決定をして，行動することが前提とされている。

　一方，**経営学**は個別的産業資本である企業を研究対象としており，内部の活動を含めて，より現実的な把握をするため，企業の各現象の理解につながる。しかし，環境や戦略といった前提が異なるため，その理論化は困難であることが多い。経済学は学問としての精緻化を志向し，企業活動には関心が低かったのに対して，経営学は現実的な企業理解の必要性が高まり，ますます発展してきている。それは書店などでビジネス・経営に関する図書がきわめて多いことからもうかがえる。

③ 企業と経営管理

　企業が発展することにより，その組織は大きくなり，次第に運営は難しく，困難なものになってくる。企業の設立当初，その出資者（オーナー＝所有者）がそのまま経営を行う，つまり経営者としての役割も果たすことはごく自然である。そこでは，家族や数名の従業員が日ごろ顔を合わせて仕事をするので，あらためて経営理念はとか，戦略や計画はこうだとか，意思決定やコミュニケーションの仕組みといったことを考えたり，伝えたりすることはほとんどない。そこで必要とされる経営管理とは，生産（商品），顧客，資金繰り（財務経理）に関することである。

　しかし，そのような小企業も規模が拡大するにつれ，所有者と経営者が分離，つまりその役割を担う人は別々になっていく。このような現象を経営学では**「所有と経営の分離」**という。家族経営など小規模企業と異なり，大企業で

は資金や原材料の調達,生産管理,販売・マーケティングなど,あらゆる機能が専門化し,複雑なものとなる。そのため,経営の舵取りは**専門経営者**に任せることになり,そこでの考え方や計画などに役立てようとするのが経営管理である。企業の大規模化は,経営管理の必要性を高めたのである。

組織規模の拡大と専門経営者の出現により,マネジャーという管理職の存在意義も高まった。マネジメントは社長,常務,取締役などからなるトップマネジメント,部長・課長など中間管理職層で構成されるミドルマネジメントに分かれ,さらに係長,主任などロワーマネジメントを区別する場合もある。

2 古典的経営管理
1 経営管理につながる思想

18世紀半ばから19世紀半ばにかけての産業革命を経て,イギリスでは世界で初めて近代的企業が誕生した。19世紀に入ってからは,機械制工場経営により,これまでの温情的な工場経営から,工場の機械と同様に労働者に対して長時間労働など,徹底的な合理化を図り,伝統的慣習を急変させている。

しかしながら,イギリスが経営管理や関連する分野で当時の世界をリードすることはなかった。産業革命以前にマニュファクチュアという手工業が発展し,各地域や産業ごとでの工場操業や管理がなされており,新しい変化を経営課題ととらえにくかったこともその一因であろう。

近代的な経営管理思想のパイオニアとして,ウェバー (Max Weber),テイラー (Frederick Winslow Taylor),ファヨール (Henri Fayol),フォード (Henry Ford) らがあげられる。そのなかで,テイラーとファヨールは経営管理の創始者として,後ほど記していくことにする。官僚制で知られるウェバーは社会学者であるが,組織論や管理論の創始者でもあり,経営管理につながるウェバーの思想を取り上げたい。

ウェバーは,1864年ドイツに生まれ,ハイデルベルグ大学やベルリン大学で法律学,経済学,哲学,歴史などを学んだ。その後,フライブルグ大学,ハイデルベルグ大学,ミュンヘン大学などの教授を歴任し,**官僚制**の体系的理論

を宗教社会学研究のなかで進め，官僚制を合理的支配の純粋な型と論じた。

ウェバーによると，資本主義であろうと，また社会主義であっても協働行為がある限り，働くことによる経営手段の集中はなくならない。官僚制組織では冷徹な原理に支配され，没主観的な専門家によって職務が遂行される。個人は没主観的に行動するほど官僚制組織は機械として完成し，合理性を発展させることになる。

官僚制の機能様式は，①規則体系で秩序づけられていること，②上下機関の間の階層制が立てられていること，③職務遂行の場所は私生活と明確に区別された事務所・役所で文書に基づいて行われること，④職務は規則に基づき遂行されるので，専門的技術が必要であること，⑤職務の兼業はできず，職務遂行に専念することが要求されること，⑥職務により，安定した私生活と交換に職務誠実義務を引き受けること，以上である。

ウェバーによると，西欧文化には官僚制の基盤となる合理主義の制度や規則に従うことを正当化する社会規範があり，そのなかで官僚制は発展を遂げた。こうしたウェバーの組織と管理についての理論は，今後の経営管理の基盤となる思想といえる。とはいえ，人間は完全な合理的存在ではないため，そこに経営管理の課題が生じている。

2 テイラーの科学的管理

テイラーは一般には経営学・経営管理の代表的創設者とされ，科学的管理法とともによく知られている。テイラーは鉄道建設やゴールドラッシュの好況時，アメリカ東部フィラデルフィアの裕福な家に生まれた。ハーバード大学に入学するも，視力の問題で学業をあきらめ，小さなポンプ工場で働き始め，その後，製鋼会社で機械工となり，やがて職長，技師へと昇進していった。

19世紀後半のアメリカでは，生産設備と労働形態が変化し，競争が激化し，労働組合運動など産業社会の問題が発生していた。その当時の問題は組織的怠業の存在であり，1880年にアメリカ機械技師協会（American Society of Mechanical Engineers）が設立され，対応するなど社会的関心も高かった。

テイラーは，組織的怠業の問題に取り組み，その原因は労働者にあるのではなく，安易な管理の方法（成行き管理）にあることを主張した。そこで管理に合理的思考を取り入れる必要があるとし，客観的・公正な科学の概念を科学的管理法により導入した。テイラーの科学的管理法では，課業の設定が基本となり，他には差別出来高給制度や職能別職長制度が経営管理に重要なものである。

　課業とは，科学的に決められた労働者の一日の標準的な仕事量のことである。熟練工の行う仕事を要素別に分解（動作研究：Motion Study）し，個々の作業に要する時間を分析（時間研究：Time Study）し，どのような動作で構成されるかを分析することが作業研究である。これにより，課業も決まり，ムリムダを省く，作業の標準化も図れるのである。

　差別出来高給制度とは，異率出来高払制度ともいわれるが，生産量が目標を達成できたら高い賃率，未達成では低い賃率が適用される制度である。これにより，目標以上を達成しようとの金銭的な動機づけがなされる。

図表５－２　テイラーの差別出来高給制度

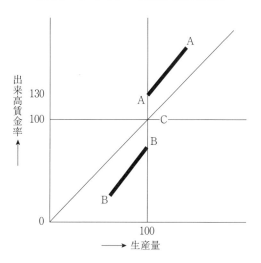

出所：津田眞澂『人事労務管理の思想』有斐閣，1977年により作成。

図表 5－3　テイラーの職能別職長制度

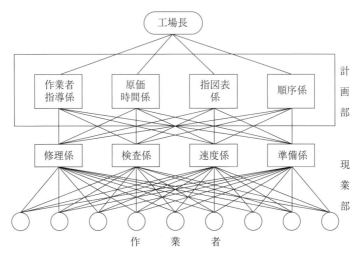

出所：津田眞澂『人事労務管理の思想』有斐閣，1977 年により作成。

　また，テイラーは職能別職長制度（Functional Foremanship）という機能組織を提案した。これは従来の一元的な命令系統（ライン）では，大工場の複雑な管理は不可能であるとし，現場の管理部門を計画部門（手順，指図票，時間・原価，教育の4係）と執行部門（準備，速度，修理，検査の4係）に分離し，現場責任者である職長の負担を軽くし，機能の専門化を図った組織作りである。

　さらに，テイラーは科学的管理法により，労使双方が協働することでアメリカの産業社会に精神革命をもたらすと主張したことも付記しておきたい。

3　ファヨールの管理プロセス

　ファヨールは，建築技師を父に，イスタンブールで生まれ，1860 年にフランスで鉱山学校を卒業した。その後，鉱山会社技師として務め，1878 年には主力鉱山の経営を任され，1888 年には社長となり，40 年間におよぶ経営者としての経験を積んだ。

　ファヨールの業績は，企業経営の仕事（管理職能）とは何かを考え，長年の

経営者としての経験を基に,『産業ならびに一般の管理』(1916年) に, 全社的見地からまとめたことである。

ファヨールは企業経営の6つの活動 (職能) として, **技術**, **営業**, **財務**, **保全**, **会計**, **管理**をあげている。それぞれの仕事内容は表のとおりだが, 管理活動と管理以外の業務活動 (技術, 商業, 財務, 保全, 会計) を区別している。そして, それぞれの活動を行う能力を管理的能力と業務的能力とすると, 経営階層が組織トップに近付くほど, 管理的能力のウェートが増すことを指摘した。このことは, 部長, 社長と偉くなるにつれ, 技術や知識だけでなく, 物事の進め方や人の扱いが重要になることを意味している。

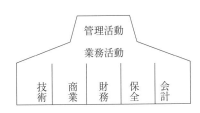

図表5-4 ファヨールの管理活動と業務活動

出所:著者作成。

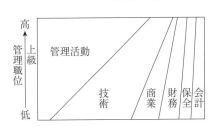

図表5-5 ファヨールによる企業活動の割合

出所:著者作成。

また, ファヨールは, **管理のプロセス**として, 予測 (計画), 組織化, 命令, 調整, 統制という, 5つのプロセスを示した。これは, 将来を検討し, 活動計画を立てること, 活動の制度・ルールを整えること, 従業員を機能させること, すべての活動と努力を結集し, 調和させること, 進行を監視し, 評価することと, 人をどう管理し, ものごとを進めていくかの各段階を明らかにしたもので, マネジメントの基本とされている。

さらに, これを簡略した「Plan プラン (計画) → Do ドゥ (統制) → See シー (実行)」という**マネジメントサイクル**は, 日本企業の品質管理などで採用されている。

図表 5-6　管理プロセスとマネジメントサイクル

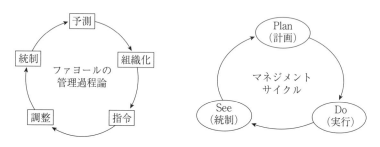

出所：筆者作成。

　ファヨールの業績としては，**14 の管理原則**（Principles of Management）もよく知られている。その内容は図表 5-7 のとおりであるが，分業の原則，権限－責任の原則，命令一元化の原則は，とりわけ重要な原則と考えられる。

図表 5-7　ファヨールによる 14 の管理原則

①　**分業**（分業の目的は同じ努力でより多く，良い生産を可能にする）
②　**権限－責任**（権限の行使される所，常に責任が生じる）
③　**規律**（事業経営に規律は絶対必要，規律なくして繁栄はない）
④　**命令の一元性**（職務担当者はただ 1 人の管理者からのみ命令を受ける）
⑤　**指揮の一元性**（同一目的の諸活動は 1 人の指揮者と 1 人の計画を持つべき）
⑥　**個別的利益の全体的利益への従属**（経営全体の利益が個人利益に優先）
⑦　**報酬**（報酬は従業員，雇用者双方に満足を与えるものに）
⑧　**権限の集中**（集権化分権化の程度は常に変動的である）
⑨　**階層組織**（階層組織の通路は正確な伝達，命令一元化からも緊急不可欠）
⑩　**秩序**（完全な秩序は場所，地位が正当に選択されることを前提）
⑪　**公正**（公正・平等は従業員の処遇において考慮されねばならない）
⑫　**従業員の安定**（必要な能力ある従業員も，新職務の習熟に相当時間を要する）
⑬　**創意**（創意をできるだけ奨励し，発展させるべき）
⑭　**従業員の団結**（調和，すなわち従業員の団結は事業経営の偉大な力である）

出所：筆者作成。

3 人間関係論
1 人間関係論の背景

　人間関係論とは，1924〜32年までの約8年間，**メイヨー**（Elton Mayo）と**レスリスバーガー**（Fritz Jules Roethlisberger）によって行われたホーソン実験（Hawthorne Experiments）から生まれた経営管理論である。この**人間関係論**が生じた背景には，産業革命以後，機械化による企業規模の拡大，生産形態の急激な変化により，効率よく管理すること，作業現場の合理性が求められたことがある。その時代では，人間が機械と同じような存在となること，機械に合わせる，従属させられるという考え方が強かった。

　一方，人間の存在について，機械化された職場における人間について研究が行われた。すなわち，個人の職業適性や作業疲労について，また照明，騒音，温度などの環境条件が作業能率にどう影響するか，その関係を明らかにしようということから，産業心理学が発展した。その1つの結果として，新たな経営管理論の一面となる，人間関係論がもたらされたのである。

2 ホーソン実験

　ホーソン実験とは，ベル電信電話会社の電話・電信機器の最大メーカーであるウェスタン・エレクトリック社（従業員4万人）のホーソン工場で行われた一連の実験である。最初に行われたのは，照明実験（1924〜1927年）で，照明の明るさ（作業環境）が作業能率に影響を与えると仮定し，実験を進めた。しかし，実験中，照明の増減とは無関係に能率は向上し続け，予想外の結果となった。

　ここで初めて，メイヨーに協力が求められ，新たに実験に取りかかることになった。代表的なホーソン実験の1つとして知られるリレー組立実験（1927〜1932）が始まった。そこでは，電話機のリレー部品の組立作業について，5人の女子作業者を選び，さまざまな労働条件を変更し，その生産量の変化を調べた。労働条件とは，労働時間の変更，休憩時間の設置と変更，出来高払い制の導入，休憩時間時の茶菓支給などであるが，その結果，異なる作業条件下で

も，総生産量は上昇を続け，労働条件の良否により，生産量は増減するとの仮説は否定された。

続いて，1931～1932年には，男子作業員14名を対象に，バンク配線実験が行われた。この実験は，職場集団の実態を調査しようと，配線作業が観察された。その結果，あまり仕事をするな，怠けるな，告げ口するな，偉ぶるなという，4つの集団規範の存在が明らかになった。

③ 人間関係論の意義

これらのホーソン実験を通じて，働く人々の**モチベーション**は賃金（経済的条件）だけに依存しているのではなく，作業条件や作業環境が与える心理的社会的な影響に依存していることが立証された。

生産能率は，作業仲間，上役・会社に対する態度・気分によるものであり，この情感は，その人の置かれる人間関係と密接に関連している。作業能率は作業者の心理状態や，集団の社会的影響力に依存している。また，上司の監督の仕方，上司や同僚との人間関係が作業能率に影響していたのである。

4 行動科学理論
① 行動科学とは

人間関係論は，人間を合理的な存在ととらえるだけでなく，新たに感情や心理状態が生産性に影響を与えることを示したが，まだ人間の一側面しか見ていないとの批判は残り，また個人の感情と組織の生産性との関係は明確にされてはいなかった。メイヨーも指摘するように，さらに人間を多面的にとらえることが求められていた。

1951年，フォード財団の「行動科学計画」に対する研究資金援助を受け，人間行動の総合的研究として，**行動科学**は始まったとされる。行動科学とは，社会学，心理学，経営学，経済学などを含む学際的かつ総合的な人間行動の研究で，経営学と直結するものばかりではない。ここでは，モラールやリーダーシップなど人間の欲求を中心にした経営管理に関する成果を取りあげたい。

2 行動科学研究1 ―欲求理論―

代表的な行動科学の成果として,マズロー(Abraham Maslow),マグレガー(Douglas McGregor),ハーズバーグ(Frederick Herzberg)の欲求理論を取りあげたい。まずもっともよく知られるのは,マズローの欲求階層説であろう。

マズローは人間の欲求を生理的欲求,安全・安定の欲求,帰属・愛の欲求(社会的欲求),承認の欲求(自我・自尊の欲求),自己実現の欲求との5つに分類し,それらが階層的に現れることを**「欲求階層説」**によって提唱した。これは実証的に見いだされたものではなく,1960年当時のアメリカ社会を背景にしていることもあり,どれほど普遍性があるかとの批判はあるが,欲求段階ごとに欲求が顕在化されるという考え方に納得性があり,広く受け入れられてきた。

続いて,**マグレガー**は,人間は従属的で受け身であり,仕事への意欲や能力はないという従来の人間観**「X理論」**に対して,統合と自己統制による**「Y理論」**を展開した。これは人間観についてであり,いわゆる性悪説としてのX理論,性善説としてのY理論というとらえ方もできるので,古くからある見方ともいえる。おそらく人間には両方の見方ができるし,どちらが正しいとはいえないが,豊かで高度情報化社会の今日では,Y理論を基礎にして,主体性を発揮させることがより求められている。

図表5-8 マズローの欲求階層説

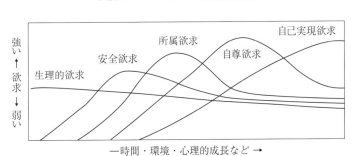

出所:Maslow, A. H., *Motivation and Personality* (Second Edition), Harper & Row, Publishers, Inc., 1970.(小口忠彦訳『人間性の心理学』産業能率大学出版部,1987年)により作成。

ハーズバーグは，200人の技術者と会計士に面接し，動機づけについての実験調査を行い，職務からの満足と不満の原因は異なる要因によることを実証し，**「動機づけ－衛生理論（二要因論）」**を提唱した。職務を満足させる要因「動機づけ要因」には，達成，仕事そのもの，責任，能力の向上などがあり，職務を不満にさせる原因「衛生要因」としては，会社の政策，監督，給与，作業条件などがある。

図表5－9　ハーズバーグによる職務態度への影響要因（12の調査より）

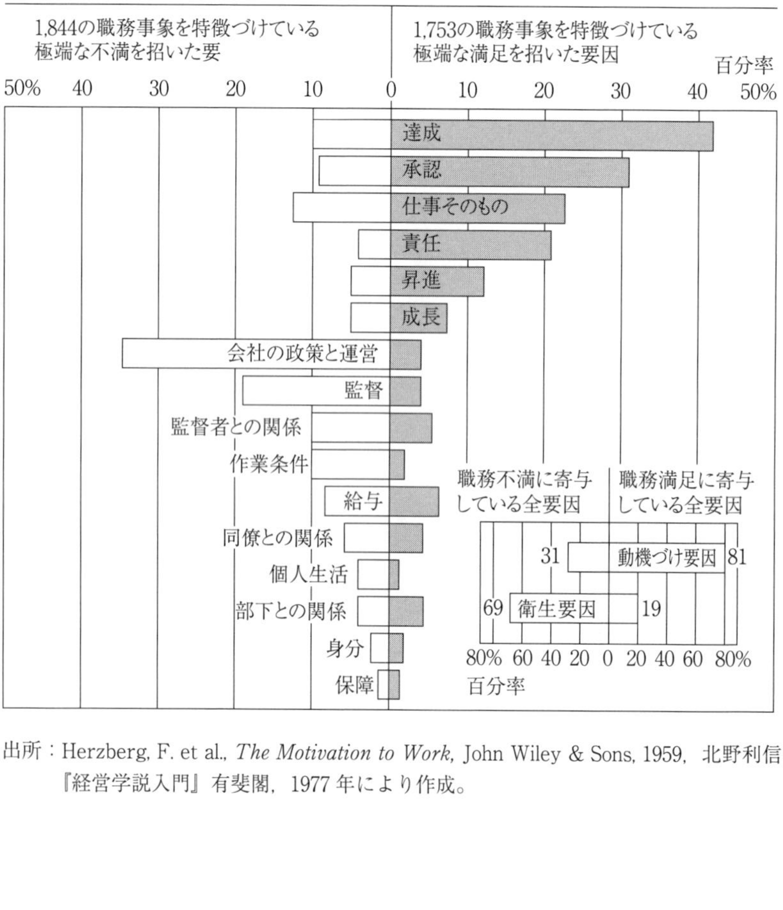
1,844の職務事象を特徴づけている極端な不満を招いた要
1,753の職務事象を特徴づけている極端な満足を招いた要因
百分率
50%
40
30
20
10
0
10
20
30
40
50%
達成
承認
仕事そのもの
責任
昇進
成長
会社の政策と運営
監督
監督者との関係
作業条件
給与
同僚との関係
個人生活
部下との関係
身分
保障
職務不満に寄与している全要因
職務満足に寄与している全要因
31
動機づけ要因
81
69
衛生要因
19
80% 60 40 20 0 20 40 60 80%
百分率

出所：Herzberg, F. et al., *The Motivation to Work,* John Wiley & Sons, 1959，北野利信『経営学説入門』有斐閣，1977年により作成。

このような行動科学の成果は，経営管理はもとより，組織の構築や，運営，リーダーシップや自己申告，目標管理，キャリアプランなど多くの人事管理施策にも影響を与えている。

③ 行動科学研究2－パーソナリティとリーダーシップ－

続いて行動科学の代表的成果から，経営管理と関連が深い理論として，アージリス（Chris Argyris）の統合理論とリッカート（Rensis Likert）のリーダーシップ理論を取り上げたい。

アージリスは，人間のパーソナリティの成長と発達に基づく**「未成熟－成熟モデル」**を構築した。彼によると，組織に雇用される人びとは，その成熟の度合いに応じて，自分の欲求を表し，労働のなかで最適なパーソナリティを獲得し，自己実現を求めていく。図表5－10に示すように，個人は未成熟な状態から成熟な状態へと移行できるよう，欲求を満たそうとするのである。

図表5－10　アージリスの未成熟－成熟モデル

未成熟な状態	→	成熟した状態
① 受動的行動	→	能動的行動
② 依存状態	→	相対的自立状態
③ 少数の行動様式	→	多様な行動様式
④ 移り気で浅い関心	→	複雑で深い関心
⑤ 短期的見通し	→	長期的見通し
⑥ 従属的地位	→	同等または優越的地位
⑦ 自覚の欠如	→	自覚と自己統制

出所：Argyris, C., *Personality and organization*, Harper & Row, 1957.（伊吹山太郎・中山実訳『新訳　組織とパーソナリティー』日本能率協会，1970年）により作成。

しかし，企業などの組織において，個人は成熟段階への移行を十分に果たすことができず，欲求不満に陥ることになる。それは企業が合理的な組織であり，仕事の割当，指揮の統一，司令系統などから，個人に未成熟段階の行動を

とることが求められるからである。そのため，個人は成熟段階へのパーソナリティの発達を阻止され，ここに組織と個人の不適合が生じると，アージリスは指摘する。

　リッカートは，ミシガン大学で組織におけるリーダーシップと生産性を研究するグループを率いて，多くの研究成果をあげてきた。統計調査や集団実験を用いる実証的研究を行い，生産性の高い職場集団のリーダーは部下たちの人間関係に気を配り，効果的な作業集団を作らせようとするタイプの人が多いことを発見した。

　このように部下である従業員に対して目標だけを示し，仕事の方法や進度などは自由に任せるタイプの監督は「従業員中心型監督方式」である。一方，こまごまと指示を出し，標準時間を守り，決められた方法と作業手順で部下に仕事をさせることに努力するタイプの監督は「職務中心型監督方式」である。

　従業員が仕事の決定に参加する監督方式では，長期的に安定した意欲や会社への信頼性が築かれる。反対に，職務の達成を優先し，統制を強める方式では，短期的には生産性が高まるが，従業員にはプレッシャーの高まりなどから退職や会社への反感が生じる。このような実証研究の結果を踏まえ，リッカートは通常の会計制度では従業員の態度や動機づけは測定されないが，そうした人的資産を食い潰しての短期的な物的資産の向上では，長期的には絶えず労働問題を抱えることを指摘している。

　リッカートは多くの研究から，上記の2つの監督方式をさらに精緻化させ，独善的専制型，温情的専制型，相談型，集団参加型という，4つの管理方式（順にシステム1～システム4）から，リーダーシップのあり方を提唱した。独善的専制型とは部下をまったく信頼せず，すべて上司が決め，強制力で従わせるもの，温情的専制型とは主人が召使に対するようなもので，部下は恐怖と警戒心を持つものである。

　相談型は，ある程度は部下を信頼するが，統制力は残しているものであり，集団参加型とは，部下を完全に信頼し，報酬，目標，方法改善，評価などへの参加と関与をさせるものである。このように組織の経営管理システムを，低次

のシステム1からシステム4へと開発していくことをリッカートは目指している。

5 状況適合理論

これまでの経営学では,あらゆる状況下で最適な管理の方法や組織づくりを探究してきたが,そうしたアプローチを否定し,組織を取り巻く環境条件との関係において,究明しようとする研究の成果が状況適合理論(コンティンジェンシー理論)である。ここでは代表的な状況適合理論として,バーンズ&ストーカー(Tom Burns, George M. Stalker),ローレンス&ローシュ(Paul R. Lawrence and Jay W. Lorsch),ウッドワード(Joan Woodward)の研究を概観したい。

1 バーンズ&ストーカーの研究

バーンズとストーカーは,イギリスのエレクトロニクス企業の事例研究を行った。それらの企業は技術と市場の変化に対応させるため,管理システムを適応させることに努力してきた。そこから,外部環境が安定している時には**「機械的組織」**が,変化が激しい環境では**「有機的組織」**が適応することを見いだした。

機械的組織とは,ウェーバーの官僚的組織のように固定的な構造の組織であり,高度に中央集権化され,明確な階層組織を特徴としている。公式の手続きが整備され,多くの規則・手続きがあり,安定環境下で高業績であった。一方,有機的組織は,非官僚制的な組織であり,意思決定の権限は分散化され,階層構造は明確でない。明文化された規則や決まりが少なく,適応性が高い柔構造の組織であり,不安定で変化に富む環境下で高業績をあげていた。

図表 5 − 11 「機械的組織」と「有機的組織」の構造比較

比較の基準	機械的組織	有機的組織
分化,専門化の程度	職務,職能は高度,厳密に分化	職務,職能の分化程度低く,境界は不明確。成員の知識,経験の分化程度は高い
権限・パワーの基盤	職位に基づくパワー（公式的パワー）	専門知識に基づくパワー（専門的パワー）
情報の分布状態	組織の上層部に集中	組織内に均等に分布
情報伝達の方向	垂直方向	水平方向
伝達情報の内容	上層部からの命令や指示	サービス情報や助言
情報伝達のパターン	ピラミッド型の伝達構造	ネットワーク型の伝達構造
成員の忠誠対象	組織や上司への忠誠の強調	仕事や技術への忠誠の強調
重視される知識	当該組織にだけ通用する狭い知識（ローカルな知識）	どこでも通用する広い知識（コスモポリタンな知識）

出所：Lawrence, P. R. and Jay W. Lorsch, *Organization and Environment*, Homewood, Illinois, Irwin, 1969. により作成。

2 ローレンス＆ローシュの研究

　組織の文化と統合をどれほど進めるかは，環境変化に対応するもう1つの方法である。ローレンスとローシュは，企業10社の販売，研究開発，製造の3部門について，調査を行い，各部門は異なる志向と構造に向けて適応を進め，外部環境に対応していることを見いだした。

　研究開発部門では，長期スパンで品質の高い仕事を目標にしており，あまり明確に仕事を固めない組織で，従業員は業務志向の対人能力を持っていた。販売部門は，顧客の満足度を目標にしており，あとは短期間での目標や公式化の高い組織や社交的な従業員など，研究開発部門と反対の対応であった。また，

製造部門では、研究開発と販売の中間的な目標・志向で対応していた。

各部門が高度に分化してくると、事業部門間の調整、すなわち統合が難しくなる。環境の不確実性が高いほど、高度に分化した組織が適しているが、一方では統合活動も多く必要になってくる。ローレンス＆ローシュの研究により、安定した環境では分化と統合のレベルは低く、変化の激しい環境では、高いことが明らかになった。

図表5－12　ローレンス＆ローシュによる3部門の比較

	研究開発部門	製造部門	販売部門
目　　　標	新たな開発、品質	効率的な生産	顧客の満足度
時　　　間	長い	短い	短い
対人間の志向	大半が業務的	業務的	社交的
構造の公式性	低い	高い	高い

出所：Daft, R. L., *Essentials of Organization Theory & Design,* 2nd ed., South-Western College Publishing, 2001.（高木晴夫訳『組織の経営学―戦略と意志決定を支える』ダイヤモンド社, 2002年）により作成。

3 ウッドワードの研究

イギリスの産業社会学者ウッドワードは、サウス・エセックス地方で100社におよぶ製造会社の実証研究を行った。ウッドワードは技術を単品生産、大量生産、装置生産についての3つに分け、組織との関係を調査した。単品生産では多くは労働者による作業であり、小バッチ単位での生産で代表例は注文服やピアノ製造である。大量生産の代表例は自動車製造であり、大バッチでの生産で機械と人により作業がなされる。装置生産とは作業のほとんどは機械であり、代表例は連続工程での石油精製である。

これらの生産に用いられる技術は、単品、大量から装置へと複雑になる。ウッドワードは技術が複雑化するにつれ、管理階層、管理監督者の比率、スタッフ比率が増加することを発見した。ただし、これらは単純に一方向で傾向がみられるとは限らず、単品と装置産業では、第一線監督者の統制範囲が小さく、熟練工の採用が高い、また組織は有機的システムが有効であるという。一

図表5-13 ウッドワードの生産システム比較研究

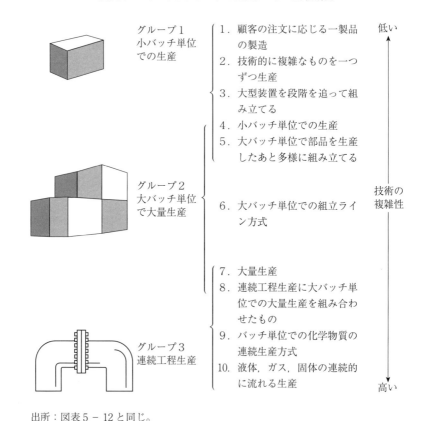

出所:図表5-12と同じ。

方,大量生産では,ラインとスタッフの役割が明確であり,文書管理が徹底しているなど,官僚的な機械システムが有効であった。

このように,ウッドワードの研究では組織特性,技術,業績が結びついていることが実証的に示され,生産システムの特性と組織形態にどのような適切な関係が存在するかを示唆した点が評価されている。

【参考文献】

Argyris, C., *Personality and organization,* Harper & Row, 1957.（伊吹山太郎・中山実訳『新訳 組織とパーソナリティー』日本能率協会, 1970年）

Daft, R. L., *Essentials of Organization Theory & Design,* 2nd ed., South-Western College Publishing, 2001.（高木晴夫訳『組織の経営学―戦略と意志決定を支える』ダイヤモンド社, 2002年）

Drucker, P. F., *The Practice of Management,* Harper, 1954.（上田惇夫訳『現代の経営』ダイヤモンド社, 1996年）

藤芳誠一『新版経営学』学文社, 1993年。

Herzberg, F. et al., *The Motivation to Work,* John Wiley & Sons, 1959.

井原久光『テキスト経営学〔第3版〕―基礎から最新の理論まで』ミネルヴァ書房, 2000年。

稲葉元吉『経営行動論』丸善, 1979年。

北野利信『経営学説入門』有斐閣, 1977年。

Lawrence, P. R. and Jay W. Lorsch, *Organization and Environment,* Homewood, Illinois, Irwin, 1969.

Maslow, A. H., *Motivation and Personality* (Second Edition), Harper & Row, Publishers, Inc., 1970.（小口忠彦訳『人間性の心理学』産業能率大学出版部, 1987年）

Mintzberg, H., *The nature of managerial work,* Harper Collins Publishers Inc., 1973（奥村哲史・須貝栄訳『マネジャーの仕事』白桃書房, 1993年）

奥林康司・菊野一雄・石井修二・平尾武久・岩出博『労務管理入門』有斐閣, 1992年。

Robbins, S. P., *Essentials of Organizational Behavior,* 5th ed., Prentice-Hall, Inc., 1997.（高木晴夫訳『新版 組織行動のマネジメント―入門から実践へ』ダイヤモンド社, 2009年）

津田眞澂『人事労務管理の思想』有斐閣, 1977年。

第6章
経営戦略

1 経営戦略への注目
1 経営戦略の登場

　経営戦略という言葉は，たとえば「○○社の経営戦略」という表現で新聞やビジネス雑誌などの記事タイトルに頻繁に使用される用語である。また，同様に戦術という言葉もしばしば使用される。本来，**戦略**（strategy）とは「戦争目的を達成するための大局的な戦闘方法」を意味し，**戦術**（tactics）とは戦略を実行するための「具体的・局所的な戦闘手段」を意味する**軍事用語**であったが，経営学の分野で転用されるようになったのは，アメリカでは1960年代，日本では1970年代になってからである。

　この時期に経営戦略が注目されるようになったのは，①当時主流であった管理過程学派が，管理プロセスにおける重点を組織や命令から計画へと移してきた，②チャンドラー（後述）が企業の経営史を調べるなかで経営戦略の重要性を提起した，③ビジネス・スクール（経営専門職大学院）において「ビジネス・ポリシー（経営方針）」という企業事例を対象にする科目が設置されたことで企業の戦略が明らかになってきたことが背景にある[1]。とりわけ，チャンドラーは企業における経営戦略を明らかにした最初の研究者である。

2 チャンドラーによる組織と戦略

　経営学の分野において，経営戦略の理論的概念を初めて提示したのは**チャンドラー**（Alfred D. Chandler, Jr.）であり，それは彼の著作『**経営戦略と組織**』（1962

年)に詳述されている⁽²⁾。

　チャンドラーは経営史研究者として，それまでの経営史＝企業史という研究方法を脱し，1つの企業の**職能**（組織・財務・生産など）を研究するだけでなく，いくつかの企業の職能を横断的に比較することを試みた。そして，アメリカの大企業であるデュポン社（化学メーカー），ＧＭ社（自動車メーカー），ニュージャージー・スタンダード社（石油会社），シアーズ・ローバック社（通信販売）の成長過程を調べ，各社の経営戦略と経営組織の間に密接な関係があることを実証した。

　まず，1880年代から20世紀初頭にかけて，アメリカでは鉄道網と通信技術の発達によって出来上がった全国規模の市場を背景として企業規模の拡大が進み，そうした企業が複数の事業単位（事業活動）を調整・統合する必要から考え出したのが**集権的**な**職能別組織**であった。しかし，この組織は事業が複雑化するに従い，調整時間やコストの増大を招き，効率的な管理が困難になるという問題を生じた。その後，1920年代から進展した経営の多角化（デュポン，ＧＭ社など）によって，製品や事業ごとに権限を委譲した**分権的**な**事業部制組織**が誕生することになった。

　こうした結果からチャンドラーは，事業部制組織が多角化という戦略を実現するために形成された経営組織であることを見つけ出し，「**組織は戦略に従う**」という命題を提示した。ただ，その後のさまざまな研究によって，この命題は絶対的な法則とは成り得なかったが，経営戦略研究の重要性が，この時から認識されるようになり，経営戦略が組織構造に影響を与える要素であることを明確にした点でチャンドラーは大きな功績を残した。

③ 経営戦略の定義

　チャンドラー以来，今日まで多くの研究者がさまざまな経営戦略の定義を行ってきたが，経営戦略が，①企業の将来方向（あり方）に一定の指針を与えるものである，②企業と環境との関わり方に関するものである，③企業におけるさまざまな意思決定の指針あるいは決定ルールとしての役割を果たしてい

る，という点で共通項を見いだすことができる。これらを総合すると，経営戦略とは，「環境適応のパターン（企業と環境とのかかわり方）を将来志向的に示すものであり，企業内の人々の**意思決定の指針**となるもの」と定義される[3]。

経営戦略に類似する用語として，前述した経営理念（vision, mission）や経営目標（goal）があるが，これらの関係は経営理念の下位概念として**経営目標**があり，経営目標の下位概念として経営戦略がある。なお，**経営目標**とは，ホッファー&シェンデル（C.W. Hofer & D. Schendel）によると「組織の求める最終的・長期的・自己裁量的な属性ないし到達点」である[4]。つまり，企業が目指すべき理想像を明示したものであるといえよう。たとえば，トヨタ自動車㈱は「2050年までに，販売する新車のほとんどを電気自動車（ハイブリッド車含む）などのCO_2を排出しない車にする」という経営目標を掲げた[5]。

そして，経営戦略の策定においては，こうした目標を「どうすれば達成できるか」が，中心テーマとなるのである。

2 戦略のレベルと戦略策定プロセス
1 戦略のレベル

組織が階層に分かれているように，目標も**企業レベル**（Corporate Level）の**目標**，**事業レベル**（Business Level）の**目標**，**機能レベル**（Functional Level）の**目標**の3段階に分かれる。この目標に対応するかたちで，戦略も**企業戦略**（Corporate Strategy），**事業戦略**（Business Strategy），**機能戦略**（Functional Strategy）となる。ただし，単一の事業しか持たない企業では，企業戦略と事業戦略は同一になる。一般に，多角化した企業では事業が多分野におよび，それぞれの事業ごとにR&D（研究開発）やマーケティングなどの機能が付加されている。多角化したある電鉄会社の例（図表6-1）では，百貨店事業，鉄道事業，不動産事業という3つの事業があり，そのなかでたとえば鉄道事業においては，鉄道運営，経理，マーケティング，人事，新型車両開発という5つの機能を有しており，階層（Level）別および各事業・機能ごとに戦略が策定されている。

図表6−1 戦略のレベル（多角化した［電鉄会社］の例）

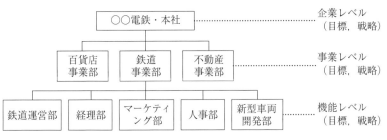

出所：筆者作成。

2 経営戦略の策定プロセス

経営戦略をどのように策定すればよいのであろうか。研究者やコンサルティング企業などによってさまざまな方法が考えられているが，ここでは経営理論を踏まえたもののなかから共通部分を取り出し，典型的な**経営戦略策定プロセス**を提示する（図表6−2参照）。

経営戦略の策定の第1は**経営理念**であり，その内容は第2章で説明した通りである。次いで，経営理念を踏まえた上で，企業としての到達点すなわち**経営目標**を設定する。そして，その目標を達成するために経営戦略を立案することになるが，その際，企業の置かれた状況を勘案しなければならない。つまり企業自身やその企業が扱う事業，製品などの強みは何か，弱みは何か，ライバル企業や業界がどのような状況にあるのか，といった視点から企業内・外の諸条件を見つけ出し，それらが企業にとって有利な要因（プラス要因）なのか不利な要因（マイナス要因）なのかを分析する必要がある。その分析方法として有力なのが**ＳＷＯＴ分析**である。

このように企業の環境状況を十分把握した上で**経営戦略**（企業戦略，事業戦略，機能戦略）をおのおの策定し，それらを実行する。実行段階では，常に目標が達成可能かどうかをチェックし，修正が必要ならば，目標の修正，環境分析のやり直し，戦略の修正などを行う。消費者の好みの急変やライバル企業が新しい製品を発売し急にヒットするなど経営環境は絶えず変化するので，環境の

変化に応じて戦略を変える必要がある。また，消費者ニーズを掘り起こすような製品を開発・販売するなど，経営戦略によって経営環境を変えることもあり得る。よって，環境と戦略との関係は両方向（相互作用）になっている。これらの過程を経て，実行した戦略による経営目標の達成度を評価し，次の目標設定に反映させる，というサイクルである。

これらに加えて**ミンツバーグ**（Henry Mintzberg）は，経営戦略の多くは当初から計画されたものであり，これを**計画的戦略**というが，すべてが実行されるわけでないと指摘する。なかには，環境の変化などが作用して実現されないものもある。また，環境変化をすばやく察知して新たな機会をとらえたり，行動するなかから学習して形作られる戦略もあり，これを**創発的戦略**という。最終的に，実現された戦略というのは計画的戦略と創発的戦略の両面を有していることになる(6)。

図表6-2 経営戦略の策定・実行プロセス

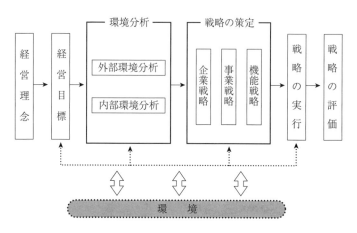

出所：筆者作成(7)。

③ 環境分析（ＳＷＯＴ分析）

企業の内外の状況すなわち経営環境を分析するために考案されたのがＳＷＯＴ

分析である。SWOTとは、strength（**強み**），weakness（**弱み**），opportunity（**機会**），threat（**脅威**）の頭文字である。この分析は、企業が自社の強み、弱み、機会、脅威となるものを抽出し、それらを各マスのなかに列挙することにより自社の置かれた状況を判断する自社分析表である。下表は、京料理の外食レストランを郊外幹線道路沿いに開設しようとする場合のSWOT分析の例である。

　分析表において、SとWは企業内部の要因、OとTは企業外部の要因である。また、企業にとってSとOはプラス要因、WとTはマイナス要因である。

図表6－3　SWOT分析（例：京料理ファミリーレストラン「天武庵」新規出店）

	＋	－
〈内部〉	**S** ① 料理長が京料理店で10年間の勤務経験あり ② 有機野菜を入手可能な農家を確保	**W** ① 自己資金が少なく借入金に依存し過ぎ ② 郊外幹線道路に出店するため人手不足
〈外部〉	**O** ① 共稼ぎが増え外食人口が増加傾向 ② 土地価格が低下し、建築コストも低下	**T** ① 外食産業全般に価格競争が激化 ② 食材リスク（BSE、鳥インフルエンザ）の高まり

出所：Theodore Levitt, *Innovation in marketing*, 1962, McGraw Hill.（土岐坤訳『新版マーケティングの革新―未来戦略の新視点』ダイヤモンド社，2006年，45～47頁）。ただし、各マス内の例示は筆者作成。

3 企業戦略

　企業戦略は、まずどのような事業を行うか＝事業領域を認識した上で策定する必要がある。

1 ドメイン

　焼肉屋のチェーン店を展開しようとする場合、高級和牛を使用して高価格帯

の料理を揃え高所得層を相手に雰囲気の良い店舗を開設するのか，大量の輸入肉を使用して低価格帯の料理を揃えた大衆向けの店舗展開を行うかによって戦略や経営のあり方も異なってくる。まず，どのような事業分野を対象にするかを定めなければならず，これを「**ドメインの定義**」という。ただし，企業によっては「**事業ドメイン**」ともよんでいる。

　企業戦略においては，まずドメインを定義する必要があり，ドメインの定義を誤ると事業を失敗することもある。レビット（Theodore Levitt）は具体的な例として，アメリカの鉄道会社が自らの事業を輸送事業（顧客中心）でなく鉄道事業（製品中心）であると考えた結果，顧客を他へ追いやってしまい衰退してしまったことや，映画会社が自らを，娯楽産業（顧客中心）であるにもかかわらず映画産業（製品中心）と考えたのがハリウッドの危機につながったことを指摘し，顧客中心に事業領域を考える必要性を強調した[8]。しかし，その後の研究により現在では必ずしも顧客中心である必要はないと考えられている。

　実際に現代の企業において用いられている事業ドメインの例としては次のようなものがある。

　たとえば，音楽分野で有名なソニーミュージック・グループは，自社のドメインを「総合エンタテインメント企業」[9]と定義しており，単に音楽制作だけでなく，アニメーションの映像制作，ライブイベントの企画・運営，コンサートホールの運営など多角的な事業展開を行っている。

　また，国内3位の自動車メーカーである本田技研工業㈱は，自社のドメインを「自由な移動の喜びを叶えるトータルモビリティカンパニー」[10]と幅広く定義をしている。そのため，自動車やバイクに限らず，ジェット機，耕運機，除雪機，ロボットなども開発・製造・販売している。本田技研がドメイン定義により，他の自動車メーカーにはみられない「移動」にかかわる多彩な事業を展開していることが理解できる。

　エイベル（Derek F. Abell）は，ドメインを①**顧客層**，②**顧客機能**，③**技術**（どのような技術・ノウハウで），の3つの次元で定義することが重要であると主張する。わかりやすくいうと，どのような顧客に（who），何を（what），どのよう

にして (how)，提供していくかによって事業領域が決められることを意味する。

図表6－4では，輸送会社を例にしたドメインの３次元を例示している。

図表6－4　ドメインの３次元（例：旅行会社）

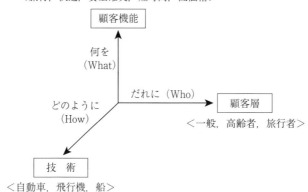

出所：石井淳蔵他『経営戦略論』有斐閣，1985年，28頁に加筆し作成
（＜＞内は筆者による加筆）。

また，環境が変化するなかで，ドメインも変化させる必要性がでてくる。毎年変更することはないが，20〜30年程度で変更する場合が多い。これを「**ドメインの再定義**」という。

㈱ジェイティービーは，旅行者のニーズが単なる旅行からビジネスでの出張や地域振興による国際交流といったかたちで個性化・多様化し，加えて海外から日本への旅行客が増えてくるなかで，2006年にドメインをそれまでの「総合旅行産業」から，今後100年を見据えた「交流文化産業」へと拡大した。この「交流文化産業」は，「人と人の交流を基軸に，法人や個人の課題解決や精神的な満足に関する提案やサービスの提供を行うビジネス」と位置づけられた。そして，すべての交流の場面において，より大きな感動を呼び起こすよう

な商品・サービスを提供することをJTBグループの新たなドメイン（事業領域）として再定義した[11]。

2 成長ベクトル

次に，基本的に企業としてどのような方向に拡大化すべきか，すなわち成長方向を定めなければならない。**アンゾフ**（H. Igor Ansoff）は，1965年に『**企業戦略論**』を著し，企業の成長方向＝成長ベクトルを定めるためには，製品と市場の組み合わせが重要と考え，そこから戦略を導こうとした。そして，①**成長ベクトル**，②**競争優位性**，③**シナジー**，を提示した。

① 成長ベクトル（growth vector）

　成長ベクトルとは，現在の製品―市場分野の関連において，企業がどのような方向に進むべきか，を示すものである（図表6－5参照）。

　a．**市場浸透**（market penetration）

　　現有の製品によって，現有の市場に浸透を図っていくこと。すなわち，現在市場の占有率を増大（シェアを拡大）させることで成長しようとすることである。

　b．**市場開発**（market development）

　　現有の製品によって，新しい市場を開拓し，そこでの売上を拡大することで成長しようとすることである。

　　［例：漫画本の出版社が，これまでは漫画本を日本国内でしか販売していなかったが，翻訳して東南アジアや欧米市場に輸出を始めたところ，大ヒットし売上拡大に成功した。］

　c．**製品開発**（product development）

　　現在の製品に代わる新製品を開発し，現有の市場に投入していくことで成長を図ろうとすることである。

　　［例：自動車メーカーが従来のガソリン自動車に代わる新製品として，電気自動車（EV）を開発・製造し，既存市場で販売することなど。］

d. **多角化**(diversification)

新製品を開発し,既存とは違う新しい市場に進出することで成長を図ろうとすることである。

[例:衣料品メーカーが食品スーパーマーケットを始めたり,鉄鋼メーカーがバイオテクノロジーの分野に進出するなど。]

企業の成長は,拡大化(expansion)と多角化の2面から成り立っており,特に前者の拡大化は,市場浸透,市場開発,製品開発の3つから成っている。

図表6-5 成長ベクトル

(1) 基本形

市場＼製品	現　在	新　規
現　在	市場浸透 →	製品開発
新　規	市場開発	多角化

(2) 時計メーカーの例

市場＼製品	現　在	新　規
現　在	国内時計事業 →	電波時計,ソーラー時計
新　規	海外輸出・販売	ゴルフ場の経営

出所:(1) H. I. Ansoff, *Corporate Strategy*, McGraw Hill, NewYork, 1965, p.109 および p.128 により作成(矢印は筆者による加筆)。
(2) 筆者作成。

② 競争優位性(competitive advantage)

次に,製品―市場分野と成長ベクトルによって決定されたフィールド(領域)内において,その企業に強力な競争上の地位を与えるような**製品特性**(型破りな製品か,競合的な製品か,改良型製品か),**市場特性**(確立された需要か,潜在的需要か,発端(初期)段階の需要か)を明らかにしようとするのが「競争優位性」とよばれる方法である。これによって,他の企業と比べて優位な点を探求し,進出分野への資源配分を検討することが可能となる。

③ シナジー(synergy)

シナジーとは,「企業の資源から,その部分的なものの総計よりも大きな結

合利益を生み出すことのできる効果」を意味する。わかりやすくいうと，「2＋2≧5」となるような**相乗効果**のことである。成長ベクトルにおいては，現製品より新製品，現市場よりも新市場になるほどシナジー効果は弱くなる。

なお，シナジーのタイプは，以下の4つに分類される。

a．**販売シナジー**
共通の流通経路・販売管理組織・倉庫の利用，抱き合わせ販売，共通の広告・販売促進などによる相乗効果。

b．**操業（生産）シナジー**
施設と人員の高度な活用，間接費の分散，一括大量仕入れなどによる相乗効果。

c．**投資シナジー**
プラントの共同使用，原材料の共同在庫，共通の工具，共通の機械などによる相乗効果。

d．**マネジメント・シナジー**
新しい業種に進出した際，その経営者が直面する管理的，業務的問題が過去に遭遇した問題と同じである場合に，スムーズな問題解決を可能にするという相乗効果。

3 PPM（プロダクト・ポートフォリオ・マネジメント）

1950年代から60年代にかけて，アメリカでは多くの企業が大規模化し経営の多角化を実施した。その結果，事業や製品数が増加し，企業全体からみて資源をどのような事業に重点的に配分すればよいか，すぐに把握できなくなってきた。そこで，コンサルタント会社の**ボストン・コンサルティング・グループ**（BCG：Boston Consulting Group）によって，1970年代に開発されたのがPPM（Product Portfolio Management）とよばれる分析手法である。なお，この手法は，製品ライフサイクル（PLC：Product Life Cycle）の考え方が基礎になっている。以下では，製品ライフサイクルについて解説し，それを基礎にした企業戦略立

案におけるPPMの分析手法を詳述する。

① 製品ライフサイクル

製品ライフサイクルとは，市場における製品は永遠に売れ続けることはなく必ず寿命があるという理論である。つまり，いったん市場に投入された製品の売上高は，時間の経過とともに増加しやがてピークに達するが，その後は衰退して売れなくなっていくというプロセスをたどるというものである。

図表6-6および図表6-7は，典型的な製品ライフサイクルとその例を示したものであるが，一般にはこうした曲線を，導入期，成長期，成熟期，衰退期の4段階に区分している[13]。

導入期は，市場に新製品を投入（販売を開始）したばかりの段階である。この時期には，流通経路の構築，広告宣伝による販売促進，従業員教育といった面で多大のコストがかかり利益はマイナスになる場合が多い。

成長期は，製品が急速に市場に浸透する段階である。需要は拡大し，大量生産のための設備投資や市場に参入し始めた競争企業に対抗するための販売促進費が必要となり，資金需要を高める。しかし，売上がそれ以上に増大するため投資支出割合は低下する。また，生産量の拡大によって平均製造コストも低下し，結果として高い利益が得られるようになる。

成熟期は，製品が市場全体に浸透し，いわゆる飽和状態になった段階である。売上高（および利益）はピークに達した後，次第に低下し始め，供給過剰による値下げ競争が激化する。この時期には，市場でのシェアを維持するための投資支出が必要となるが，そのための資金需要は，導入期，成長期に比べれば少ない。

衰退期は，市場が衰退し，売上高も急激に低下する段階である。市場の縮小に伴い，販売促進経費は削減され資金需要はさらに減退する。また，生産量が減少するため製品コストは割高になり利益は低水準（あるいはマイナス）となり，やがてその製品の生産が打ち切られることになる。

図表 6 − 6　製品ライフサイクル

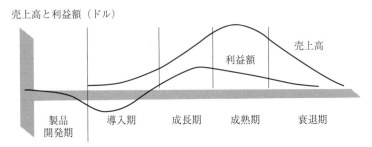

出所：Philip Kotler and Gary Armstrong, *Principles of marketing, fourth edition*, Prentice-Hall, Inc. 1989.（和田充夫・青井倫一訳『新版マーケティング原理』ダイヤモンド社，1995 年，389 頁）

図表 6 − 7　ゲーム機（SONY：プレイステーション（PS））の製品ライフサイクル

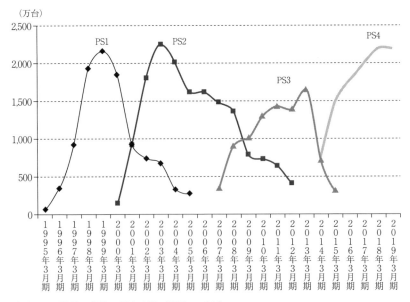

（注）　1．縦軸の数値は販売台数（単位：万台）
　　　 2．2017 年 3 月期以後は予想値
　　　 3．会社資料より楽天証券作成（予想は楽天証券）。

出所：今中能夫（2017）「ゲームセクターコメント：任天堂，ソニー」（楽天証券ホームページ：
　　　https://www.rakuten-sec.co.jp/web/market/opinion/stock/imanaka_weekly/0146.html）

② PPMの分析手法

PPMは，多角化した企業の扱う多種の事業・製品の組合せを評価した上で，その最適化を図り，成長が見込める事業・製品に対して重点的に資金を投入していこうとする手法である（図表6－8，6－9，6－10参照）。

PPMによると，事業・製品の評価は，**相対的マーケットシェア（市場占有率＝横軸）** と **市場成長率**（＝縦軸）という2つの尺度の高低によって4つに分類される。相対的マーケットシェアとは，市場における最大の競争相手（自社以外の最大シェア企業）に対する自社事業・製品のシェアの倍率のことであり，この比率の高低（通常は1.0が境界[14]）は同時に，その事業・製品がもたらす資金流入の大小を意味する。市場成長率とは，個々の事業・製品に関する市場全体の売上高の伸び率を指し，この比率の高低（通常は10％が境界線[15]）は，資金流出の大小を表す。こうして分割された4つのセルはおのおの，「負け犬」，「問題児」，「花形製品」，「金のなる木」と名付けられ，当該事業・製品の売上高を面積で表す円が図上にプロットされる。各セルの特徴は以下のとおりである。

図表6－8　プロダクト・ポートフォリオ

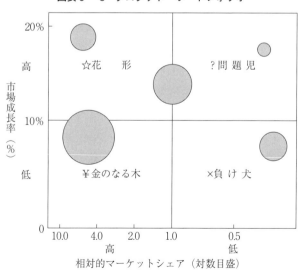

出所：水越豊『BCG戦略コンセプト』ダイヤモンド社，2003年，142～150頁により作成。

図表 6 － 9　Google ㈱の事業ポートフォリオ（2017 年）

花　形	問 題 児
・YouTube（動画） ・Google+（SNS） ・Android（スマホ用OS）	・Google Glass（メガネ型コンピュータ） ・Google Drive（オンラインストレージ） ・Google Docs（無料の文書・表計算・プレゼンアプリ）
金のなる木	負 け 犬
・Google（検索エンジン） ・Gmail（電子メール）	・Google News（ニュース配信） ・Orkut（初代SNSサービス，2014年終了）

出所：Hatem Kameli, "Google strategy evaluation", 2013（https://www.slideshare.net/hatemkameli/google-strategy-evaluation-i-click-hatem-kameli），
　　　Hrucha Mehta, "Google Growth Strategy", 2015（https://www.slideshare.net/HruchaMehta/google-growth-strategy）
　　　を参照し，筆者作成。

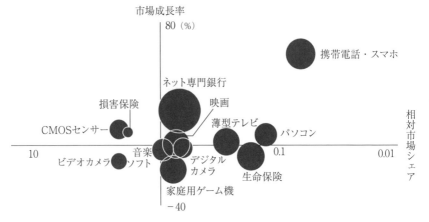

図表 6 － 10　SONY の製品ポートフォリオ（2010 年）

出所：沼上幹『ソニー――事業セグメントの変遷から見る全社戦略の妥当性 Kindle 版』東洋経済新報社，2017 年。

a．「**金のなる木**〈＄〉」(Cash cow)

相対的マーケットシェアが高く，市場成長率が低い領域である。このセルに該当する事業・製品は，高いマーケットシェアを有しているために多額の資金が流入することになる。

しかし，その事業・製品は成熟期にあって市場成長率は鈍化しているため，シェアを維持していくための資金需要（流出）は小さい。「金のなる木」の言葉通り，その企業にとって高い収益が得られる事業・製品であり，また他の事業・製品を成長させるための資金源ともなる。

b．「**花形**〈☆〉」(Star)

相対的マーケットシェアが高く，市場成長率も高い領域である。マーケットシェアは高いため，収益状況は良好で資金流入は大きい。しかし，市場の成長率が高いことから激しい競争環境にあり，現在のシェアの高さを維持していくための投資（品質向上，ブランドイメージ確立のための支出など）が必要となる。ただ，花形事業・製品がその高いシェアを維持し続けることができれば，やがて市場成長率が低下した時に「金のなる木」へと移行することになる。

c．「**負け犬**〈×〉」(Dog)

相対的マーケットシェア，市場成長率ともに低い領域である。マーケットシェアの低さから収益は低水準にあり，市場の成長が望めない分野であるため資金の流出量も少ない。長期的にみて資金源とはなり得ず，現状を維持し続けるか，当該事業・製品分野から撤退あるいは売却するかの判断を迫られることになる。

d．「**問題児**〈？〉」(Question mark)

市場は成長しているにもかかわらず，相対的マーケットシェアが低い事業・製品である。シェアが低いために資金の流入量は少ない。一方，成長市場であるため競争は激しく，現状のシェアを維持するだけでも多額の資金を必要とし，さらなるシェア拡大にはより多くの投下資金（広告宣伝費の増加，価格引下げなどの支出）を要することになる。資金の流入よ

りも流出が大きい領域であるが，積極的な投資を行うことによってマーケットシェアを拡大することが可能である。

すべての事業・製品は，どれかのセルに入ることになるが，製品ライフサイクルに従いその位置を移動していくことになる。そして，最終的には「金のなる木」か「負け犬」になる。一般的には「問題児」からスタートするが，シェアの拡大に成功すれば「花形」へと移動し，その後も高いシェアを維持し続けられれば市場成長が鈍化した時に「金のなる木」に到達することができる。そのためには，いかにして「問題児」の事業・製品を「花形」，「金のなる木」へと育てていけるかが戦略上重要なポイントになる。ただ，市場成長率は企業努力によって変えられない要素であるため，マーケットシェアの拡大が焦点となる。望ましい資金の配分は，「金のなる木」で得られた資金を「問題児」事業・製品のシェア拡大のため，あるいは「花形」事業・製品のシェア維持のために投資することである。

ここで，ＰＰＭによって，現状と比べて将来予想される新しい状況のもとで多種類の製品の戦略をどう見定めていけばよいか，ある企業の例をみてみよう。製品は7種類（製品Ａ～Ｇ）で，各々の位置が図表6－11に記載されている。この図によって，次のような戦略的決定が導かれる[16]。

(1) 新しく導入した製品Ａは，市場成長率，シェアともに非常に高い。その高い地位を確保するために積極的な支援（投資）を実施する。

(2) 製品ＢおよびＣに関しては，高いシェアを維持するため，現行の戦略を継続する。

(3) 製品Ｄは，企業買収を行って市場占拠率を拡大する。

(4) 製品Ｅは，1つのセグメントに集中し，提供されているモデルの範囲を狭める方向に修正する。

(5) 製品ＦおよびＧは，売却によって手放す。

以上のように，ＰＰＭという実践的な手法を用いることによって事業・製品の戦略的位置の確認，取捨選択の判断が可能となるだけでなく，確実な資金源（「金のなる木」）を確保するために，事業・製品ごとにどのような戦略を採用す

図表6－11 戦略的分析を行った後に予測されたポートフォリオの例

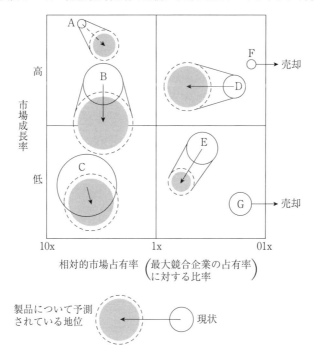

資料：George S. Day, "Diagnosing the Product Portfolio", *Journal of Marketing*, April 1977, p.34 から引用。
出所：Derek F. Abell & John S. Hammond, *Strategic Market Planning*, Prentice-Hall. (片岡一郎他訳『戦略市場計画』ダイヤモンド社，1982年，251頁)

るのが良いのか，人材や資金など経営資源の配分対象が明確になる。

③　GE社のビジネス・スクリーン

BCGのポートフォリオは非常に有益である反面，下記の批判がなされてきた[17]。

a　4セル・マトリックスの使用は単純過ぎる。現実には，高低のみならず，中のポジションがある。

b　成長率は，産業全体のインディケータとしては不十分である。たとえば産業のなかには需要の成長率は高いが，供給の伸び率がそれ以上に高い

ので，十分な利益があげられない産業もある。
  c　市場占有率は，市場をどう定義するかに依存するので，競争ポジションのインディケータとしては不十分である。たとえばベンツ，レクサス，BMWは，全自動車市場とした場合にはシェアは小さいが，高級車市場ではきわめて高いシェアを有しており，シェアの定義としてはむしろ後者を使うべきであろう。

　GE（ゼネラル・エレクトリック）社は，これらの批判を解消するとともに巨大化した組織を戦略的に管理するため，BCGのPPMを応用し，9つのセルから成る「**ビジネス・スクリーン**」とよばれる手法を開発した（図表6-12参照）。

　ビジネス・スクリーン上では，当該事業を「産業の魅力度」（市場規模，市場成長率，季節性，技術，社会的影響など）と「事業の強度」（相対的マーケットシェア，価格競争力，品質，販売効率など）によって評点化し，その高低によって位置を確定する。決定されたポジションは，その事業がどのような目標・使命を有するかを示す。市場の魅力度が高く競争力も高い事業には，成長の確保へ向けた投資が必要となり，その逆に市場の魅力度が低く競争力も低い事業については，撤退が目標となる。

④　ポートフォリオ概念の問題点

　PPMの各手法は，1970年代に企業の多角化が進展するなかで生じてきた，多種類の製品・事業間の資源配分，とりわけ資金配分問題を解決するための有

図表6-12　GE社のビジネス・スクリーン

		市場の魅力度		
		高	中	低
事業強度	高	投資と成長	選択的成長	選択性
	中	選択的成長	選択性	収穫／撤退
	低	選択性	収穫／撤退	収穫／撤退

出所：Pankaj Ghemawat, *Strategy and the Business Landscape: Core Concepts*, Prentice Hall, 2001.（大柳正子訳『競争戦略論講義』東洋経済新報社，2002年，29頁）

力な手段として多くの企業に採用された。

　しかし，これほど有効な分析手法でありながらも厳密にはいくつかの問題点があった。まず，各評価項目の定義の不明確さである。製品や市場，事業といった要素をどこまでの範囲で定義するかという問題であり，範囲の設定を誤るとまったく異なる分析結果になってしまうことになる。次に，モデルがあまり現実的ではないという点である。ＰＰＭモデルは企業内の各事業を分割することが前提となっているが，経営理念や経営目的あるいは事業間の関連性を考えずに，単に業績が悪いというだけで当該事業から撤退することがかえって企業戦略上マイナスになる場合もある。また，新製品や新事業へ適用する場合，市場規模やマーケットシェアが不明なため，成長機会の探索が困難となる。こうしたことから，たとえばＧＥ社では同社の分析的な戦略展開の過程で，電算機や半導体事業から撤退したことは誤りであったと認めており，その後ＰＰＭの社内浸透を実施していない[18]。

　これら以外にも，製品ライフサイクル自体の考え方に対する疑問，すなわちすべての産業は成長し成熟しやがて衰退するという前提は単純すぎて，技術革新による市場の再活性化や脱成熟化という現象を考慮していない点や，経験曲線（規模の経済）に頼りすぎて品質による製品の差別化や新製品開発といった重要な競争力要因を取り入れていないといった問題点も指摘されている[19]。

　ポートフォリオ概念は，資源配分や製品・事業の展開を図るうえで非常に重要かつ実践的だが，分析結果に依存し過ぎないよう上記の問題点（＝分析上の限界）を十分考慮しながら使用すべきであろう。

4 事業戦略[20]

　企業戦略の次に，おのおのの事業目標に基づく戦略すなわち**事業戦略**が策定される。**事業戦略**においては，当該製品・事業の属する業界内で，どのようにして他社と競争するかという戦略が主体となることから，**競争戦略**に重点が置かれることになる。以下，この分野での研究者として著名なポーター（Michael E. Porter）の戦略論に基づいて，競争の状態と事業の構造を知るための５フォー

ス分析およびバリューチェーンを解説した上で，事業の基本戦略に言及する。

1 業界の状況を知る

① 5フォース分析（5 forces analysis）

競争戦略を策定するにあたっては，まず業界内[21]での競争状態を知る必要があるが，そのためには競争状態を規定する要因を抽出し，各要因を分析することによって業界内での自社の位置づけを明確にすることが大切である。その際，ポーターは競争状態を左右する5つの競争要因を提示した（図表6－13参照）。

図表6－13　競争状態を左右する要因

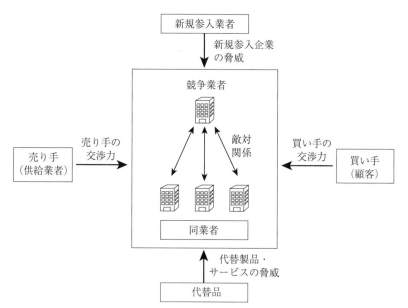

出所：M.E. Porter, *Competitive Strategy,* The Free Press, 1980, p.4.（土岐坤他訳『競争の戦略』ダイヤモンド社，1982年，18頁）に加筆し作成。

a．新規参入の脅威（Threat of new entrants）

ある業界に新規に参入しようとする企業がある場合，それは既存の企業にとっては脅威となる。しかし，その脅威の程度は，参入を妨げる障壁（＝**参入**

障壁）がどのくらいあるか，そして，参入者は既存の企業がどのくらい反撃をするとするか，によって決まる。たとえば，障壁が強固で，既存企業の鋭い報復が予想される場合には，新規参入の脅威は小さくなる。参入障壁には，規模の経済性（大量生産が適する業界など），製品差別化（既存企業の高いブランド認知），巨額の投資（巨額の投資が必要な業界など），仕入先を変えるコスト（供給業者変更に伴い発生するコスト），流通チャネルの確保（参入による流通チャネルの確保），政府の政策（許認可制度）などがある。結果的に，企業数が多い業界では参入障壁が低く，企業数の少ない（寡占や独占）状態の業界は参入障壁が高いといえる[22]。

b. **既存競争業者**の間の敵対関係の強さ（Rivalry among existing firms）

業界内における企業間の敵対関係は激しいのか，激しくないのかという点は，その業界の競争状態を測る重要な指標といえよう。敵対関係の強弱は，業界の構造的要因が交互に作用する結果として現れるが，それらの要因としては，①同業者が多いのか少ないのか，②業界の成長の速さ，③固定コストまたは在庫コストの高さ，④製品差別化の程度，⑤競争業者間の戦略の異質性，⑥撤退障壁（撤退しにくい要因—撤退コストが高い業界，資産がその業界特有であるなど）の大きさ，などがあげられる。

c. **代替製品**からの圧力（Threat of substitute products or services）

ある業界の企業にとって，代替製品をつくっている他の業界の企業は大きな脅威となっている。代替製品の例としては，砂糖メーカーに対して果糖分の多いコーンシロップ，警備ガードマン会社に対する電子警報システムがあげられる。代替製品の価値や性能が価格に比べて大きければ大きいほど業界の収益への圧力は強くなる。

d. **買い手の交渉力**（Bargaining power of buyers）

買い手は，値下げを迫ったり，より良い品質やサービスを要求したりして業界を相手に戦っているが，買い手グループがどのくらい力を持つかは，市場の

状況によって決まる。特に、買い手の力が強くなるのは、①買い手がバラバラでなく集中化していて大量の購入をする、②買い手の購入する製品がコストまたは購入全体に占める割合が大きい、③取引先を変えるコストが安い、④買い手が川上統合に乗り出す姿勢を示す、⑤買い手が十分な情報を持つ、などといった場合である。

e．**売り手の交渉力** (Bargaining power of suppliers)

供給業者（売り手）は、買い手に対して、価格を上げる、あるいは品質を下げるといった脅しをかけることで交渉力を行使することができる。特に、供給業者の力を増すのは、①売り手の業界が少数の企業によって牛耳られていて、買い手の業界よりも集約体制になっている、②別の代替製品と戦う必要がない、③売り手にとって買い手業界が重要な顧客ではない、④売り手の製品が買い手の事業にとって重要な仕入品である、⑤売り手の製品が差別化された特殊製品であって、他の製品に変更すると買い手のコストが増す、⑥売り手が川下統合に乗り出す姿勢を見せる、などの場合である。

これらの5つの競争要因は競争の圧力として当該企業に迫ってくる。これらの要因の圧力が強ければ強いほど、業界の利益率は低下する。よって、それぞれの競争要因から受ける力を見つけ出し、その要因を少しでも弱める方法を考えることが必要となる。

② バリューチェーン（価値連鎖：Value Chain）[23]

特定の業界において他社よりも競争上優位に立つためには、企業活動の中身を分析し、重点を置くべき具体的な項目を見いだしたり、それぞれのコストを把握したり、問題箇所を見つけて戦略を改善したりすることが必要となる。たとえば差別化戦略を実行しようとする場合、他社よりも高品質な原材料が入手できる仕入先を確保している、注文を受けてから他の企業よりも短期間で製造し納品できる体制がある、優秀な営業社員がいる、といった具合に、具体的な活動のなかから差別化を強調すべきポイントがわかれば戦略が立てやすくなる。そ

こでポーターは，企業活動のなかから競争優位の源泉となるものをみつけだす方法として**バリューチェーン**（**価値連鎖**）の概念を提示した。この用語は，企業は買い手にとって価値[24]をつくり出す業務を行っており，企業活動とは財・サービスを製造し販売する間に価値を連鎖していく活動であることから名づけられた。

バリューチェーン（価値連鎖）では，企業の活動が「**主活動**」とそれをサポートする「**支援活動**」によって行われ，それに**マージン**（**利益**）が加えられて財やサービスが販売されるという流れ（＝価値をつくる活動）に着目する（図表6－14参照）。

a．主活動

　主活動は以下の5つの活動からなる。
　① 原材料や部品などを外部の企業から購入する「購買物流」
　② 購入した原材料や部品を使用（あるいは加工）して最終製品をつくりだす「製造」
　③ でき上がった製品を出荷し買い手に届ける「出荷物流」
　④ 広告・宣伝や価格面で買い手が買いたくなるよう仕向ける「販売・マーケティング」
　⑤ 据付工事や修理など製品の価値を高めたり維持する「サービス」

b．支援活動

　支援活動はそれ自身で価値を生み出すことはないが，主活動をサポートする役割を有しており，以下の4つに分類される。
　① 調達活動…原材料，部品，燃料，食事，宿泊などを調達する活動。
　② 技術開発…機械を動かす技術，品質向上の技術，製品開発，情報システム技術，接客技術などの活動。
　③ 人事・労務管理…社員の募集・採用・教育訓練，給与支払いに関する活動。
　④ 全般管理…本社経営，企画，財務，経理，法規対策，対政府関連業務，品質管理など多数の活動の集合（他の支援活動と異なり，普通は価値連鎖全体を支援する）。

図表 6 − 14 価値連鎖の基本形

支援活動	全般管理(インフラストラクチュア)					マージン
	人事・労務管理					
	技術管理					
	調達活動					
	購買物流	製造	出荷物流	販売・マーケティング	サービス	

主活動

出所：M. E. Porter, *Competitive Advantage*, The Free Press, 1980.（土岐坤他訳『競争優位の戦略』ダイヤモンド社，1982年，49頁）

図表 6 − 15 ある複写機メーカーの価値連鎖

		全般管理				
人事・労務管理		募集・訓練			募集・訓練	募集・訓練
技術開発	オートメ・システムの設計	コンポーネント設計 アセンブリー・ライン設計 機械設計 テスト法 エネルギー管理	情報システム開発	市場調査 セールス助成物とテクニカル文献	サービス・マニュアルと手順
調達活動		原材料 エネルギー 電気，電子部品 他の部品 電力・ガス	コンピュータ・サービス 輸送サービス	媒体代理店サービス 支給物 旅費と食費	スペア部品 旅費と食費
	原材料仕入業務 品質検査 部品の選択と納入	コンポーネントの製造 アセンブリー 機械調整とテスト メンテナンス 設備稼働	受注処理 出荷	広告 販売促進 セールス部隊	サービス代理店 スペア部品配給システム
	購買物流	製造	出荷物流	販売・マーケティング	サービス

出所：M. E. Porter, *Competitive Advantage*, The Free Press, 1980.（土岐坤他訳『競争優位の戦略』ダイヤモンド社，1982年，59頁）

③ バリューチェーン（価値連鎖）の具体例

バリューチェーンの例としては，複写機メーカーの場合が図表 6 − 15 に示されている。このように，細かな活動にまで分解したバリューチェーンに基づいて，たとえばコスト・リーダーシップ戦略を強化するためにどのコストを低下させればよいか，差別化戦略を指向するためにどの部分で他社との違いを出

図表 6 － 16　ストウファーズ社の冷凍料理における差別化の源泉

全般管理					
技術開発	優れたメニューとソース技術				
人事・労務管理					
調達活動	高品質の材料 高品質のパッケージング				
	見るからにおいしそうな料理			広告テーマ 高い広告費率 特別な食品ブローカーへのサービス	
	購買物流	製造	出荷物流	販売・マーケティング	サービス

（マージン）

出所：M. E. Porter, *Competitive Advantage*, The Free Press, 1980.（土岐坤他訳『競争優位の戦略』ダイヤモンド社, 1982年, 192頁）

せばよいか, といったことが理解できる。

　図表6－16は, 差別化戦略を実施した冷凍食品メーカーのバリューチェーンである。同社は, 冷凍食品のメニュー開発に力を入れて, 品質の高い食材を使用するとともに優れたソース技術を開発した結果, おいしく味の変わらない料理を生み出すことに成功した。また, 販売面でも元来, 広告費の少ない業界のなかで高額の広告費を支出し, 食品ブローカーに多額の資金を提供して有利な場所に商品を展示してもらったり, 即座に在庫の補充をしてもらうようにした。こうした差別化が, 競争相手より大きな市場シェアを同社にもたらしたのである。

2　ポーターの基本戦略

　業界での競争においては, ポーターが基本となる戦略＝**基本戦略**を提示した。これは, 前述した5つの競争要因ごとに業界内で防衛可能な地位をつくりだし, 企業の投資収益を大きくするために攻撃的または防衛的アクションを打つことである。そして, 競争相手に勝利し長期的に防衛可能な地位をつくりだすために**3つの基本戦略**を示した。

図表6－17　3つの基本戦略

	[基本形] （戦略の有利性）		[事　例]	
	特異性	低コスト地位	特異性	低コスト地位
業界全体	差別化	コストリーダーシップ	差別化 （ルノアール） （スターバックス）	コストリーダーシップ （ドトール） （ベローチェ）
特定セグメント	集　中		集　中 （コメダ珈琲店：東海地域に集中出店） （ベックスコーヒーショップ：低価格かつJR駅構内のみ出店）	

（戦略ターゲット）

出所：[基本形] M. E. Porter, *Competitive Strategy*, The Free Press, 1980, p.39.（土岐坤他訳『競争の戦略』ダイヤモンド社, 1982年, 61頁）
　　　［事　例］筆者作成。

① コストリーダーシップ（Overall Cost Leadership）戦略

　コスト面で優位に立とうという戦略であり，同業他社よりも低コストを実現することを目的とする。この戦略を実行するには，効率的な生産設備の導入，製造がしやすい製品設計，R＆D・サービス・営業・広告などにおけるコストおよび諸間接経費の厳しい管理，市場シェアを確保するための初期赤字の覚悟，が必要となる。低コストで優位に立つと，市場シェアは拡大し高収益がもたらされることになる。

② 差別化（Differentiation）戦略

　自社の製品やサービスを差別化して，業界のなかでも特異だとみられる何かを創造しようとする戦略である。差別化の種類には，製品設計やブランド・イメージの差別化，技術の差別化，製品特長の差別化，顧客サービスの差別化などがある。差別化に成功すると，ブランドが確立され高い参入障壁をつくる。その結果，同業者や代替製品に対して有利な立場を得ることができ，5つの競

争要因に対処できる安全な地位をつくることができるため、差別化企業に高マージン、高収益をもたらすことになる。

③ **集中** (Focus) **戦略**

特定の買い手グループ、特定の製品種類、特定の地域市場などへ企業の資源を集中する戦略である。前述のコストリーダーシップ戦略と差別化戦略は、業界全体を対象にしているが、集中戦略は、そもそも特定のターゲットだけを対象に策定される。これは、広いターゲットよりも狭いターゲットの方が、より効率的、効果的な戦いができるという前提に基づく。特定市場のニーズを十分に満たすことで差別化あるいは低コストが達成できるし、時にはその両方が達成できることもある。集中化を果たした企業は、その業界平均を上回る収益を得ることができるようになる。

5 資源ベース戦略論
（RBV：resource based view）[25]

ポーターの戦略論が外部環境を重視したのに対して、バーニー（Jay B. Barney）らは内部環境、とりわけ経営資源を重視する「**資源ベース戦略論（RBV）**」を主張した。ここでの経営資源は人（人的資本）、物（物的資本）、金（財務資本）、組織（組織資本）の4つを指す。また、ケイパビリティーも経営資源と同じ意味で使用される。

1 資源ベース戦略論の視点

バーニーの資源ベース戦略論は、競争優位性としての強み・弱みが企業内部の経営資源における、**①経済価値**、**②稀少性**、**③模倣困難性**、**④組織的活用**、の4つの程度によって決まってくるというものである（図表6-18参照）。

図表6-18　企業内部の強み・弱みを資源に基づいて分析する際に発すべき4つの問い

① 経済価値（value）に関する問い
　その企業の保有する経営資源やケイパビリティーは，その企業が外部環境における脅威や機会に適応することを可能にするか。
② 稀少性（rarity）に関する問い
　その経営資源を現在コントロールしているのは，ごく少数の競合企業だろうか。
③ 模倣困難（imitability）に関する問い
　その経営資源を保有していない企業は，その経営資源を獲得あるいは開発する際にコスト上の不利に直面するだろうか。
④ 組織（organization）に関する問い
　企業が保有する，価値があり稀少で模倣コストの大きい経営資源を活用するために，組織的な方針や手続きが整っているのだろうか。

出所：ジェイB.バーニー『企業戦略論（上）基本編』ダイヤモンド社，2003年，250頁。

2　VRIOフレームワークによる分析

　これら4つの指標を用いることで企業の競争優位性が分析可能で，バーニーはおのおのの頭文字をとってVRIOフレームワークと名づけた。以下においてその分析方法を解説しよう（図表6-19参照）。

　企業が保有する経営資源やケイパビリティーは，それ自体に価値がなければ弱みとなり，競争上，劣位に陥る。しかし，価値があれば強みとなり競争上の均衡が保たれる。そして，価値がある上に稀少であるならば，一時的な競争優位を確保できて経済的パフォーマンスも標準を上回ることができる。さらに，その経営資源に価値があり，稀少性があり，模倣コストも大きい（＝模倣されにくい）ならば，持続的な競争優位が獲得できる。その際，経営資源を最大限活用できる組織であれば良いが，そうした組織がうまく築けなければ，その程度に応じて利益は減少することになる。

　バーニーは，企業内部の経営資源に着目し，VRIOフレームワークによって強みと弱みを知ることで**持続的競争優位**を獲得する方法を提示した点において大きな意義があり，新しい戦略論として注目を集めている。

図表6−19　VRIOフレームワークと企業の強み・弱み

価値があるか	稀少か	模倣コストは大きいか	組織的に活用されているか	競争優位の意味合い	経済的パフォーマンス	強みか弱みか
No	—	—	No	競争劣位	標準を下回る	弱み
Yes	No	—	↑↓	競争均衡	標準	強み
Yes	Yes	No		一般的競争優位	標準を上回る	強みであり固有のコンピタンス
Yes	Yes	Yes	Yes	持続的競争優位	標準を上回る	強みであり持続可能な固有のコンピタンス

出所：ジェイB.バーニー『企業戦略論（上）基本編』ダイヤモンド社，2003年，272頁の2図を合成して作成。

【注】

（1）土屋守章「企業戦略論の展望」（『現代の企業戦略』現代経営学第2巻）有斐閣，1982年，14〜16頁。

（2）Chandler, A.D. Jr. *Strategy and Structure,* Cambridge, M.A. MIT Press, 1962.（三菱経済研究所訳『経営戦略と組織』実業之日本社，1967年）

（3）加護野忠男・野中郁次郎・石井淳蔵・奥村昭博『経営戦略論＜新版＞』有斐閣，1996年，7頁。

（4）C. W. Hofer and D. Schendel, *Strategy Formulation : Analytical Concepts,* West Publishing, 1978.（奥村昭博・榊原清則・野中郁次郎訳『戦略策定』千倉書房，1981年，25頁）

（5）トヨタ自動車㈱『トヨタ環境チャレンジ2050』，2015年。

（6）Henry Mintzberg, Bruce Ahlstrand and Joseph Lampel, *Strategy Safari: A Guided Tour Through The Wilds Of Strategic Management,* Free Press, 1998.（斎藤嘉則他訳『戦略サファリ―戦略マネジメント・ガイドブック』東洋経済新報社，1999年，13頁参照）

（7）当図は下記を参考に筆者が作成した。

　　・C. W. Hofer and D. Schendel, op.cit.（前掲訳書，55頁）

　　・Stephen P. Robbins, *MANAGEMENT,* 3th Edition, Prentice Hall, 1984, p.221.

　　・De Kluyver, Cornelis A. and Pearce, John A., *Strategy: A View from the Top,*

　　　 Prentice Hall, 2003.（大柳正子訳『戦略とは何か』東洋経済新報社，2004 年，25 頁）
（ 8 ） Theodore Levitt, *Innovation in marketing*, 1962, McGraw Hill.（土岐坤訳『新版マーケティングの革新―未来戦略の新視点』ダイヤモンド社，2006 年，45 ～ 47 頁）
（ 9 ） ソニーミュージックホームページ（https://www.sme.co.jp/s/SME/?ima=5809, 2017 年 9 月 26 日）。
（10） 本田技研ホームページ（http://www.honda-recruit.jp/about/field.php, 2017 年 9 月 30 日）。
（11） ㈱ジェイティービーホームページ（http://www.jtb-jds.co.jp/jigyou.html, 2017 年 10 月 1 日）。
（12） H. I. Ansoff, *Corporate Strategy*, McGraw-Hill, 1965.（広田寿亮訳『企業戦略論』産業能率大学出版部，1969 年）
（13） 製品ライフサイクルの区分の仕方は種々あるが，ここでは，コトラーの 4 段階区分を用いた（Philip Kotler, *MARKETING MANAGEMENT*, Prentice Hall, 1980.（邦訳，村田昭治監修『マーケティング・マネジメント』プレジデント社，1983 年，222 頁））。
（14） Derek F. Abell & John S. Hammond, *Strategic Market Planning*, Prentice Hall.（片岡一郎他訳『戦略市場計画』ダイヤモンド社，1982 年，230 頁）
（15） ibid.（邦訳，230 頁）
（16） ibid.（邦訳，250 ～ 251 頁）
（17） C. W. Hofer and D. Schendel, *Strategy Formulation : Analytical Concepts*, West Publishing, 1978.（奥村昭博・榊原清則・野中郁次郎訳『戦略策定』千倉書房，1981 年，38 頁）
（18） 加護野忠男・野中郁次郎・石井淳蔵・奥村昭博『経営戦略論＜新版＞』有斐閣，1996 年，108 頁。
（19） 土屋守章「経営理論の課題と展望」(『現代経営学説の系譜』現代経営学第 4 巻），有斐閣，1989 年，24 頁。
（20） M. E. Porter, *Competitive Strategy*, The Free Press, 1980.（土岐坤他訳『競争の戦略』ダイヤモンド社，1982 年）
（21） ここで，ポーターは業界を「互いに代替可能な製品をつくっている会社の集団」と定義している。ibid.（邦訳，19 頁）
（22） Garth Saloner, Andra Shepard and Joel Podolny, *Strategic Management*, John Wiley & Sons, 2001.（石倉洋子訳『戦略経営論』東洋経済新報社，2002 年，168 ～ 176 頁）
（23） M. E. Porter, *Competitive Advantage: Creating and Sustaining Superior Performance*, Free Press, 1985.（土岐坤訳『競争優位の戦略』ダイヤモンド社，1985 年）
（24） M.E. ポーターによれば，価値とは「買い手が会社の提供するものに進んで払ってくれ

る金額のこと」である（M.E. Porter，邦訳，同上書，49 頁）。
(25) Jay B. Barney, *Going And Sustaining Competitive Advantage*, Second Edition, Pearson Education Inc., 2002.（岡田正大訳『企業戦略論（上）基本編』ダイヤモンド社，2003 年）

【参考文献】

C. W. Hofer and D. Schendel, *Strategy Formulation : Analytical Concepts*, West Publishing, 1978.（奥村昭博・榊原清則・野中郁次郎訳『戦略策定』千倉書房，1981 年）

De Kluyver, Cornelis A. and Pearce, John A., *Strategy: A View from the Top*, Prentice Hall, 2003.（大柳正子訳『戦略とは何か』東洋経済新報社，2004 年）

Derek F. Abell & John S. Hammond, *Strategic Market Planning*, Prentice Hall.（片岡一郎他訳『戦略市場計画』ダイヤモンド社，1982 年）

Garth Saloner, Andra Shepard and Joel Podolny, *Strategic Management*, John Wiley & Sons, 2001.（石倉洋子訳『戦略経営論』東洋経済新報社，2002 年）

Henry Mintzberg, Bruce Ahlstrand and Joseph Lampel, *Strategy Safari: A Guided Tour Through The Wilds Of Strategic Management*, Free Press, 1998.（斎藤嘉則他訳『戦略サファリ―戦略マネジメント・ガイドブック』東洋経済新報社，1999 年）

H. I. Ansoff, *Corporate Strategy*, McGraw-Hill, 1965.（広田寿亮訳『企業戦略論』産業能率大学出版部，1969 年）

Jay B. Barney, *Going And Sustaining Competitive Advantage*, Second Edition, Pearson Education Inc., 2002.（岡田正大訳『企業戦略論（上）基本編』ダイヤモンド社，2003 年）

加護野忠男・野中郁次郎・石井淳蔵・奥村昭博『経営戦略論＜新版＞』有斐閣，1996 年。

M. E. Porter, *Competitive Strategy*, The Free Press, 1980.（土岐坤他訳『競争の戦略』ダイヤモンド社，1982 年）

M. E. Porter, *Competitive Advantage: Creating and Sustaining Superior Performance*, Free Press, 1985.（土岐坤訳『競争優位の戦略』ダイヤモンド社，1985 年）

沼上幹『ソニー―事業セグメントの変遷から見る全社戦略の妥当性 kindle 版』東洋経済新報社，2017 年。

Philip Kotler, *MARKETING MANAGEMENT*, Prentice Hall, 1980（邦訳，村田昭治監修『マーケティング・マネジメント』プレジデント社，1983 年）

Stephen P. Robbins, *MANAGEMENT*, 3th Edition, Prentice Hall, 1984.

Theodore Levitt, *Innovation in marketing*, 1962, McGraw Hill.（土岐坤訳『新版マーケティングの革新―未来戦略の新視点』ダイヤモンド社，2006 年）

土屋守章責任編集『現代の企業戦略』現代経営学第 2 巻，有斐閣，1982 年。

第7章
経営組織

　経営学における組織研究は，その対象が組織の全体か，組織内の個人かによって，マクロ組織論とミクロ組織論に分けることができる。マクロ組織論とは，いわゆる組織理論（Organization Theory）とよばれるもので，組織を全体として特徴づける構造的要素，組織構造を決める研究である。一方，ミクロ組織論とは組織行動論（Organizational Behavior）とされ，組織を構成するメンバー行動に焦点を当て，個人行動と小集団の現象に関心を寄せる研究である。

1 組織の機能と特徴
1 外部環境と組織

　企業は外部から独立した存在ではなく，常に**外部環境**との関わりのなかで活動する存在である。経営学で組織という場合，もっとも典型的な組織は企業の組織であり，組織＝企業と考えるとわかりやすい。ただし，企業というと，販売や研究開発，財務といった各機能が含まれるので，仕事を進める制度や人の働きに焦点を当てる場合は，組織と明示する方が明確である。

　初期の経営組織研究では，環境を所与の固定したものと考え，組織内部の働き，つまり内部システムを対象としていた。そのため組織は**クローズド・システム**（Closed System）と考えられていた。しかし，外部環境から情報や多くの資源を取り込み（インプット），それらを変換して，製品・サービス（アウトプット）を作り出す組織が環境からの影響を受けることは明らかであり，**オープンシステム**（Open System）と考えられるようになった。

ダフト (Richard L. Daft, 2001) によると，組織に影響を与える重要な外部環境としては，業界，原材料，人的資源，財務資源，市場，技術，経済状態，政府，社会文化，国際という10のセクターがあるという。ダンカン (Robert B. Duncan, 1972) は，図表7-1のように，環境を評価する場合，環境を変える外部要素が多いかどうか，環境変化は頻繁かどうかを用いている。そして，それぞれに該当する産業を示している。企業組織といっても，業界ごとに環境の不確実性のとらえ方が異なるためである。

図表7-1　環境の不確実性を評価するフレームワーク

環境変化 \ 環境の複雑性	外部要素少ない 各要素は類似 →　単純	外部要素多い 各要素は異なる →　複雑
要素は同じ状態， ゆるやかな変化 →　安定	単純＋安定 ・ビールの卸売業者 ・食品の加工業	複雑＋安定 ・家電製品メーカー ・保険会社
要素は頻繁に変化し， 予測困難 →　不安定	単純＋不安定 ・玩具メーカー ・eコマース企業	複雑＋不安定 ・コンピュータ業界 ・航空業界

出所：Daft, R. L., *Essentials of Organization Theory & Design*, 2nd ed., South-Western College Publishing, 2001. (高木晴夫訳『組織の経営学—戦略と意志決定を支える』ダイヤモンド社，2002年) により作成。

2 組織の機能（定義，目的，意義）

　組織とは，企業の従業員，建物や書類のように目に見える存在ではない。組織を構成するのは，従業員などの人材である。しかし，ただ人が集まっただけで，経営組織が出来上がるわけではない。組織には，多くの人が共通の目的に向かって活動するときに働く力が必要である。

　組織とは社会的な存在であり，目標によって推進され，意図的に構成され，調整される活動システムであり，外部環境と結びついている。組織は人々とその相互関係で成り立っている。おそらくもっともよく知られている組織の定義は，**バーナード** (Chester Barnard, 1938) による「組織とは人間の行動や諸力の

システム」というものであろう。

　組織をどう設計するかという組織構造の問題は，同時に組織における分業，権限，コミュニケーションなど組織運営の問題も含まれる。古典的管理論や官僚制組織が展開されていた初期の組織構造論では，組織に高い成果をもたらす唯一最善の組織構造が存在すると考えられていた。1970年代以降の経営学では，どんな状況でも，常に高業績をもたらす普遍的に有効な組織構造は存在しないとされている。

　近年の組織論では，人的資源が重視され，協働しやすい調整，貢献・学習の機会を増やすことなど環境変化への迅速な対応が求められている。そうした方向性は，職能分化から部門・組織間境界を柔軟にしたフラット組織やクロス・ファンクショナル・チーム（Cross-Functional Team）などにみられる。

　組織目標というと，まず組織の全体的な目標はミッション（Mission）に示される。これは，組織の存在理由であり，組織が達成しようとするビジネスの範囲，成果を公式に述べたものである。組織が実際に取り組む目標とは，オペレーション上の目標であり，これは日常的な意思決定や活動方向を決める。

　そうしたオペレーション上の組織目標としては，パフォーマンス（収益性，成長，アウトプット），経営資源（必要な原材料などの獲得），市場（シェア，市場での地位），人材開発（研修，昇進，安全，成長），イノベーションと変革（新しいサービス，製品，生産工程開発），生産性（生産量，コストなど）がある。これらは，特定の測定可能な成果であり，また短期的な目標であることが一般的である。

３　組織の特徴と発展段階（階層，部門編成，構造）

　組織には，いくつもの特徴があるが，そのなかでも代表的なものは，分業と協業，権限と責任，共通目標，コミュニケーションなどである。

　分業と協業とは，どのように組織を編成するかの考え方である。どの程度分業することが適切か，また，フレキシブルに協働することも重要となるが，分業が進みすぎて固定的であると，協業は難しく，組織の機動力は発揮できない。

　権限と責任は一体化したもので，どちらもセットで考えないと，バランスを

失することになる。権限の由来については，法的に授かったものとしての権限授与説，部下がそれを認めることで成り立つという権限受容説，高い能力専門性によるという権限能力説がある。

　共通目標やコミュニケーションは，組織になくてはならない要素である。目標が共有化されていなければ，組織のベクトルは働かず，ただの集団になってしまう。共通目標や統制のためには，コミュニケーションが機能しなければならない。コミュニケーションは，縁の下の力持ちのように，組織目標の達成には大きな影響力があり，とても重要である。コミュニケーションができるということは，ただ情報危機などのツールが整っているだけでなく，経営理念の理解，組織の価値観や文化が整備されている必要があり，いわば組織の総合力を反映しているからである。

　企業が発展すると，採用する従業員は増え，新たな部門など組織も大きく

図表7－2　組織の分化

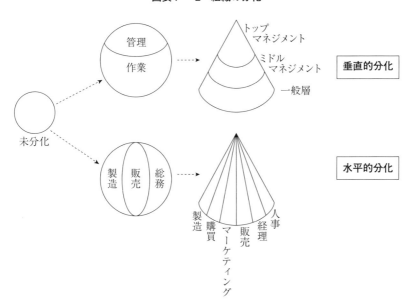

出所：筆者作成。

なっていく。本社以外にも支社や支店，工場や研究所などが増えていくが，組織の増え方には，一定の決まりがある。

　企業の組織は発展するにつれ，次第に分化する，つまり担当する仕事が専門化されるのである。**組織の分化**には2種類があり，仕事の種類や機能による分化を**職能分化**または水平的分化という。たとえば，小さな企業では，総務部がすべてのスタッフ機能を担当するが，組織が大きくなると，人事部や経理部が総務部から独立して，分化することになる。職能別組織という，類似した職務ごとの部門編成が一般的であり，代表的な部門には，生産，販売，研究開発，財務，人事などがある。

　それに対して，権限の段階による分化，管理の階層による分化のことを，**階層分化**または垂直的分化という。これは，同様な仕事で構成される部門でも，権限の大きさにより，階層が作られ，階層別組織を構成するためである。組織が大きくなると，トップ1人で組織を管理できなくなるため，**トップマネジメント**（Top Management）と一般層の中間に**ミドルマネジメント**（Middle Management）という管理層が形成される。そこでは，トップの権限を委譲され，部門の仕事を実行する役割が果たされる。トップマネジメントは，企業戦略，経営目標など全体に関わる重要事項，長期計画の策定を行うことになる。ミドルマネジメントは，部門を代表するもので，資源配分，問題解決，目標達成が主たる仕事となる。**一般層**は，主に年間目標に基づく，日常業務の達成が仕事となり，効率化が重要となる。

2 基本的な組織形態
1 ライン組織

　もっとも基本的な組織形態とされるのは，**ライン組織**である。これは直系組織ともよばれるように，部下は常に1人の上司からの指示を受け，また報告ができるよう，一直線の指揮命令系統による組織である。ファヨールが提唱した，命令や指揮の一元性，権限と責任，階層組織といった管理原則に基づく組織でもある。ライン組織は，単純な階層組織で，権限と責任が明確であるの

で，組織での秩序や規律が保たれやすい。ただし，規模が大きくなるにつれ，階層が増えると，コミュニケーションに時間がかかり，トップに権限が集中するため，意思決定の遅れなどが生じやすい。

図表7－3　ライン組織

```
                         社　長
         ┌─────────────┼─────────────┐
      製造部長        営業部長        総務部長
      ┌───┴───┐    ┌───┴───┐    ┌───┴───┐
     製造    製造   営業    営業   経理課長 人事課長
    第一課長 第二課長 第一課長 第二課長
      │     │     │     │     │     │
      ○     ○     ○     ○     ○     ○
```

出所：筆者作成。

2　ファンクショナル組織

ライン組織に対して，**ファンクショナル組織**とは，各職能を単位とした組織であり，職能組織または機能別組織ともよばれる。これは専門化の原則に基づく組織であり，テイラーが提唱した組織でもある。ファンクショナル組織では，部下は職能（または機能）に応じて，複数の上司を持つことになる。管理者

図表7－4　ファンクショナル組織

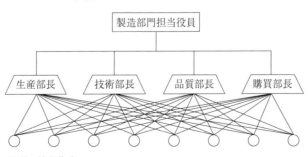

出所：筆者作成。

にとっては仕事が専門化されて，専門能力が生かせること，負担が集中しない，また管理者の育成につながるとの利点がある。しかし，指示を受ける部下にとっては，指示命令に違いや重複があるなど，命令の統一性に欠け，組織としては混乱を招く恐れがある。

③ ライン・アンド・スタッフ組織

ライン・アンド・スタッフ組織とは，ライン組織に加え，スタッフという組織（専門家）を置く組織であり，今日よくみられる組織である。これはライン組織の命令一元化の原則を守りながら，ファンクショナル組織の専門性を生かすことができる，いわば両組織の利点を持つ組織といえる。

さて，**スタッフ**（Staff）とはどういう組織（または人）を意味するのだろうか。スタッフとは，職務を実行するラインに対して，助言や援助をする，いわば専門家やアドバイザーという存在である。ただし，そうした助言を受けても，職務の決定権はあくまで**ライン**（Line）にあり，スタッフは職務やその遂行のための権限を持っていない。

このような説明は，ラインとスタッフ，およびライン組織とスタッフ組織についてあてはまる。**ライン部門**と**スタッフ部門**というと，両者の機能と関連するが，実際には特定の職能部門を指して使われる。すなわちライン部門とは，販売，製造，研究開発などその企業の商品・サービスの生産・販売に直結する

図表7-5　ライン・アンド・スタッフ組織

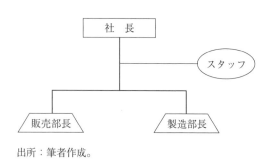

出所：筆者作成。

部門を指し，スタッフ部門とは，総務，人事，経理，法規など，いわゆる間接部門のことを意味する。

また，スタッフには，人事・経理・技術などの専門スタッフ，購買・厚生・物流などのサービススタッフ，調査・企画・社長室などのゼネラルスタッフなど区別されることもある。

4 組織形態の要素

組織は職能によって分化されるが，それぞれの組織には共通な要素が存在する。トップマネジメント，ミドルマネジメント，一般従業員，またライン部門，スタッフ部門などに分けることが多いが，**ミンツバーグ**（Henry Mintzberg, 1999）は，組織の基本的要素として，戦略トップ，オペレーティング・コア，ミドル・ライン，テクノストラクチャー，サポート・スタッフをあげている。

戦略トップ（Strategic Apex）とは，組織の全体責任を負うトップマネジメントであり，組織の方向，戦略，目標，方針を立てる。オペレーティング・コア（Operating Core）とは，業務推進の中心となる層であり，商品，サービスを実際に産出する活動に従事している。

ミドル・ライン（Middle Line）とは，いわゆるミドルマネジメントのことであり，組織階層の中間に位置し，事業部門レベルでの実行と調整の責任を負うとともに，トップとオペレーティング・コアを連結する役割を果たしている。

テクノストラクチャー（Technostructure）とは，組織変革と適応を進める技術者や専門家であり，技術，開発，イノベーションを産出する役割を担っている。サポート・スタッフ（Support Staff）は，組織の円滑な操業のための支援を行うもので，組織の維持，保守，人事諸活動や組織開発などの経営スタッフという位置づけである。

組織の形態を各ポジションの役割，権限や関連性から，わかりやすく示したものが組織図である。どのような職位があり，どのようなグループにまとめられ，誰が誰に直属するかが示されている。組織図の基本的な構造はライン組織であるが，組織形態は部門や機能別，そして階層別とに分化している。組織形

図表 7 − 6　ミンツバーグの組織要素

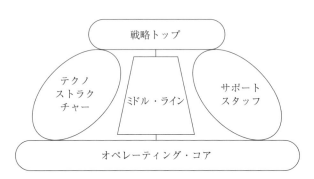

出所：Mintzberg, H., *Mintzberg on Management-Inside Our Strange World of Organizations,* The Free Press, 1989.（北野利信訳『人間感覚のマネジメント』ダイヤモンド社，1991 年）により作成。

態は，階層，マネジャー数，統制範囲（部下数の限界：スパンオブコントロール）など公式の職制関係を決めることになる。有効なコミュニケーションや調整活動などができる，最適な組織形態となることが重要である。

　組織のコミュニケーションは，垂直方向（タテ）と水平方向（ヨコ）に働くが，どちらの方向においても，円滑にコミュニケーションがとれることが不可欠である。しかし，ライン組織では垂直方向のコミュニケーションは指示や報告などで頻繁だが，水平方向のコミュニケーションは取りにくい。これは効率化の追求や統制が強いライン組織の特徴である。

　そのため，組織をフラット化させたり，プロジェクトチームにしたりして，水平方向のコミュニケーションを強める試みがなされる。これは調整や協力を重視することになり，また個人にとっても学習しやすい組織となる。

3　発展的な組織形態
1　事業部制組織

　事業部制組織とは，今日では多くの企業で採用される組織であり，その誕生は，1920 年代のアメリカとされる。GM，デュポンなどのビッグビジネスで

は，大量生産・大量販売が実現し，ますますの販売拡張のためには，新事業への進出いわゆる多角化が進められた。

多角化戦略となると，これまでのような同種の製品や事業でなく，既存の商品とはまったく関連しない事業も含まれ，トップマネジメントが，それらの事業のすべてを管理・調整することは困難になる。そこで，同種の商品を扱う事業部門を1つの利益計算単位として，独立した経営単位とし，多くの意思決定権限を各事業部門に委譲することで事業部制組織が生まれた。

各事業部門は独立したライン・アンド・スタッフ組織として，生産，調達，販売などの機能を持つため，かなり自立的に事業の遂行が行える。それだけに事業部長など事業部門のトップは，大きな権限を有している。

事業部門の編成については，**製品別**，**地域別**または**顧客別**に事業部の編成が行われる。ビール会社を例にとると，ビール事業，ソフトドリンク事業，健康

図表7－7　事業部制組織への変化

（ライン・アンド・スタッフ組織）

（事業部制組織）

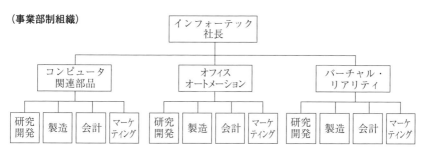

出所：Daft, R. L., *Essentials of Organization Theory & Design*, 2nd ed., South-Western College Publishing, 2001.（高木晴夫訳『組織の経営学―戦略と意志決定を支える』ダイヤモンド社，2002年）により作成。

食品事業，医薬品事業などと製品別に事業部を設けることが一般的である。また地域別では，主に販売地域による事業部であり，顧客別では，法人や個人，また性別，年齢層，職業別に絞り込んだ顧客層に事業部を設けている。

　事業部制組織のメリットは，各事業部に大幅な権限が委譲されているため，意思決定が迅速にできることと，事業ごとの利益が算定されるので責任が明確になることである。また，これは事業部長をはじめ，業績評価が明確にできるため，業務計画の改善や修正も容易になる。権限委譲で相対的に大きな権限を持てるため，事業部長から一般までモチベーションを高めやすく，またマネジメントやリーダー育成にも効果がある。

　一方，事業部制組織では，各事業部門の独立性が高まり，全社的見地からの事業部門間の調整や部門間の人事異動などは難しくなる。また，管理スタッフは重複し，無駄になることや短期的な業績志向になりやすい点などが問題とされる。

2 マトリクス組織

　マトリクス組織とは，2つの異なる部門編成を並存させ，複数部門に同時に

図表7－8　マトリクス組織

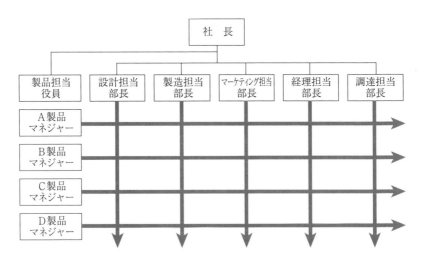

出所：図表7－7と同じ。

所属する状態とした組織である。職能部門と地域別組織や顧客別組織を組み合わせたものが一般的なものとなるが、実際の運営は難しい。指示命令の複数化による、権限の曖昧さ、意思決定の遅れがマイナスだが、どちらか一方は支援組織と考えれば、成熟したメンバーによる組織運営で情報共有や革新などにプラス面がある。

3 多様な組織
① プロジェクト組織

ある期間で終了するプロジェクトを行うため、各部門よりメンバーが集められ、企画から実施まで一貫して担当する組織を編成する。迅速な決定と実施が必要な集中的な業務では、通常の職能別組織では対応しにくい場合があり、臨時的に小規模かつ完結する組織をつくり、担当させる。目標はプロジェクト完成と明確であり、メンバーは各部門を代表し、意欲的な働きが期待できる。このような**プロジェクト組織**はプロジェクトチームやタスクフォースともよばれる。

② ネットワーク組織

ネットワーク組織は、まだはっきりと組織と認められているとはいえず、バーチャル組織ともよばれるように、情報ネットワークを介した、緩やかな結びつきによる組織である。通常の実体のある組織に対して、副次的に付加され、企業間の情報交換などを行う組織と考えられる。またベンチャー企業などの異業種交流の場であったり、マトリクス組織の一次元という形態も考えられる。

4 組織文化と組織活性化
1 経営理念と組織文化

経営理念とは、企業の目的、使命、基本方針、価値観などをわかりやすく書き示したものである。経営理念を通して、創業者（社長）の根本的な考え方や企業の目標が理解でき、従業員は取るべき行動や価値判断がわかる。経営理念は一般に創業以来、受け継がれ、変わらず追求されるものだが、創業後、何年

図表7-9 さまざまな組織形態

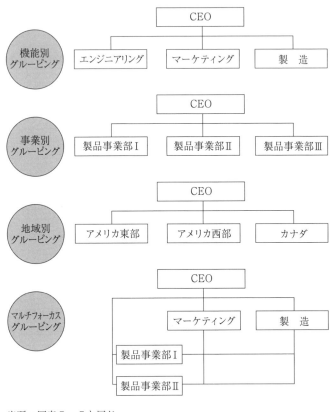

出所：図表7-7と同じ。

も経って策定されたり，変更される場合もある。

　経営理念は，社長の訓示や朝礼で復唱されたり，社内報などにより，伝達され，組織への浸透が図られる。企業の戦略策定や日常業務での管理者の判断に経営理念が反映されるなど，その影響力は大きい。行動規範や価値観が示されることは，**組織文化**を醸成する基盤となる。

　たとえば，アサヒビールは1982年に経営理念を作成し，あるべき企業像を「すべての人びとの健康で豊かな生活文化の向上に役立つ企業をめざす」と宣

言した。同社は，新社長の就任により，意識改革を図るため，経営理念を策定した企業である。自社のイメージを把握したところ，存在感の希薄な企業であることから，企業と製品（ビール）ブランドの関連を強めるため，新製品を「コクとキレ」のビールとし，新しいコーポレート・マーク（ロゴ）を発表した。

同時に，全社的な品質管理運動を展開し，顧客志向（マーケットイン）を社員に浸透させ，マネジメントのサイクル（PDCA）を推進した。同社は経営理念を明確にすることで，企業の意義，方向性が明確となり，迅速かつ確固たる行動が取れるようになったといえる。

2 組織文化の特徴（捉え方，影響，意味）

組織文化（Organizational Culture）とは，組織メンバーが共有している価値，規範，信念の体系を指している。企業でいえば，企業文化であり，従業員が持つ共通の価値や信念の体系となる。この組織文化は，各組織に独自なものであり，当該組織を他組織から区別する基盤である。

組織文化や企業文化を構成するものは，価値観，価値体系，組織全体の共有様式などがある。価値観とは何が望ましいかの考えであり，価値体系とは理念，信念，考え方，思想，ビジョンなどからなるものである。価値観が実際に具体化され，価値が実現し，組織全体で共有する様式が出来上がる。

組織文化は，メンバーが何を重視するかが重要な特徴となるが，それらには，イノベーション志向，成果志向，チーム志向，安定志向などがある。イノベーション志向は，多くの企業が目指している文化といえるが，リスクを取る行動（リスクテイキング）が，どれほど強調され，奨励されているかが重要になる。また成果志向は，途中の経過（プロセス）に対して，結果が大切という考え方がどれほど支配的かによって決まってくる。

チーム志向では，仕事を進める上で，個人でなく，チームによる遂行がどの程度強調されるかによって，また安定志向は，メンバーが成長や変化より，どれほど安定と現状維持を求めるかによって明らかになってくる。

組織文化には，同質の環境下で有効な単一文化と，複雑な環境下で機能を発

揮する多元文化がある。単一文化はモノカルチャーであり，価値観がまとまっていて，安定的な環境では合理的で迅速であるが，変化が多く，複雑な環境下では，その機能は弱まる。一方，多元文化では，効率は最善ではないが，さまざまな局面で柔軟に対処ができる。

ディール＆ケネディ（Terrence E. Deal and Allan A. Kennedy, 1994）は，その著書『シンボリック・マネジャー』のなかで，企業の組織文化を分類している。それらは，①会社の活動に伴う環境リスクが大きいかどうか，②成果フィードバック時間が長いか短いかという2つの軸から，組織文化を4類型に分類している。

環境リスクが大きい場合に，フィードバックの時間が長いと，情報重視・慎重な集団決定という組織文化，フィードバック時間が短いと，スピード重視の個人主義的な組織文化となる。

環境リスクが比較的小さい場合，フィードバックに時間がかかると，手続き重視の慣例的な組織風土，短いと集団一体感のある組織風土になるという。

図表7－10　ディール＆ケネディによる組織文化の分類

環境リスク 大 ↑ ↓ 小	個人主義 スピード重視 厳しい内部競争 ギャンブル性	慎重な社風 集団・会議を通じた決定 情報重視 熟練
	努力に価値をおく 集団一体感 スタミナ	手続き重視 慣例 技術的完璧さ

短い　←　成果フィードバック時間　→　長い

出所：Deal, T. E. and A. A. Kennedy, *Corporate Cultures*, Addison-Wesley Publishing Company, Inc., 1982.（城山三郎訳『シンボリック・マネジャー』岩波書店，1997年）により作成。

3 組織活性化への取り組み

　「企業の再生」や「組織の変革」という言葉がしばしば聞かれるが，そうした言葉の意味は，企業は現状維持ではいけない，変わらなくてはいけないという場合がほとんどだからである。いうまでもなく，環境は常に変化し，地球規模での競争は激化しており，これまでの組織がそのままで競争力を維持できることはなく，**組織変革**は常態と考える方が自然である。

　企業はもちろん，その成長が停滞し，長期的に業績が低迷していると，新たな戦略や経営計画を策定し，その打開を図ろうとする。しかし，たとえ優れた戦略があっても，それを実行する社員のモチベーションが低かったり，組織全体に活気がなければ戦略は十分に実行されず，成果にはつながらない。

　そこで組織を活性化させることが重要となってくる。近年では，長期的に低迷していた業績を回復させた，アサヒビール，日産やカルビーは組織活性化の代表例である。組織活性化は，組織文化の変革に含まれると考えられ，そこには，企業トップによる組織価値観の変更やミドル層（部長・課長など）による社員の考え方や行動様式の変更が共通にみられる。

　組織活性化は，組織メンバーに価値観の変化を進めることで，新しい価値観を共有させ，新しい価値を実現するよう，多くのメンバーを巻き込み，新しい行動を実践させていくことである。このように企業独特の価値観・考え方・行動パターンである「企業文化」を変えることで，組織が活性化され，結果として企業活動が変わることになる。

　たとえば，アサヒビールの場合，1950年代に3割あった市場占有率（シェア）は，1970年代には1割へ低下した。ライバル企業であるキリンビールは，業務用から家庭用への市場変化を生かし，シェア向上を図ってきた。アサヒビールは，その後の長期的低迷から，社内にはあきらめ感があり，現状に対しての甘えがあったという。

　しかし，経営陣が刷新され，新たな企業理念の下，1986年には新製品ドライビールが開発され，シェア奪還が進んだ。その推進力は，同社のブランド戦略，新製品を支える技術力，高い品質や供給を実現するマーケティングなど多

くの改革があってのものだが，何よりも社員の意識改革が大きかった。10年後には，とうとうキリンに追いつき，現在でもビール業界のトップ企業として確固たる地位を占めていることはよく知られる通りである。

いかにして組織を活性化させるか，企業文化，組織文化をどう変革し，新たな企業戦略の実現に結びつけるかは，トップ，ミドル，社員という全社で取り組む課題である。そして，その組織活性化に成功した企業は，環境，市場に適合した商品・サービスを実現し，その存続，そしてさらなる成長が可能になるのである。

【参考文献】

Daft, R. L., *Essentials of Organization Theory & Design,* 2nd ed., South-Western College Publishing, 2001.（高木晴夫訳『組織の経営学―戦略と意志決定を支える』ダイヤモンド社，2002年）

Deal, T. E. and A. A. Kennedy, *Corporate Cultures,* Addison-Wesley Publishing Company, Inc., 1982.（城山三郎訳『シンボリック・マネジャー』岩波書店，1997年）

Drucker, P. F., *The Practice of Management,* Harper, 1954.（上田惇夫訳『現代の経営』ダイヤモンド社，1996年）

北野利信『経営学入門』有斐閣，1977年。

Mintzberg, H., *Mintzberg on Management-Inside Our Strange World of Organizations,* The Free Press, 1989.（北野利信訳『人間感覚のマネジメント』ダイヤモンド社，1991年）

宮下清『組織内プロフェッショナル』同友館，2001年。

宮下清『テキスト経営・人事入門』創成社、2013年。

中村常次郎・高柳暁『経営学』有斐閣，1987年。

Robbins, S. P., *Essentials of Organizational Behavior,* 5th ed., Prentice-Hall, Inc., 1997.（高木晴夫訳『新版 組織行動のマネジメント―入門から実践へ』ダイヤモンド社，2009年）

Senge, P., *The Fifth Discipline: The Art and Science of the Learning Organization,* Currency Doubleday, 1990.（守部伸之訳『最強組織の法則』徳間書店，1995年）。

津田眞澂『人事労務管理の思想』有斐閣，1977年。

梅沢正『企業文化の革新と創造』有斐閣，1990年。

第 8 章
人材マネジメント

❶ 人材マネジメントとは
① 人材マネジメントの定義

　人材マネジメントは，企業経営を行うための資源である人材を対象とするマネジメントの一分野である。経営学やマネジメントの視点から，人材または人的資源（Human Resources）を扱う人材マネジメントであるが，同様なものとして，労務管理，人事管理，さらに**ヒューマン・リソース・マネジメント**（HRM：Human Resources Management）などいくつかの名称があげられる。

　人材マネジメントとは，「組織目的を達成するために，人材を最大限に生かすための活動やプロセスである」と定義することができる。より具体的には，人材を採用した後，配置，異動，評価を行うとともに，報酬や労働時間の決定，就業環境の確保，教育訓練，安全衛生，福利厚生などを通じて，人材を活用し，保持し，その能力を育成・向上させることで，経営目標の実現のための施策や体系作りとその実行を含む活動である。

　現代にも通じる代表的な**人事管理**を著したピゴーズ＆マイヤーズ（Paul Pigors and Charles A. Myers, 1956）は「人事管理とは，従業員の内在的能力を最大限に生かし，自ら最大限の成果を確保しうるように彼らを処遇し，組織する方法についての規範体系である」としている。さらに，ハーバード大学で人材マネジメントの重要性を唱えたビアー（Michael Beer, M., 1984）は，「ヒューマン・リソース・マネジメント（HRM）は，企業と従業員との関係のあり方に影響を与える経営の意思決定や行動のすべてを統轄する」としている。

日本の代表的論者である森五郎は，人事管理とは「多数の人が常時集まって一定の仕事をする場合に，それらの人々を一定の目標に向かって，よりよく協力させ，より効率的に労働できるようにする活動のこと」と定義している。

経営管理の分野として，財務管理，生産管理，販売管理などがあり，人事管理もその1つとみられている。しかし，人材マネジメントでは，労働の担い手としての人材を扱うだけではない。いうまでもなく，企業活動は組織によって遂行され，組織は人によって成り立っている。したがって，物理的な労働力としての側面や人材マネジメントを直接担当する人事部門の人材だけでなく，組織内のすべての人の労働，思考，意欲，能力などもまた，人材マネジメントの対象と考えられる。

そのため，人材マネジメントは，経営戦略による組織目標を達成するために，きわめて重要な領域となりうる。個々の企業活動では，各機能分野のマネジメントがあるが，人材マネジメントはマネジメント全体にかかわるリーダー

図表8－1　人材マネジメントの機能

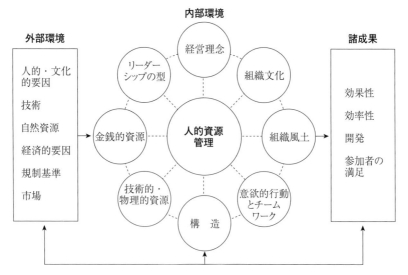

出所：French, W. L., *Human Resource Management*, 3rd ed.,Houghton Mifflin Company, 1994，西川清之『人的資源管理入門』学文社，1997年により筆者作成。

シップ，モチベーション，コミュニケーションなど組織の問題にもっとも近いマネジメントの分野といえよう。

人材マネジメントには，組織目標を達成させるという目的達成機能とメンバーの活動をまとめるという個人の欲求充足機能を両立させるという意義がある。これはそのままマネジメントの課題であるが，企業目的の達成には，多数の人々の協力や働く意欲が不可欠であり，そこから，人材マネジメントの重要性がうかがえる。

2 人材マネジメントの歴史

近代はもとより，古代や中世においても，ある目的のために人は集まり，力を合わせて仕事をしてきた。そのような状況では，集団で労働を進めるための管理が行われていたことは明らかである。しかし，本書では経営学という論点から，資本主義社会における企業組織を対象とした人材マネジメントの歴史を概観したい。労働者に対する「管理」が始まるのは1910年代で，組織化された人事（労務）管理の成立は1920年代からとされ，それ以前はマネジメント，すなわち「労務管理」でなく，体系や理論のない「労務処理」時代であった。

① **専制的労務の時代**（産業革命期18世紀～19世紀半ば）

専制的労務では，使用者が一方的に労働者を支配するような関係で，低賃金かつ長時間労働，さらに暴力的な監督もみられた。そうした労働形態は，自由放任の思想から放置され，まだ労働者の保護法などは整備されていなかった。

② **親権（温情）主義的労務の時代**（欧米19世紀後～20世紀初，日本大正期～）

この時期には，労働組合の結成と労働者保護法の制定が始まるなど，労働力を維持する動きがみられる。労働人口の減少と労働力需要の増加により，賃金が上昇し，労働時間も9～10時間に制約された。女子・年少者の保護から工場法（労働者保護法）ができるなど，労働者の定着のため，労働条件の改善や福利施設もできて，親が子の面倒をみるような，親権的な状況となった。

③　**近代労務管理の時代**（欧米 1920 年代～，日本第 2 次大戦後～）

　労働力の有効な利用は管理にあることが認識され，これまでの親権主義的な福利施策を「恩恵」としてではなく，制度ととらえるようになった。労働者の人格が認められ，労使対等の民主的関係へ変化してきた。労務管理の専任者や担当部門が設置され，この時代から，労務管理が始まったとされる。

④　**現代人事管理の時代**（欧米 1950 年代～，日本 1970 年代～）

　現代社会の人材マネジメントに直接つながる現代人事管理は，第 2 次大戦後の政治経済，社会技術的な変化により，発展してきたといえる。1960 年代以降，いくつかの段階に分けることもできるが，修正資本主義（利益の最大化追求からの変容）の下，人間関係論，行動科学など諸科学の成果を導入し，科学としての精緻化が図られたこと，協約型の労使関係（パートナー）であること，トップ，ライン管理者と人事の三位一体などに特徴が現れている。さらに労働者の地位向上を背景に，個人の主体性や非金銭的な誘因も重視され，人材マネジメント（HRM）として，より総合的かつ戦略的なマネジメントへと変化した時代である。

3　人材マネジメントの関連理論

①　**テイラーの科学的管理法**（Scientific Management；F. W. Taylor, 1911）

　アメリカで本格的な工業化が始まるのは，産業革命以降の 19 世紀前半とされる。綿工業，製鉄業，鉱業，鉄道業を中心として，南北戦争（1861～1865）を経て，19 世紀後半には，アメリカは世界最大の産業国家に成長した。鉄道により，広大な国内市場が整備され，株式会社制度や互換性部品など規格化により，大量生産と大規模経営が実現し，経営管理が生まれる状況が現れた。

　当時，無断欠勤，生産制限など組織的怠業が多く，社会問題化し，1880 年にアメリカ機械技師協会（ASME：American Society of Mechanical Engineers）が設立され，能率増進運動と体系的管理運動を展開し，この問題に取り組んだ。テイラーは，組織的怠業の原因は労働者ではなく，安易な管理の方法（成り行

き管理）にあるとした。生産技術の発展，企業競争の激化，生産構造の変化により，管理（マネジメント）の必要性が明らかになった。

テイラーの業績は，生産管理から組織，賃金など，多岐にわたるが，課業の設定と作業の標準化で人材マネジメントへの貢献も多大である。課業とは，労働者の1日の標準的な仕事量であり，これを科学的に決めるために，動作研究（Motion Study）と時間研究（Time Study）に基づく作業研究を行った。また，ムリ，ムダを省き，作業手順・方法の標準化を行った。

② **メイヨーの人間関係論**（メイヨーとレスリスバーガー）

人間関係論は，1924年〜1932年までの約8年間に及ぶホーソン実験から生まれた経営理論であり，働く人々のモチベーションは経済的な賃金だけに依存するのではなく，作業条件や作業環境が与える心理的，社会的な影響力に依存していることを立証した。

生産能率は，作業仲間，上役・会社に対する態度・気分によるもので，情感，心情が生産能率を左右する。また，この情感とは，その人の置かれている人間関係と密接に関連している。したがって，生産能率は，職場集団の特質，行動様式，物の考え方，上司の監督の仕方，上司との人間関係，工場・会社の経営方針，トップの態度・行動などさまざまなものに影響を受けている。

ホーソン実験は照明実験，リレー組立実験，バンク配線などいくつかの実験を含むが，特に1927年〜1932年に実施されたリレー組立実験では，異なる作業条件でも，生産量の上昇が観察され，作業能率はその人の心理状態や，集団の社会的な影響力に依存することが判明した実験である。

人間関係論は，経営者・管理者に，従業員に対する新たな視点を提供したとされ，提案制度，自己申告制度，社内報，苦情処理制度等，企業での具体的な人事諸制度がその影響を受けている。

③ **行動科学**

1951年フォード財団の「行動科学計画」に対する研究資金援助により，人

間の行動を科学的に解明しようとする行動科学が広まった。科学的管理法や人間関係論に続き，人材マネジメントの基礎理論となっている行動科学にはモチベーションやリーダーシップに関する研究成果が数多くある。新しい人事管理であるヒューマン・リソース・マネジメント（HRM）の理論的な基盤は行動科学によって形成されているといえよう。

マズロー（Abraham H. Maslow）は，人間の欲求を生理的欲求，安全・安定の欲求，帰属・愛の欲求（社会的欲求），承認の欲求（自我・自尊の欲求），自己実現の欲求との5つに分類し，それらが階層的に現れることを「欲求階層説」によって提唱した。

マグレガー（Douglas McGregor）は，人間は従属的で受け身であり，仕事への意欲や能力はないという従来の人間観「X理論」に対して，統合と自己統制による「Y理論」を展開した。

ハーズバーグ（Frederick Herzberg）は，200人の技術者と会計士に面接し，動機づけについての実験調査を行い，職務からの満足と不満の原因は異なる要因によることを実証し，「動機づけ－衛生理論（二要因論）」を提唱した。職務を満足させる要因「動機づけ要因」には，達成，仕事そのもの，責任，能力の向上などがあり，職務を不満にさせる原因「衛生要因」としては，会社の政策，監督，給与，作業条件などがある。

このような行動科学の成果は，業務参画，自己申告，コミュニケーション，職務充実，目標管理，キャリアプラン開発，組織開発など多くの人事制度や施策に影響を与えている。

2 環境・戦略・組織と人材
1 環境と経営

企業をはじめとするすべての組織体は，オープン・システムとして外部環境とのかかわりのなかで，その活動を行っている。企業を例にとると，市場など外部環境に経営理念や経営哲学が考慮されて，経営戦略やより具体的な経営目標が制定される。その後，全社や部門ごとに長期から短期の必要な経営計画が

立てられ,各組織での職務の実行につながっている。

　環境の変化により,経営戦略もまた変更される。一般に環境とは外部環境を意味するが,企業など組織内の要素を内部環境として区別することもできる。図表8－2に示されるように,**外部環境**は企業外の経済・市場・政治・法律・文化など社会全体の要素であり,個々の企業が統制できないものがほとんどである。

　また,**内部環境**には各企業の経営理念,組織風土,資金,技術的資源,組織構造,従業員の意欲など特定の要因であり,統制が可能なものである。

図表8－2　経営を取り巻く外部環境

環　境	具体的な要素・内容
社会動向	行政,法律,人口,年齢構成,国民意識,文化,出生率,労働法規など
経済動向	経済政策,経済成長,経済規模,景気動向,国際貿易,為替,金利,株式市場など
企業環境	売上高,財務状況,市場,技術,商品など
労働環境	雇用状況,失業率,労働関連法規,労働市場賃上げ率,労働時間(経済的要因・市場)

出所:筆者作成。

2 経営戦略と人材戦略

　企業は外部環境を考慮し,独自の経営理念・ミッションに基づき,経営戦略を策定する。経営戦略のサブシステムとして存在する人材戦略(また人材マネジメント戦略)であるが,経営戦略と連動することにより,その機能を発揮し,企業戦略の実現に重要なものとなる。

　人材戦略が的確に実行されるためには,人事部門のみならず,トップの認識や理解,ライン管理者や各部門の支援,さらに従業員の協力が必要となる。景気の低迷などから,いかにしてスタッフ部門のコストを減らすかという視点が強まり,人事機能の外部へのアウトソーシングが進んだ。さらに人事部は不要との議論もあり,人事機能や人事部の存在意義が問われている。

それだけに今後の人事には,従来の専門業務サービスやサポート機能の提供という定型的業務に加え,いかに付加価値を生み出せるかが課題となる。人事戦略には従来の職能部門の枠組みを超えた知識や発想が求められる。たとえば,人事部はライン管理者にとっては,コンサルタントとして,キャリアを考える従業員にとっては,アドバイザーとしての役割を果たすことなどが考えられる。

人材戦略は環境変化と経営戦略に関連して策定される。人材戦略の先駆的企業は,どのようにして競争優位をもたらしているか,いくつかの企業の人材戦略の実例をみてみたい。

図表8－3　先駆的企業の人材戦略

企　業	人材戦略の具体例
トヨタ	組織末端での技能の重要性を認識し,現場のコミュニケーションをもとに企業理念の浸透を図る
オムロン	自律した個人をベースに,チャレンジマインド,プロ意識を重視する
リコー	社員の専門性を高めることや主体性を引き出す,人材育成制度を構築する
アサヒビール	コンピテンシーを活用し,人材の配置と育成に取り組む

出所：日本能率協会編『競争優位をめざす人材戦略』日能協 MGTctr., 2002年により作成。

3 戦略的人材経営モデル

今後の人材マネジメントや人事戦略を考える上で,人材マネジメントやその担当部門である人事部は,新たな役割を果たすことが必要となる。その際,参考になるものの1つが,ミシガン大学のウルリッチ（David Ulrich）（1997）による戦略的人材経営モデルである。

このモデルでは,人材マネジメント部門は企業戦略達成に貢献するものとなるべきであり,そのための役割として,戦略パートナー,管理エキスパート,変革推進者,従業員チャンピオンという4つのあり方を提案している。これは「将来・戦略の重視と日常業務と運営の重視」という長期・短期的な視点と

「プロセスマネジメントと人材マネジメント」という2つの活動軸から，4つの役割が表されている。

図表8－4　戦略的人材経営モデル

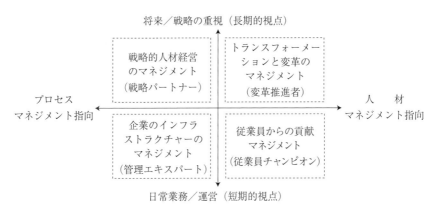

出所：Ulrich, D., *Human Resource Champions*, HBS Press, 1997. (梅津祐良訳『ＭＢＡの人材戦略』日能協，1997年）により加筆修正。

図表8－5　人材経営の役割と活動

マネジメントの役割	達成の成果	役割の呼称	活　動
戦略的人材経営のマネジメント	戦略を実現する	戦略パートナー	人材経営とビジネス戦略を統合する「組織診断」
企業インフラストラクチャーのマネジメント	生産性の高いインフラストラクチャーを築く	管理エキスパート	組織プロセスをリエンジニアリングする「サービスの共有」
従業員からの貢献のマネジメント	従業員のコミットメントと能力を向上させる	従業員チャンピオン	従業員の声に耳を傾け，対応して「従業員にリソースを提供」
トランスフォーメーションと改革のマネジメント	変革された組織を生み出す	変革推進者	トランスフォーメーションと変革を推進する「変革推進能力の構造」

出所：図表8－4と同じ。

3 人材マネジメントの諸機能
1 雇用管理（人材フロー）
① 雇用管理と日本的経営

雇用管理とは，従業員の採用，職務転換，昇進，退職など，労働力の配分に対する管理である。職務配置など雇用管理を通して，企業目標と従業員目標を調和させていくのである。

図表8－6　雇用管理の流れ（人材フロー）

人事機能	従業員の採用	→	配置・異動	→	退　職
（制度・施設）	（募集・選抜・採用）		（配置転換・異動・昇進昇格）		（定年・中途退職）
労働力の動き	労働力の調達	→	労働力と職務の動態的な適合	→	労働力の調整

出所：筆者作成。

雇用管理において，その基本となる考え方には，**人間中心主義**と**職務中心主義**がある。これは，はじめに人ありきか，仕事ありきか，どちらに重きがあるかの相対的な違いであり，前者は，現有の人材を生かそうとする，いわゆる日本的経営の考え方で，人材の育成が重視される。また，後者は目標達成が重視され，いわば欧米型経営であり，昨今の成果主義の考え方となる。

しばしば議論される**日本的経営**であるが，終身雇用制と年功制という代表的な特徴は雇用管理に現れている。安定雇用による企業忠誠心と高いモラル，情報共有と経営参画意識の醸成，長期的な視点による人材の評価と育成など他の特徴も雇用管理に関係している。1990年代からの，いわゆるバブル経済の崩壊後は，日本的経営が修正を余儀なくされ，成果主義的な人事として仕事基準にシフトしてきている。

② 採　用

人材を企業内部に取り込むこと，つまり**採用**は外部から人を迎えて充員することである。採用を進めるには，どのような要件を備えた人材が必要であるか

明確にされていなければならない。日本では特に大企業や官庁を中心に，4月に新規学卒者を一括採用することが一般的である。一方，これまで中途採用は中小企業が主であったが，近年では大企業にも浸透しつつある。

4月の新卒一括採用だけでなく，通年採用や卒業後3年未満の第二新卒など中途採用が増えている。また，採用の方法も新卒で職種を決めての職種別採用やコース別，地域限定など複線型の採用が行われるようになった。さらにパート，アルバイトといった非正社員，おなじく臨時労働力である派遣社員，契約社員などの割合が増加し，そうした人材も補助的職務や定型職務だけでなく，より基幹的，管理的な職務を担当する場合も現れ，人材も正社員だけではないのが現状となっている。

③　配置・異動

採用した従業員には，どのような仕事を担当させるか，従業員と仕事の適合を決定するのが配置である。長期的育成・人事異動が一般的な日本企業では，配置は企業主導で決められることが多い。日本では就職といっても，特に新卒者では就社（会社に所属）であり，個人も職種にはさほどこだわりがないことが多いからである。

配置転換（人事異動） とは，同一水準（責任，権限，賃金など）の他の職務に変わることである。昇進・昇格は上位の職務につくことであるが，どちらも広い意味で**人事異動**（または単に異動）に含まれる。異動は，企業内で行われることが多いが，出向・転籍といった企業外の場合もある。

人事異動は，組織のニーズに基づき行われるのが主であるが，育成を目的とした異動も若手中堅を対象に行われる。実際には，双方の目的を兼ねていると考えられる。仕事のミスマッチの解消や個人のキャリアプランなど，考慮すべき点も多いが，終身（長期）雇用という前提が変われば，それにより変容していくことは間違いないだろう。

2 人事評価

　人事評価制度は人材マネジメントを支えるシステムの１つであり，その運用を含め，従業員にはもっとも関心の高い企業制度であろう。人事評価の結果は，その後の組織内の位置づけ（昇進や人事異動）や担当職務，さらに賃金や育成を決定づけることになる。

　人事評価では仕事上の実績をどう評価するかは注目されるが，何が適切な評価方法であるかは各組織で異なり，その客観的決定は難しい。いずれにせよ，仕事を分類評価したうえで，どれほど目標を達成できたかを判断することになる。一般に人事評価（人事考課）と称されるが，成果主義的な人事では，評価の主たる対象が業績であることから，業績評価とされることも多い。

　人事評価を行う前に，基準となる職務の順位や段階をあらかじめ定めておくこと，つまり職務評価をしておくことが求められる。職務評価は職務分析により，明らかになった個々の職務をその重要度，困難度，責任などから分類評価し，体系化することで職務の価値を評価するものである。

　人事評価では，**成績**（業績），**能力**，**情意**（態度）という３つの評価要素に分けられることが一般的である。成績考課とは，仕事の達成度，発揮能力（業績）についての評価であり，その結果は主に賞与，昇給に強く反映される。能力考課とは，職務遂行能力の保有度であり，これは中長期的な評価につながるので，昇格・昇進や能力開発に多く用いられることになる。態度考課は，職務遂行に対する意欲・行動であり，これは直接的には仕事にあまり関係ない。し

図表８－７　人事評価要素と評価への影響

評価要素		評価内容	賞　与	昇　給	昇格・昇進	能力開発
人事考課	成績考課	仕事の達成度・発揮能力	◎	◎	○	○
	能力考課	職務遂行能力の保有度		○	◎	◎
	態度考課	職務遂行に対する意欲・行動	○	○	○	○

◎：評価に大きく影響する　　○：評価に影響がある

出所：筆者作成。

かし，実際には仕事の協力体制作り，プロセスやコミュニケーションなど間接的であるが全体に影響を及ぼしている。

3 報酬管理

　人が働く理由は金銭だけではないことは明らかであるが，金銭的な報酬，いわゆる賃金が重要であることに異論はない。企業にはさまざまな職種があり，それに見合った賃金をどう算出するのか。また，年齢，経験，能力，意欲の異なる多様な個々の従業員に対して，適正な賃金はどう決めるのだろうか。

　賃金は労働の対価であり，主に給与，賞与という金銭的報酬（経済的配慮）が考えられる。現代の賃金管理では，経済的配慮だけでなく，社会，政治，心理，倫理的配慮を必要とされる。また，企業組織が大規模化・複雑化するにつれ，人間的相互作用など非金銭的報酬の重要性も増し，金銭的な賃金に限定されることから，給与をより包括的・体系的に説明しようとする。そのため，賃金はその形態論から，賃金管理論，さらに報酬管理論という推移をたどってきたといわれる。

　アメリカの報酬管理では，報酬はまず金銭的か非金銭的かに分かれ，金銭的報酬にも賃金，給与，コミッションといった金銭で受け取る直接的なものと保険や労災補償などの間接的なものに分けられる（Robert W. Mondy et al, 1996）。

　非金銭的報酬とは，職務や働く心理的物理的環境から受ける満足による報酬であり，これは仕事，責任，評価，達成といった職務そのものや管理・監督，協働者，労働環境など職務環境についてのものが含まれる。ただし，この非金銭的報酬はマネジメント全体に関わることなので，ここでは金銭的報酬について記していきたい。

　賃金には，労働の対価としての性格だけでなく，生活保障，コストとしての意味合いがある。また，賃金水準の決定においては，①生計費，②生産性，③労働力の需給関係，④労使関係が考慮されるべき要素である。賃金は物価などの経済指標とともに，社会での生活コストが考慮されるし，労働力市場の状況からも影響を受ける。もちろん，企業の支払い能力も確保されなければなら

ず，それには生産性が重要な要素となる。

賃金の種類には，年功給，職能給，職務給などがある。年功給とは日本で戦前から存在し，戦後に普及したもので，賃金を年齢，勤続，学歴といった属人的要素で決定するものである。

職能給とは，職務を遂行する能力の質や大きさを格付けし，その資格に応じて賃金を決定する。年功性の矛盾を払拭し，職種別熟練度別賃金の合理性を持ち，年功的配慮もある。

職務給とは，1920年代以降のアメリカで，大量生産方式の発達に伴い，企業の技術構造に特殊化した「職務」に対する支払である。企業内のすべての職務に相対的な価値づけを行い，その価値の大きさに賃金率をあてはめたもので，仕事給ともいわれ，職務への賃金の支払である。

図表8－8　代表的な賃金体系

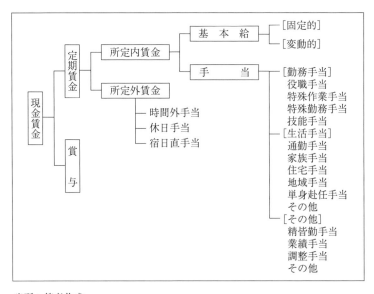

出所：筆者作成。

4 企業と人材開発
1 人材開発の特徴と歴史

　企業など組織における人材開発とは，採用・配置した人材が，より高い成果を生み出せるように育成を図ることである。これは能力を向上・開発することでもあり，日本では**企業内教育**をはじめ，**人材育成**，**教育訓練**，**能力開発**などさまざまな名称がある。人材開発という言葉は，アメリカの**ヒューマン・リソース・ディベロップメント**（HRD：Human Resources Development）を翻訳した「人的資源開発」から使われるようになったものである。

　人材開発は，人材マネジメントの大きなテーマであり，また内発的で高次元な欲求充足につながるもので，その重要性は周知の通りである。後継する人材を育てることは経営者・管理者にとって最重要な役割でもある。

　日本企業での人材開発（企業内教育）は，第2次世界大戦後の1950年代から本格的に行われた。戦後の企業内教育を概観すると，大体10年くらいでその時の経済，社会環境を受けて，変容している。まず1950年代の戦後復興期では，アメリカ進駐軍（GHQ）が多くの物資や思想を持ち込んだが，経営学についても同様で，その代表的なものは**QC**（品質管理：Quality Control）教育の導入である。さらに監督者訓練プログラム（TWI：Training Within Industry）や管理者訓練プログラム（MTP：Management Training Program）も**OJT**（職場内訓練）やマネジメントサイクルなど，当時の新しい経営理論に基づく研修として紹介された。

　1960年代の高度成長期では，日経連総会（1965年）で能力主義人事・労務管理の確立が決議され，能力開発の体系化や職能資格制度とそれに連動した階層教育が行われた。1970年代オイルショック後の減量経営期では，高度成長から低成長・減量経営への大きな変化があった。経営合理化に対応して，**TQC**や小集団活動が全盛期を迎えた。

　1980年代半ばからの国際化対応期では，日本企業は円高危機を乗り切るべく，経営国際化を進展させた。従来の語学研修だけでなく，MBA（経営大学院）など海外留学を含め，体系的な海外要員育成制度が作られ，キャリアプラ

ンなど計画的な職業能力開発も広まった。

　バブル経済崩壊後，1990年代から現在までの平成不況期では，戦後もっとも厳しい不況期となり，従来からの終身雇用や年功制が変容した。各企業はリストラ，リエンジニアリングなどにより経営体質の改善・強化を図り，これまでの一律型の人事管理，全体底上げ教育の見直しが行われた。

2 人材開発の内容とプロセス

　企業は，その経営目的の達成のために人材開発を行うのであり，そのためには人材のあるべき姿を明確にすること，さらに人材の現状を把握することが求められる。すなわち人材開発のビジョン・理念を基にして，能力，職務，資格などの具体的な人材育成の目標を立て，現状能力の把握・育成ポイントを明確化し，人材開発計画の策定と実施をしていくというプロセスである。

　経営戦略の実現において，人材が関与するものとしては，組織，人材開発，人事制度がある。能力が足りないからといって，すぐ該当する従業員を教育(開発)できるとは限らない。人材開発の実施には人事異動，組織編成，育成計画も関わり，時期，方法，人選が行われ，人材開発以外の方法で組織目的の達成がなされることもある。

　必要な人材を確保するには，人材開発のような内部育成だけでなく，外部調達も可能だからである。外部調達の方法も，中途採用，派遣・契約社員の活用，業務委託の実施など多岐にわたる。

　いわゆる内部での人材育成には，時間とコストがかかるが，組織内に技能や知識が蓄積され，同時に多くの人の育成が可能となる。また，育成ノウハウも獲得できるので，長期間にわたり効果が持続し，定着というメリットもある。

　企業目的や経営戦略が構築され，その達成のために組織や人材のあるべき姿を確保し，修正することは人材開発の直接的な役割である。現有人材の実力を無視することはできないが，人材の確保・活用・開発に最善を尽くすことは，マネジメントそのものである。人材開発では，後継者の育成や決定はもとより，トップの関与・認識が特に重要となる。

図表8-9 日経連の雇用ポートフォリオ　　図表8-10 レパックらの人材アーキテクチャー

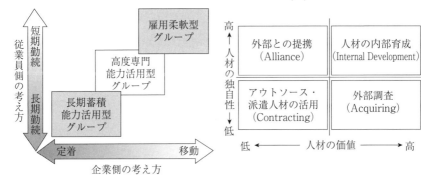

出所：新・日本的経営システム等研究プロジェクト編『新時代の「日本的経営」―挑戦すべき方向とその具体策』日本経営者団体連盟，1995年により作成。

出所：Lepak, D. P. & Snell, S. A.,"The human resource architecture: toward a theory of human capital allocation and development", *Acad. of Mgt. Rev.*, 24, No.1, 31-48. 1999 により作成。

③ 人材開発の制度と方法

　人材開発を大きく分類すると，一般に階層別教育，職能別教育，課題別教育に分けられる。階層別教育とは階層（役職や職務等級）ごとに，共通な職務能力や知識の獲得のために実施される。対象層ごとに，経営トップ層，上級管理者層，管理者層，新任管理者層，監督者層，中堅社員層，若手社員層，新入社員層向けの教育研修が行われる。

　職能別教育とは専門教育ともいわれ，各職能部門で必要な職能の開発，向上を図ることを目的として実施される。営業，製造，研究開発，海外事業，技術管理，物流，情報システムなど各職務の専門性，特殊性を反映した教育研修である。また**課題別教育**とは，課題，テーマの領域が部門や階層より広く，全社的に実施する教育であり，ＱＣ教育や語学研修が代表例である。

　人材開発の方法としては，**ＯＪＴ**（職場内訓練：On the Job Training），**Off-JT**（職場外研修：Off the Job Training）と**自己啓発**（ＳＤ：Self Development）に分けられる。もっとも教育らしい，学校の授業のような集合教育は，Ｏｆｆ-ＪＴであ

るが，研修とよばれることも多い。OJTはもっとも広く行われるが，果たして研修なのか，仕事なのか区別がつきにくい。漫然とした職場での指導ではなく，期間や担当を明確にし，計画的に体系的に行われるのがOJTである。

近年，コスト削減や長期的雇用が変化したことで研修対象者が絞られ，また従業員の主体性を重視することもあり，自己啓発が盛んである。さらに，E-ラーニングとよばれる，Webを使った研修システムが急速に発展している。

人材開発の内容・テーマは，**知識・スキル型**，**態度・行動型**の2つに分けることができる。知識・スキル型の人材開発は，仕事に必要な知識やスキルを身につけさせるもので，定型的な仕事に直結するものが多く，即効性があるだけに，その陳腐化も早い。

態度・行動型の人材開発は，考え方や態度を変革し，行動まで変容させよう

図表8－11　人材開発とその方法

人材育成方法	研修の技法	主たる有効性
OJT（職場内訓練）	個別指導，ローテーションによる指導，面接，権限委譲，職場勉強会，トレーナー制度，職務拡大・職務充実	技能の獲得，向上
Off-JT（集合研修）	講義，テキスト学習，見学・視察，勉強会，ロールプレイング，VTR，事例研究，討議，実習など	知識・技能の獲得，向上
	ST（感受性訓練），マネジリアル・グリッド・セミナー，グループ討議，面接，オリエンテーリング，TA訓練など	態度・人格の改善，向上
	プロジェクト，事例研究，ケプナー・トリゴー法，インバスケット，特性要因図，	問題解決力の獲得・向上
	ビジネス・ゲーム，系統図，ブレイン・ストーミング，KJ法，特性列挙法，職場ぐるみ訓練，TQC・QC・小集団活動，目標管理，PM理論	創造性開発，組織開発
SD自己啓発	通信教育，図書紹介・購入，公的資格取得奨励，研修参加援助，社内講座開設，教育受講制度，国内海外留学など	知識・概念の理解

出所：筆者作成。

としている。単に考え方だけでなく，実際の仕事にどう生かしていくかを目的とするので，即効性はあまりないが，効果は安定し継続する。

【参考文献】

Beer, M., B. Spector, P. R. Lawrence, D. Q. Mils, and R. E. Walton, *Managing Human Assets*, The Free Press, 1984.（梅津祐良・水谷栄二訳『ハーバードで教える人材戦略』日本生産性本部，1990年）
後藤敏夫・沢本正巳・栗田久喜『人事管理入門』学陽書房，1995年。
French, W. L., *Human Resource Management*, 3rd ed., Houghton Mifflin Company, 1994.
平野文彦・幸田浩文『人的資源管理』学文社，2003年。
今野浩一郎・佐藤博樹『人事管理入門』日本経済新聞社，2002年。
岩出博『Lecture 労務管理』泉文堂，1995年。
Lepak, D. P. & Snell, S. A.,"The human resource architecture: toward a theory of human capital allocation and development", *Acad. of Mgt. Rev.*, 24, No.1, 31-48. 1999.
宮下清『テキスト経営・人事入門』創成社、2013年。
森五郎『労務管理論』有斐閣, 1989年。
日本能率協会編『競争優位をめざす人材戦略』日能協 MGTctr.，2002年。
西川清之『人的資源管理入門』学文社，1997年。
Pigors, P. and Myers, C.A., *Personnel Administration*, 7th ed., McGraw-Hill, New York, 1973. （武澤信一・横山哲夫訳『人事労務』マグロウヒル好学社，1980年）
新・日本的経営システム等研究プロジェクト編『新時代の「日本的経営」―挑戦すべき方向とその具体策』日本経営者団体連盟，1995年。
高木晴夫『人的資源マネジメント戦略』有斐閣，2004年。
Ulrich, D., *Human Resource Champions*, HBS Press, 1997.(梅津祐良訳『ＭＢＡの人材戦略』日能協，1997年）

第9章
リーダーシップ論

　さまざまな場面で，「グループの長＝リーダー」となった経験がある人は少なくないであろう。その際に，リーダーシップをどう発揮すべきか，ということを考える機会もあったと思われる。本章では，そうした「リーダーシップ」のあり方について考えてみたい。

1 リーダーシップとリーダー
　リーダーシップ（leadership）とは，「組織に影響を与えて目標を達成しようとする能力」（Robbins 2004）のことであり，「リーダー（leader）」は，「他者に影響を与えることができる人」（Robbins & Coulta 2010; Weihrich et al. 2008）と定義される。
　企業の管理職（学校では学級委員長や部活動の部長など）であれば，リーダーであることが期待され，リーダーシップを発揮して組織を目標へと導くことが求められる。しかし，うまくリーダーとしての能力（リーダーシップ）が発揮できなかったため組織運営がうまくいかず，目的が達成できなかったり結果的に企業経営に失敗し倒産する，といったケースも少なからずみられる。元来，リーダーやリーダーシップに関しては，生まれつき備わったものなのか，育成して身につく能力なのか，という議論がなされ，そこから種々のリーダーシップに関する研究が発展してきた。本章では，理論の変遷を概観しながらリーダーの役割と意義，ならびにリーダーシップに必要な要素を明らかにする。

2 リーダーシップ特性論（ ～1940年代）

　リーダーシップ研究の初期段階では，「偉大なリーダーは作られるのでなく生まれつき備わった特質である」との前提に立ち，歴史上の偉人（ジュリアス・シーザー，アブラハム・リンカーン，マハトマ・ガンジーなど）の特性が調べられた。概ね1900年頃までは，リーダーは生まれながらに持つ才能（英雄的資質）で決まると考えられてきた。そのため，リーダーシップ研究は偉人の特徴を明らかにすることに力が注がれ，「グレートマン理論」（Great Man Theory）といわれた（Bass et al. 2008）。1900年以降（～1940年代まで）は，「優れたリーダーには共通の特性があるのではないだろうか」との考えを基に，成功したリーダーとそうでないリーダーの特性（trait）の違いを調べ，そこからリーダーとしての普遍的な要素を見つけ出そうとした。成功，不成功がわかりやすいのはスポーツであるため，野球やサッカーなどのコーチを対象とした調査・研究がされるなど，幅広い分野で調べられた。

　ストッグディル（Stogdill）は，リーダーが有する特性とスキルを具体的に明らかにした（図表9－1参照）。これによるとリーダーの特性としては，環境変化に敏感でありエネルギッシュで達成意欲が強く，決断力，忍耐力，協調性を有し，しっかりした自己主張ができる自信に満ちた人物であることとされる。

図表9－1　リーダーシップの特性

Stogdill（1948）	Mann（1959）
・高い知性 ・洞察力がある ・注意力が高い ・自信に満ちている ・責任感が強い ・強いイニシアティブを有する ・粘り強い ・社交的	・高い知性 ・男らしさ ・強い支配力 ・調整能力が高い ・外向的である ・保守主義である

出所：Stogdill, R. M., *Handbook of leadership: A survey of the literature*, New York, Free Press, 1974, p.237，およびNorthouse, P. G., Leadership, 3rd ed., Thousand Oaks, CA, Sage, 2004 により作成。

また，リーダーのスキルとしては，賢く創造性に富み，組織をまとめる力があり，説得力と社交性を身につけていることなどが明らかにされた。

その後，この理論に対して以下の批判が提示されるようになった（Northouse 2015; Gouldner 1950）。

1) 状況（situation）を考慮せずにリーダーの特徴を探ろうとした点が問題である。ある状況のもとではリーダーの特性であっても，別の状況においてはそれがリーダーの特性になり得ない場合がある（例：ある国のリーダーが別の国のリーダーになり得るとは限らない）。
2) リーダーシップ特性がどのように組織のメンバーに影響し機能するのか，そのプロセスが明らかにされていない。
3) 特性のなかには数値化や測定困難なもの（自信，信頼，創造性など）が多く，また，どれが最も重要で，どれが最も重要でないかが示されていない。

3 リーダーシップ行動理論（1940〜1960年代）

リーダーシップ特性論においては，「リーダーの特性が測定困難」といった課題が解決できないため，決定的な理論とはなりえなかった。そこで，1940年代になると，リーダーシップ研究の対象が，リーダーの精神的・内面的特性から測定可能な「行動」へと移っていた。特にこの時期から，軍隊や企業においてリーダーを育成する必要性が高まったことも大きく影響した。

リーダーシップ行動理論は，それまでのリーダーシップ特性論とは違う仮定を設定した。つまり，「人間はリーダーの資質を生まれつき備えておらず，適切な行動を学ぶことで，だれでも良いリーダーになることができる」ことを仮定した。

1 オハイオ研究

1945年，オハイオ州立大学において心理学者シャトル（Shartle）らにより，有効なリーダー（業績を上げているグループのリーダー等）の行動を解明する研究が行われた。彼らは，リーダーシップに関する150の設問からなる質問票を

使用して軍隊，製造企業，大学の管理職，学生リーダーなどを対象に調査を実施した。その結果，リーダーの行動が2つの独立した次元である「体制づくり」(initiating structure)と「部下への配慮」(consideration)に集約された。「体制づくり」とは，リーダーが仕事を重視する程度（高低）を意味し，目標達成へ向けてメンバーの仕事を指揮・監督する程度を表す。一方，「部下への配慮」とは，人間志向の行動のことで，リーダーが部下を大切に扱い，部下の考えを尊重し相互信頼を形成しようとする程度のことである（Daft 1998）。オハイオ研究によって，体制作りと配慮のいずれも高いリーダーのもとで，メンバーは高い業績と満足度を得ることができることが判明した。

2 ミシガン研究（Hersey et al., 1996）

オハイオ研究と同時期，ミシガン大学調査研究センターにおいてもリッカート（Likert 1961）らにより，高い業績をもたらすリーダーシップの特徴を明らかにする研究が行われた。インタビューと調査票を使用して，多くのグループの生産性とその所属リーダーの行動との関連性を分析した結果，リーダーシップ行動が「従業員指向型」(Employee-oriented)と「生産指向型」(Production-oriented)の2つの次元から成ることを指摘した。「従業員指向型」とは，従業員との関係を重視し，各従業員の個別ニーズに注意を払うリーダーのことであり，「生産指向型」とは，生産活動や技術面を重視し，グループメンバーを手段と見なしながら目標達成に注力するリーダーのことである。その後，1950年代に生命保険会社の管理職を対象に調査を実施したリッカートは，リーダーシップのタイプに関して，仕事を重視するリーダーから従業員との関係を重視するリーダーまでを4分類した（図表9-2参照）。仕事の達成を最優先し，メンバーの意見を聞こうとしないリーダーを「独善的専制型」，仕事重視の度合いがやや強いリーダーを「専制型」，仕事内容に関してメンバーと相談しながら決定していくリーダーを「相談型」，メンバーの意見を重視しながら仕事を進めるリーダーを「参加型」と分類し，参加型リーダーシップがもっとも高い生産性を達成できることを見つけ出した。

図表 9 - 2　リッカートのリーダーシップ類型

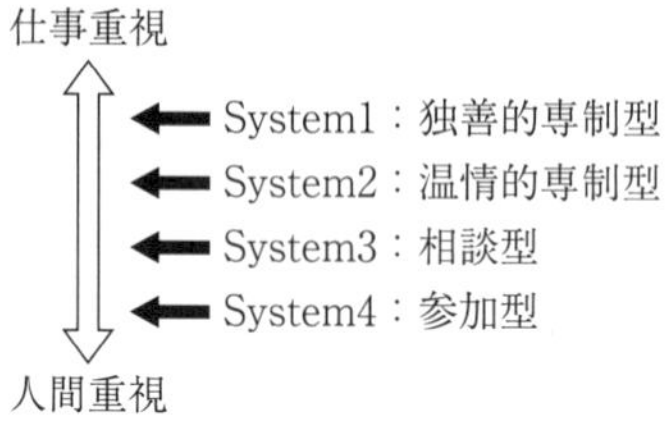

仕事重視
↕　← System1：独善的専制型
　　← System2：温情的専制型
　　← System3：相談型
　　← System4：参加型
人間重視

出所：Likert, R., "System 4: A resource from improving public administration", *Public Administration Review*, 41 (6), 1981, 674-678. により作成。

3　PM 理論（Performance and Maintenance Theory）（三隅二不二　1978）

　日本でのリーダーシップ行動に関する研究においては，1966 年に社会心理学者の三隅二不二（みすみじゅうじ：1924 ～ 2002 年）が提唱した PM 理論が世界的に有名である。彼は集団の機能に関して，企業，官庁の管理職や学校の教師のリーダーシップ行動を調査し，リーダーシップが（1）グループ目標を設定し，計画し，指示を与えつつ達成しようとする目標達成機能（performance）と（2）組織の安定や部下への配慮，グループ内の人間関係を良くしようとする集団維持機能（maintenance）の 2 つから成ることを明らかにした。そして，各々の機能の高低によってリーダーシップ行動が以下に示す 4 つに分類されるとした（図表 9 - 3 参照）。

① pm 型
　目標達成機能，集団維持機能のいずれも低いリーダー。（例：グループとしての業務目標を達成しようという意欲が低く，部下の意見を聞き入れないリーダー）

② pM 型
　目標達成機能が低いが，集団維持機能は高いリーダー。（例：営業目標を達成しようという意欲は低いが，部下の面倒見が良く信頼されている営業課長）

③ Pm 型
　目標達成機能は高いが，集団維持機能は低いリーダー。（例：生産目標を

確実に達成しようと生産計画を綿密に作成し厳しく管理するが、部下の意見は聞こうとしないリーダー)

④ PM型
目標達成機能、集団維持機能のいずれも高いリーダー。(例:チームの販売目標を達成しようと日程計画を作成し、その着実な実行を行いつつ、部下の意見には常に耳を傾けながら強固で安定したチームワークが発揮できるように気を配るチーム・リーダー)

図表9－3　PM理論

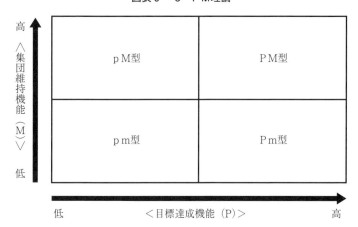

出所:Misumi, J., *The Behavioral Science of Leadership: An Interdisciplinary Japanese Research Program*, MI, University of Michigan Press, 1985, Misumi, J., *Leadership PM: Theory and Practice*, 1997 により作成。

　短期的に生産性を向上し目標を達成しようとする場合のグループの成果は、高い順にPM型＞Pm型＞pM型＞pm型となり、長期的に取り組む場合は、PM型＞pM型＞Pm型＞pm型となる(三隅　1984)。短期的にも長期的にも、P機能とM機能の両方が高いリーダーは最も高い業績を上げるが、短期的には目標達成機能、長期的には集団維持機能を重視する必要があることを示している。具体的な例として、以下の設問票(図表9－4)があげられる。

図表9－4　ＰＭ行動に関する調査票（例）

1）Ｐ行動に関する設問

	大変そう思う	まあそう思う	どちらともいえない	あまりそう思わない	全くそう思わない
	1	2	3	4	5

Q1. あなたの上司は，あなたに目標を示しそれを達成するよううるさく言いますか。

Q2. あなたの上司は，あなたに最大限の仕事をするよう頻繁に求めてきますか。

Q3. あなたの上司は，あなたが仕事で失敗した時にしかりますか。

Q4. あなたの上司は，常に上司の指示や命令に従うように言いますか。

Q5. あなたの上司は，あなたに仕事の進み具合を頻繁に報告するよう求めますか。

2）Ｍ行動に関する設問

Q1. あなたの上司は，あなたの仕事がうまくいくよう気を配ってくれますか。

Q2. あなたの上司は，あなたの悩みや心配事を聞いてくれますか。

Q3. あなたの上司は，あなたが仕事で失敗した時、励ましてくれますか。

Q4. あなたの上司は，グループの和を大事にしようとしていますか。

Q5. あなたの上司は，あなたの気持ちや意見を重視してくれますか。

出所：三隅二不二『リーダーシップ行動の科学』有斐閣，1978年，篠原弘章・森田真美「児童の認知にもとづく両親の養育行動とパワーについて」，『熊大教育実践研究』第6号，1989年，113～131頁，吉田道雄「対人関係トレーニングの開発と実践：トレーニング・マニュアル作成の試み（5）」，『熊本大学生涯学習教育研究』第5/6号，2007年，17～22頁を参考に筆者作成。

4 マネジリアル・グリッド（Blake & Mouton 1964, 1978）

　アメリカ・テキサス大学では，ブレイク（R. R. Blake）とムートン（J. S. Mouton）が1964年にリーダーの行動を2次元に分けて図解し，それを「マネジリアル・グリッド」(Managerial Grid) と名づけた（現在では，「リーダーシップ・グリッド」ともよばれている）。彼らはリーダーシップ行動を「人間に対する関心」と「生産活動に関する関心」から構成されることを明らかにして，その関心の強さの程度を細かく9段階に分けた（図表9-5参照）。全体で9×9＝81個の格子（グリッド）が作成され，リーダーや管理者はこれら2項目への関心度合いによっていずれかの格子に位置づけられることになる。ブレークとムートンは，これら格子のなかからリーダーシップの典型的タイプとして，以下の5類型を示した。人間を「人間関係」，生産活動を「仕事」に置き換えてみれば，わかりやすいであろう。

＜1・1型：無関心型リーダー＞
　人間にも生産活動にも関心が無いリーダー。
＜1・9型：カントリークラブ型リーダー＞
　生産活動には関心がなく，人間への関心が高いリーダー。常にメンバーに気を配り，メンバーの満足度と信頼度を高めることを重視し，生産活動には関心を持たないタイプである。
＜9・1型：業務管理型リーダー＞
　生産活動の効率性に大きな関心を持っているが，人間への関心がないリーダー。
＜9・9型：チーム・マネジメント型リーダー＞
　生産活動にも人間にも高い関心を持っているリーダー。グループ内メンバーの満足度を高め，個人のやる気を引き出すことで，組織目標と生産目標を達成しようとするタイプ。このタイプがもっとも理想的なリーダーシップ行動である。
＜5・5型：中庸型（穏健型）リーダーシップ＞
　生産活動も人間への関心も「ほどほどの」あるいは「高くも低くもない」

図表9-5　マネジリアル・グリッド（リーダーシップ・グリッド）

9・1型								9・9型
				5・5型				
1・1型								1・9型

出所：Blake, R. R., & Mouton, J. S., *The Managerial Grid,* Gulf Publishing Company, 1964.

リーダー。妥協的な管理者に多く，人間関係と生産活動のバランスを重視しようとするタイプである。

これまでみたリーダーシップ行動理論において，優れたリーダーには「仕事や目標の達成を重視すること」と「人間や人間関係を重視すること」の2つの機能が必要である点が共通して見いだされた。しかしながら，この理論においては環境条件が考慮されていないという指摘がされた。どのような環境においても通用する普遍的なリーダーシップは存在しないとの前提のもとに，異なる環境（状況）下においてどのようなリーダーシップがもっとも適しているか，という課題を解決することが必要となった（Bolden, et al 2003）。

4 リーダーシップ状況理論

1 SL理論（状況対応型リーダーシップ理論）（Hersey & Blanchard 1969a, 1969b; K. ブランチャード 1985）

1969年に，ハーシーとブランチャードは「メンバーの成熟度」によって有効なリーダーシップのあり方が異なるとする「SL理論：Situational Leadership theory」を提唱した。

「メンバーの成熟度」は，メンバー自身の適正能力とやる気の高さによって構成される。適正能力は「コンピテンス」すなわち潜在的・本来的・内在的な能力のことであり，やる気は「コミットメント」すなわち自信と熱意を合わせたものである。メンバーの成熟度は，この2つの高低によって4段階（D 1 ～ D 4）に分類され，リーダーは各々の段階に応じたリーダーシップ行動をとることが重要となる。ハーシーとブランチャードは，リーダーシップのスタイルを「指示的行動」(Directive behavior＝指示，命令，監督する，一方通行のコミュニケーションなど）と「援助的行動」(Supportive behavior＝称賛，傾聴，勇気づける，双方向のコミュニケーションなど）の2つを組み合わせ，以下のような行動モデルを提示した（図表9-6参照）。

① Ｓ1型：指示型行動＜指示（多），援助（少）＞
   適正能力はないが，情熱とやる気のあるメンバー（D 1）に対しては，動機づけよりも指示型行動（指示，命令，方向付け，監督）が必要となる。
② Ｓ2型：コーチ型行動＜指示（多），援助（多）＞
   ある程度の適正能力はあるがやる気の低いメンバー（D 2）は経験に乏しいので，コーチ型行動（指示，命令，監督と，自尊心を持たせるための援助・助力，称賛）が必要となる。また，意思決定にも参画させることにより，やる気を高めることも重要となる。
③ Ｓ3型：援助型行動＜指示（少），援助（多）＞
   適正能力はあるが，自信または意欲に変化がみられるメンバー（D 3）に対しては，褒める，聞く，促すといった援助型行動が必要となる。技能があるので指示はあまり必要ないが，自信と意欲を向上させるために援助に力を入れることが重要となる。
④ Ｓ4型：委任型行動＜指示（少），援助（少）＞
   適正能力とやる気がともにあるメンバー（D 4）に対しては，意思決定と問題解決の責任を委任する委任型行動が必要となる。あるプロジェク

図表 9 - 6 状況対応的リーダーシップ（Situational Leadership）

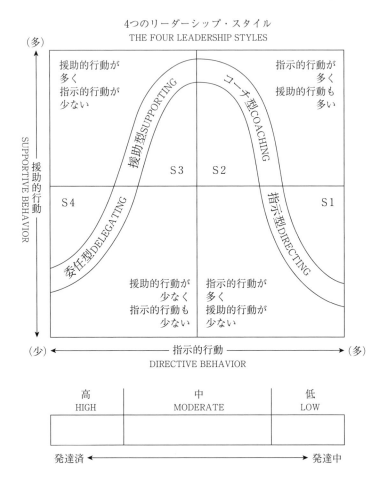

出所：K.ブランチャード（著），小林 薫（訳）『1分間リーダーシップ―能力とヤル気に即した4つの実践指導法』ダイヤモンド社，1985年，98頁。

トを与えれば，メンバーを監督したり援助したりしなくても自分から仕事ができるし積極的に働くことができる。

　ＳＬ理論は管理職のリーダーシップ訓練などで多くの企業に採用されたが，批判もある。この理論は，(1) 少数のサンプルを基に開発された理論であるため全体の枠組みが論理的とはいえない，(2) ＳＬ理論の通りに実施してもうまくリーダーシップが発揮できないことがある，(3) 緊急あるいは短期間でグループを結成してリーダーとなった場合にフォロワーの成熟度が判断できない，といった問題点が指摘されている (Goodson et al. 1989; Yukl 1989; Northouse 2015)。

5 変革型リーダーシップ理論（Kotter 1999）

　1980年代から普及し，現代のリーダーシップ理論の主流となっているのが「変革型リーダーシップ理論」であり，この代表的な研究者としてコッター（Kotter）があげられる。

　コッターは，20世紀中盤は企業間のグローバル競争が少なく，そのために急激な組織の変革を必要としなかったが，その後，製品のライフサイクルが短縮化し経営環境も激しく変化する時代になってきたため，こうした時代は，組織を動かす人（リーダー）にはマネジメント（管理）だけでなく，十分なリーダーシップを発揮することで変革を成功に導く能力が必要と説く。

　彼は，マネジメントとリーダーシップの意味，ならびに両者の関係を以下のように説明する。マネジメント（管理）とは，計画の立案，予算編成，組織化，人員配置，コントロールなどのことである。一方，リーダーシップは，ビジョンと戦略をつくり上げる，戦略の遂行に向けてそれにかかわる人々を結集する，あるいはビジョンの実現を目指して人々に対してエンパワーメント（権限付与）を行うなど，障害を乗り越えてでも実現できる力のことである。そして，21世紀のリーダーには，日常的なマネジメントだけでなく，将来を見据えてビジョンや戦略をつくり，組織全体をその成功へと導いていくことができるリーダーシップ（＝変革型リーダーシップ）が重要であることをさまざまな成功

図表9-7 企業変革を成功させる8段階

段階	項　目	例
1	危機感を認識する	自社の分析（競合状態，財務，市場シェア等）→ 業績悪化などを察知 → 危機意識を伝達
2	強力なチームの結成	「コスト低減チーム」を結成し危機意識を共有する
3	適切なビジョンを構築する	「KAIZEN」（業務のすべてを改善する活動）を会社に定着させる
4	ビジョンの組織内伝達	説明会・研修会実施，ポスター貼り，HP開設，SNSで社員全員に通知する
5	社員のビジョン実現を支援	研修予算がなければ経理部長に掛け合い予算を獲得する，勤務時間内に研修会ができるよう人事部に折衝する，など
6	短期的成果を上げるための計画・実行	1年後に製造コストを1台当たり10％減らせるよう目標・計画を立てて実行する
7	成果の定着とさらなる変革の実現	達成したら，次の目標（売上10％増加）を立てて計画・実行する
8	新しいアプローチを根付かせる	KAIZENの成果として目標が達成できた因果関係を社員に理解させ，次のリーダーに引継ぐことで組織への定着を図る

出所：John P. Kotter（1999）. *John P. Kotter on What leaders Really Do*, Harvard Business School Press, 1999. ジョン・P・コッター（黒田由貴子監訳）『リーダーシップ論』ダイヤモンド社，1999年，167頁をもとに作成（例示は筆者による加筆）。

事例の研究から明らかにした。

　コッターは，組織の変革を成功させるために必要なプロセスとして8段階を提示した（図表9-7参照）。

　この8段階は大きくみると，①危機感を高めチームを形成し（第1～2段階），②ビジョンを作成・伝達・支援し（第3～5段階），③短期的な成果を上げてさらなる変革を実現し（第6～7段階），④変革を根付かせる（第8段階），とい

う流れになる。では，具体的に8段階の内容をみてみよう。

(1) 危機感を認識する

まず，自社を分析し問題点を見つけ出し，それを危機感として認識する段階である。自社の競合状態，市場シェア，技術，財務状態などを検討し，売上の減少，特許切れ，利益の減少，新しい市場の存在などの情報，特に直面する危機や潜在的な危機，ビジネス・チャンスなどを発見し，それが緊急の課題であることを認識したら，それをいかに効果的に社内に伝達すればいいか，伝達方法を編み出す。

(2) 強力なチームの結成

危機を脱するためにどうするか，という変革へ向けたチーム作りの段階。最初は1～2人の体制でスタートするが，社長や部長などの役員も巻き込みながら次第に大規模な推進チームへと育てていく。そのチームでミーティング（合宿形式がよく採用される）を行って，信頼関係を築くとともに，会社の問題点やビジネスチャンスについて議論する。

(3) 適切なビジョンを構築する

推進チームが時間をかけて，企業がこれから進むべき方向を明確に指し示す未来図である，ビジョンを策定する。ビジョンは数字の羅列であってはいけない。コンセプトとしてはたとえば，国際化の推進，ある事業分野でトップになろう，付加価値の低い分野からの撤退などである。

(4) ビジョンの組織内伝達

出来上がったビジョンを組織内に伝達する段階である。社内のなるべく多くの人々が進んで協力してくれるよう，コミュニケーション手段を最大に活用して広く知らしめる努力をすることが重要である。

(5) 社員のビジョン実現を支援

変革の推進に関して，自らアイデアを思いついたり，リーダーシップを発揮し始めるなど社員の参加が増えてくる。しかし，ビジョンを実現しようとすると，たとえば反対勢力の存在や社内制度などの大きな障害が立ちはだかることも少なくないため，そうした障害を取り除くことが必要となる。

(6) 短期的成果を上げるための計画・実行

　変革を実現するには時間がかる。そのため，達成可能な短期目標を設定し，それを達成することで変革の勢いを失わないようにする必要がある。1～2年の間に目にできる成果（品質の指標向上，純利益の減少幅が減る，製品の開発など）を上げられるよう計画・実行する。

(7) 成果の定着とさらなる変革の実現

　短期的に業績が改善したといった成果だけでは，その後，後退する可能性もある。大きなビジョンの実現すなわち，さまざまな変化が企業に根付くには5年～10年は必要となる。そのため，短期間で得られた成果と信頼感をもとに，たとえばこれまで手付かずだった制度や組織の改革に着手するといったかたちで次の変革を実現する。

(8) 新しいアプローチを根付かせる

　たとえば業績が改善した場合，新しい考え方やアプローチがどれだけ役立ったかを社員に繰り返し説明し理解させることで，組織内に根付くこととなる。それによって，変革という血液が組織内の隅々まで行きわたるようになり，その成果が定着する。また，次世代の経営陣に新しい考え方が引き継がれるよう新しいリーダーの育成と引継ぎ方法を確立することが必要となる。

【参考文献】

Bass, B. M., Bass, R., & Bass, B. M., *The Bass Handbook of Leadership: Theory, Research, and Managerial Applications*. NY, Free Press, 2008.

Blake, R. R., & Mouton, J. S., *The Managerial Grid*, Gulf Publishing Company, 1964.

Blake, R. R., & Mouton, J. S., *The New Managerial Grid*, Gulf Publishing Company, 1978.

Bolden, R., et al., *A Review of Leadership Theory and Competency Frameworks*, Centre for Leadership Studies, University of Exeter, 2003.

Daft, R. L., *Organization Theory and Design*, 6th ed., OH, South-Western College Publishing, 1998.

Goodson, J. R., et al., "Situational Leadership Theory: a Test of Leadership Prescriptions", *Group and Organizational Studies*, 14 (4), 446-461, 1989.

Gouldner, A. W., *Studies in Leadership: Leadership and Democratic Action*, NY, Harper & Brothers, 1950.

Hersey, P. and Blanchard, K. H., *Management of Organizational Behavior – Utilizing Human Resources*, NJ, Prentice-Hall, 1969a.

Hersey, P. and Blanchard, K. H., Life cycle theory of leadership. *Training and Development Journal*, 23 (5), 26-34, 1969b.

Hersey, P., Blanchard, K. H., & Johnson, D. E., *Management of Organizational Behavior: Utilizing Human Resources*, 7th ed., NJ, Prentice-Hall, 1996.

Kotter, J. P., *John P. Kotter on What Leaders Really Do*, Harvard Business School Press, 1999. (黒田由貴子監訳『リーダーシップ論』ダイヤモンド社, 1999年)。

K. ブランチャード（著），小林 薫（翻訳）『1分間リーダーシップ―能力とヤル気に即した4つの実践指導法』ダイヤモンド社, 1985年。

Likert, R., *New patterns of management*. NY, McGraw-Hill, 1961.

Likert, R., System 4: A resource from improving public administration. *Public Administration Review*, 41 (6), 674-678, 1981.

三隅二不二『リーダーシップ行動の科学』有斐閣, 1978年。

三隅二不二『リーダーシップ行動の科学 改訂版』有斐閣, 1984年。

Misumi, J., *The Behavioral Science of Leadership: An Interdisciplinary Japanese Research Program*, MI, University of Michigan Press, 1985.

Misumi, J., *Leadership PM: Theory and Practice*, 1997 (http://www.iaea.org/inis/collection/NCLCollectionStore/_Public/28/053/28053650.pdf)。

Northouse, P. G., *Leadership: Theory and Practice*, 3rd ed., CA, SAGE Publications, 2004.

Northouse, P. G., *Leadership: Theory and Practice*, 7th ed., CA, SAGE Publications, 2015.

Robbins, S. P., *Organisational Behavior*, 8th ed., Prentice-Hall, 2004.

Robbins, S. P., & Coultar, M., *Management*, 11th ed., Prentice-Hall, 2010.

篠原弘章・森田真美「児童の認知にもとづく両親の養育行動とパワーについて」,『熊大教育実践研究』第6号, 113～131頁, 1989年。

Stogdill, R. M., *Handbook of Leadership: A survey of the Literature*, NY, Free Press, 1974.

Weihrich, H., Cannice, M. V. and Koontz, H., *Management*, 12th ed., Mc Graw Hill, 2008.

吉田道雄「対人関係トレーニングの開発と実践：トレーニング・マニュアル作成の試み (5)」,『熊本大学生涯学習教育研究』第5/6号, 17～22頁, 2007年。

Yukl, G., "Managerial Leadership: a review of theory and research", *Journal of Management*, 15 (2), 251-290, 1989.

第10章
知識経営

1 知識経営の意義
1 知識と知識経営

　知識（ナレッジ）は，情報やデータに人が意味を与えることで創出されるものであり，企業にとっては経営資源の1つと考えられる。知識経営においては，人，もの，金，情報に加え，知識を第5の経営資源と位置づけ，企業の知的資産と認知し，それらを生かして価値創造につなげようとしている。

　知識が重要な価値の源泉であるといっても，そのことを実感することは難しいかもしれない。人類にとっての産業とは，中世まではほとんどは農業であり，その後，商業と人力に頼る手工業が発展した程度であった。産業革命以降，20世紀に入り，工業化社会が成立し，世紀末近くになって，情報化社会やサービス化社会など，急速な産業社会の展開がみられた。

　情報と知識の時代における経営の違いを示したのが，図表10－1である。知識の時代には，製品といった有形の資産を提供することが主眼ではなくなる。人の持つ知識がもっとも重要となり，大量生産や定型的業務では対応できなくなり，ここに知識経営が注目される理由がある。

図表10-1 情報と知識の時代

	情報の時代	知識の時代
資産の形態	有形資産（ハード）	無形資産（知識）
価値創出の主体	工場（製品）	人と組織（知）
人材と仕事	ホワイトカラーの情報処理	知識ワーカーの知識活用・創造
主な組織形態	階層組織 （分業中心）	多元的組織 （チーム・協業中心）
業務の特徴	定型的業務プロセス	非定型的業務プロセス

出所：筆者作成。

2 知識経営の背景

　知識経営という用語は，あまり一般的とはいえないので，これを**ナレッジ・マネジメント**と同義にとらえてもよいだろう。このような知識経営やナレッジ・マネジメントが注目される理由には，次のような2つの背景があると考えられる。

　1つには，知識という資源の価値が顕在化されてきたという背景がある。すなわち社会が高度複雑化し，決定や判断に必要な情報が膨大になり，知識をどう扱い，活用するかが決定的に重要になってきたのである。現代社会といっても，ものづくりを中心に，品質や生産性の競争であれば，技術や設備などの資本が重要な要素となる。良いものを安く，たくさん作るとなれば，あまり判断や決定の違いはなく，同一の方向に同質な競争が繰り広げられる。

　しかし，そうした競争が次第に終焉し，現代社会では知識以外の経営資源による競争ではさほど差がつかず，差別化は困難になってきたと考えられる。知識経営では，どんなものを早く安く作るかという課題はあらかじめ決まっているのではなく，そもそも何を作るか，なぜ作るか，どのように作るか，といった根本的な問題を考えることが重要なのである。

　2つめの背景は，情報技術の発達によるナレッジ・マネジメントの現実化である。これは情報の伝達，共有の仕組みが急速に進歩し，文字や言葉の情報

も，郵送，電信，電話，テレックスからファックス，電子メール，インターネットを介したものになったことである。さらにデータ共有，映像，動画などの送受信，移動中の情報送受信，テレビ会議の高品質・高速化などが次々と実現している。

こうして，頭で考えていた情報伝達や共有のツールが技術的にも，コスト的にも現実のものとなると，それらを生かしたビジネスの仕組み，生産や販売の方法が様変わりしてくる。多少，大げさかもしれないが，数十年前からみれば，時空を超え，従来であれば夢のような情報収集，伝達，共有の方法が現れ，大きな可能性につながっている。

③ ナレッジ・マネジメントと知識経営

　ナレッジ・マネジメント（Knowledge Management：KM）は，人材の持つ知識（経験や知恵，ノウハウなど）を収集・蓄積，共有し，経営目的に生かすための方法や技術を意味する。マネジメントといっても，知識を管理することではなく，個々のメンバーが知識を組織的にうまく活用できるようにすることを主眼としている。ナレッジ・マネジメントに成功することで，得られる成果とは，①組織に埋もれた「知識」を掘り出し，有効に活用すること，②知識の価値を最大化すること，③限られた資源から価値の創出を最大化すること，である。

　ナレッジ・マネジメントは「知識の創造，浸透（共有・移転），活用のプロセスから生み出される価値を最大限に発揮させるための，プロセスのデザイン，資産の整備，環境の整備，それらを導くビジョンとリーダーシップ」と定義されている。もう少し簡単には「知識の共有・移転，活用のプロセスから生み出される価値を最大限に発揮させるための環境の整備とリーダーシップ」という意味である。

　従来，ナレッジ・マネジメントというと，情報システムやデータファイルなどIT化の一環というとらえ方がなされていた。しかし，ナレッジ・マネジメントには人間を中心とする人間系と情報技術（IT）を中心にするIT系の2系列が，本来あるとされている。

技術・ITが注目されがちで，IT系のナレッジ・マネジメントはよく知られるが，人間系のナレッジ・マネジメントは組織学習とほぼ同様にとらえられ，学習，組織プロセス，暗黙知に焦点が置かれている。これまでナレッジ・マネジメントでは，人間や知的資源の基本的な役割への認識は進んでおらず，両者を統合する意味から，本書では知識経営という言葉を用いている。

2 知識資産と知識経営
1 知識の種類

知識といってもその種類は多く，分類の仕方も明確とはいえないが，知識経営における知識の種類をいくつか取り上げたい。まず**個人知**（Individual Knowledge）と**組織知**（Organizational Knowledge）という分類で，これは個人の持つ知識と組織に共有される知識ということである。組織のなかには個人知と組織知が混在しており，個人に帰属する知識など，そのままでは共有化できないものも多い。

知識はすべて文字やデータとして管理されているわけではないし，そうすることは簡単ではない。知識経営では全体としての知識の拡大が重要なので，組織知を増やしていければ，個人の問題解決能力も高まり，組織全体の価値も高められる。個人知を組織知に変換し，その組織知を効果的に用いることが知識経営のあり方の1つである。

図表10－2　個人知と組織知

個人知（Individual Knowledge）： ・個人に帰属する知識や知恵 ・個人が再利用・活用する ・共有化しにくい	→	（具体例） アイデア，ひらめき，人脈経験，体験，感覚，嗜好
個人知と組織知双方に属する	→	帳簿，提案書，業務マニュアル，顧客データ，技術やノウハウ，セミナー資料など
組織知（Organizational Knowledge）： ・組織の価値創造に貢献 ・他の人と共有化しやすい	→	知的所有権，設計図，図面マニュアル集，方法論やツール

出所：野中郁次郎・紺野登『知識経営のすすめ』筑摩書房，1999年により作成。

次に**暗黙知**（Tacit Knowledge, Implicit Knowledge）と**形式知**（Explicit Knowledge）であるが，これはナレッジ・マネジメントや知識経営で扱われる知識でもっともよく知られるものであろう。暗黙知とは，言葉，文章で表現するのは難しい主観的，身体的な知であり，個人的経験，技能，文化，風土などで表される。当然ながら，あらゆることを言葉で表現し，伝えることはできない。そうした知を持つ人の暗黙知を理解しようとするなら，その人のこれまでの言動や興味・関心を調べたり，実際に会って，行動，表情，雰囲気などを知ることになろう。暗黙知の表出や移転とはそういう言葉以外のものを介して行われる。

形式知とは，文章で表現できる客観的・理性的な知であり，客観的にとらえることが可能である。これは文章や数値などを介して，多くの人が理解できるものであり，伝えられる内容も大きく変わらない。

このように暗黙知は暗黙知のままで伝わる（**共同化**：Socialization）ことが多いが，暗黙知を形式知に転換できれば，組織的な活用がしやすくなる。図表10

図表 10 − 3　暗黙知と形式知の変換

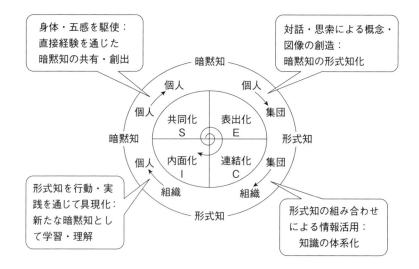

出所：根本孝『ラーニング組織の再生』同文舘出版，2004年により作成。

-3に示されるように,暗黙知を形式知として表に出させ(**表出化**:Externalization),さまざまな情報ツールを用いて知を伝えること(**連結化**:Combination)ができる。そのようにして得た知を個々人が自分の知として理解する(**内面化**:Internalization)ことで,知の循環が行われ,より大きく豊かな知にすることができる。このような暗黙知と形式知の循環プロセスをSECIプロセスとよんでいる。

2 知識資産

　知識を蓄積して知識資産というまとまりを考えると,それは組織知が中心となろうが,どのような所に知識資産はあるのだろうか。考えられるのは,市場,組織,製品それぞれに存在する**知識資産**である。

　まず市場知識資産であるが,これは市場知と顧客知というものが考えられる。それらは,企業にとっては市場活動を通じて獲得,蓄積した資産であり,顧客情報のデータベースなど顧客の実態についての知識である。また顧客,市場,流通組織がそのまま有している知識,顧客と企業,市場が共有している知識資産もあるだろう。これらは従来からも重要な市場,販売,顧客情報であるが,知識経営でももっとも価値が明確になりやすい知識といえるだろう。

　続いて,組織知識資産がある。これには組織知や人間知といった知識が含まれている。これらは従来からはあまり認識されてこなかったもので,まさにナレッジ・マネジメントによって新たに注目されてきた考え方である。**ナレッジワーカー**(知識人材)は知識を獲得している人材であり,そのような人材が集まり作る組織では,きわめて膨大な資産としての知識がある。具体的には従業員の持つ技術,製品,サービスに関する知識や企画,製品開発の知識,組織内で集団が共有する知識などが含まれる。

　最後に製品知識資産であるが,これは製品知や科学知,技術知といった製品(もの)にまつわる知識資産である。わかりやすいものでは知的所有権や技術的知識ということになるが,それ以外にも製造や設計の細かいノウハウなど製品に埋め込まれた知識を意味している。

3 知識経営の実践類型

　知識経営やナレッジ・マネジメントが実践される場合，いくつかのタイプに分けられ，それらは典型的な知識経営の実践事例と考えられる。具体的にはベストプラクティス型，専門知ネット型，知的資本型，顧客知共有型の4つがあるとされている。

　まず**ベストプラクティス型**とは，組織内や企業内の成功事例のノウハウについて，業務分析からの学習を通じて知識の共有や移転を行うものである。共有の対象となるベストプラクティスとその分析から学び，成功事例のコンテンツや有用な知識を常に利用できることで効果をあげていく知識経営の実践タイプである。

　次に**専門知ネット型**とは，組織内外の専門的知識や意思決定権を持つ人々をグローバルなネットワークで結び，特定の課題解決や意思決定を行う実践タイプである。ネットワーク組織ともいえるが専門家の知識を最大限に活用することを目指す知識経営の実践例である。

　知的資本型とは，特許，ライセンス，著作権のあるプログラム，ブランドなど経済的価値に変換できる知識資産を対象とする実践タイプである。そうした知的資本とされる知識資産を整備し，社内外でより有効に活用し，収益に結びつけることを目指していく知識経済である。

　最後に，**顧客知共有型**とは，顧客との知識を共有し，継続的に顧客への知識提供を主とする知識経営の実践タイプである。製品やサービスを媒介にして，顧客と共通の経験をする（そして知識を得る），あるいは製品・サービスの利用方法などのノウハウを顧客と共有することは現代の市場競争，マーケティングには不可欠な考え方である。

4 知識経営企業

　知識経営が進んだ企業とは，具体的にどのような企業であろうか。1990年代末期から，日本でナレッジ・マネジメントをいち早く導入し，その先駆けとされている企業は，エーザイ，富士ゼロックス，アサヒビールなどである。ま

たもっとも賞賛される日本の**知識経営企業**（Most Admired Knowledge Enterprise）についての調査結果では，トヨタ自動車，キヤノン，花王，ホンダ，ソニー，日産，日本ＩＢＭといった日本を代表する優良企業が上位に並んでいる。しかし，これらの企業は知識経営やナレッジ・マネジメントを明確に導入しているとは限らず，優れた企業であれば知識経営がうまく行われていると評価されているのかもしれない。

　ナレッジ・マネジメント先駆企業として，導入事例が紹介されているのは，アサヒビール，日立製作所，スカンディア生命保険，富士ゼロックス，日本ＨＰ，ライオンといった企業である。これらは情報システム，営業，商品開発などさまざまな分野でナレッジ・マネジメントとしての経営施策を導入し，成果をあげている企業である。

　アメリカ企業でも，サービス，自動車，製薬，石油企業などでナレッジ・マネジメントが進んでいると指摘されているが，野中らは代表的な企業として，マイクロソフト，ＧＥ（ゼネラルエレクトリック社），コカ・コーラを取り上げ，それらの**知識資産**と戦略をまとめている。ここでマイクロソフトのプログラム，ＧＥの技術，コカ・コーラのブランドが知識資産となるのはわかりやすい

図表10－4　知識経営企業の資産と戦略

	知識資産	成長戦略
マイクロソフト	顧客資産 プログラム資産 ブランド	顧客の組織化 市場支配 継続的製品進化
ＧＥ	サービス化製品の知識 技術的資産	顧客知の蓄積 継続的サービス進化 グローバルサービス
コカ・コーラ	ブランド 原液 マーケティング・ノウハウ	ボトラーズおよび チャネルのグローバル化 ブランド価値還元

出所：野中郁次郎・紺野登『知識経営のすすめ』筑摩書房，1999年により作成。

が，マイクロソフトの顧客やコカ・コーラの原液も知識資産となることは興味深い。

3 知識経営の場と組織
1 知識経営の場

知識経営では，知識は時間や空間という状況設定（コンテキスト）に依存するため，**場**という概念が重要になってくる。場の状況が理解されていることは，基盤となる情報が共有されていることを意味する。暗黙知をうまく移転できるか，表出化できるかどうかは場に大きく依存しているのである。

知識経営の典型的な場として，顧客とのビジネス現場とワーカーの職場がある。商談やクレームなどで顧客との対話から得た現場の知識は市場知や顧客知という貴重な知識となる。市場の動き，顧客情報，商品の使い方や問題点をどれだけ把握しているかで，創出や獲得しうる知識は大きく違ってくる。

もう１つの代表的な場としては，職務を遂行する職場がある。知識経営の時代，企業などの組織で仕事をする人材は，ナレッジワーカーとなりうる。彼らは専門性の高い知識を有する**プロフェッショナル**（Professional）といえるが，特定の専門家というより，知識を生かす組織や仕組みのなかで，職務を遂行する**ホワイトカラー**（White Collar）とも考えられる。顧客，外部や社内他部門の専門家らと連係を取りながら，情報やアイデアを活用し，より迅速に有効に職務を遂行していく。こうした知識経営の場では，技術・製品知識，企画・製品開発などの知識資産が共有され，組織知が形成されている。

このような知識経営の場で，ナレッジワーカーなど知識を生かす人材が知の共有や活用をうまく行えるように，環境を整えたり，サポートやアドバイスを果たす役割も必要となる。これらを遂行するのは，知識コーディネーター，プロジェクト・マネジャー，ナレッジプロデューサーなどである。これはマネジャーの業務に含めることもできるが，知識経営を導入し，その発展をサポートする段階の企業では，このような促進や助言のための専門家が必要となろう。

2 知識経営の組織

　従来の組織は，比較的安定した環境下で，少数の製品やサービスの効率化，高品質化，低価格化を目指して経営を行うことを想定していた。固定的な権限や多くの階層を持つ組織では，組織の階層間，部門間での自由なコミュニケーションは難しく，意見やアイデアの創出を制約されがちである。そのため，既存の組織をフラット化したり，チーム化する動きが起きていた。

　近年，プロジェクトマネジメントの重要性が高まったのは，変化がこれまで以上に頻繁に生じているからである。今日では組織の継続性より，変化することの方が重要となっている。元来，ある目的を一定期間内に達成するために組織される**プロジェクトチーム**（Project Team）や特定課題の達成のために組織されるタスクフォースが常設されつつあることが現代組織の特徴の1つである。これは変化への対応であるが，知識がもたらす組織変革の現れとも考えられる。

　従来型の組織構造では，知識にかかわる問題を的確に扱うことは難しい。そのためプロジェクトチームやタスクフォースが編成されるが，それだけで得られた知識を最大限に生かせるとはいえず，その知識は簡単に失われやすい。たとえば，ビジネスユニットでは事業目標の達成が重視され，目的は明確になるが，知識の収集，保持，創設は後回しになる。プロジェクトチームも限られた期間だけの存在であり，解散と同時にメンバーはばらばらになり，そこで集められた知識も拡散してしまう。

3 学習する組織

　知識経営を実践するための新しい組織としては，**学習する組織**（Learning Organization）があげられる。学習する組織は1970年代から論じられ，その考え方は多様であるが，広義に解すれば，知識経営と同一な概念ともなりうる。学習する組織における学習とは，**組織学習**を意味する。これについて，フィオルとリリスの「よりよい知識と理解を通じて行動を改善させるプロセス」（Fiol and Marjorie A. Lyles, 1985），レビットとマーチの「組織はその行動の原則を個々の歴史から一般化・公式化する場合，そこに学習が起きている」（Ted Levitt and James G. March, 1988), スタタの「学習は共有化された洞察, 知識, 認識モデルを通じて起こり, 過去の知識や経験, すなわち記憶の上に築かれる」(Ray Stata, 1989), フバーの「情報の処理を通じ, 一連の行動に変化が起こる時, 学習が起きている」(George P. Huber, 1991) など, 組織学習についてはさまざまな定義がなされている。

　これらの組織学習についての考え方を概観し, ガービンは学習する組織を「知識を創造, 獲得, 移転する技術を持ち, 既存の行動様式を新しい知識や洞察を反映して変容することができる組織である」(David A. Garvin, 1993) としている。また, 学習する組織の中心的論者であるセンゲは「人々が継続的にその能力を広げ, 望むものを創造したり, 新しい考え方やより普遍的な考え方を育てたり, 集団のやる気を引き出したり, 人々が互いに学び合うような場」(Peter M. Senge, 1990) と定義している。

図表 10 − 5　学習する組織と組織学習

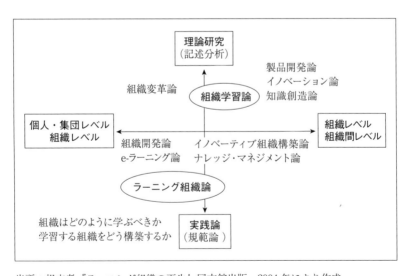

出所：根本孝『ラーニング組織の再生』同文舘出版, 2004 年により作成。

このように学習する組織とは，知識経営を実践する組織を意味している。たとえばシェブロン社は自社を学習する組織ととらえ，経営変革を実行しているという。そこには学習のサイクル，データ，情報，ナレッジ，インテリジェンス（知恵），戦略，計画，実行，評価が含まれている。

　組織のある部分から得たベネフィットを，どのようにして組織全体にトランスファー（浸透・移転）させるかということは，まさに学習する組織の課題である。同社では，ベンチマーキング，ベストプラクティスの共有と実行，経験からの学習，継続的な個人の成長を通して，他社より早く，うまく学習する組織を創ること，すなわち学習する組織となることを経営戦略としている。

4 実践コミュニティ

　実践コミュニティ（Communities of Practice）とは，1991年にウェンガー（Etienne Wenger）らが発表したコンセプトである。彼らはどんな組織にも必ず「人々が共に学ぶための単位」があることを発見し，「共通の専門スキルや，ある事業へのコミットメントによって非公式に結び付いた人々の集まり」を実践コミュニティと名づけた。

　実践コミュニティは，公式な組織体としては新しいものだが，インフォーマルな組織としては，その起源は古く，古代ギリシャの同業者の共同体にまで遡る。ナレッジ・マネジメントが主張されるまで，実践コミュニティは業務を遂行する上で重要な役割を担うとは考えられていなかった。図表10－6は，実践コミュニティと他組織の特徴を比較したものである。

　今日では，知識を生み出すには，階層組織での硬直的な統制や指示ではなく，本音で交流できるコミュニティが有効であることは，よく知られている。さらに，実践コミュニティこそが知識創造の場であり，個人にとってそのキャリアに多大な影響を与えるものでもある。実践コミュニティは本来，組織に備わっているものであるが，組織はメンバーのみならず組織のためにも，積極的かつ体系的に育成すべきである。

　実践コミュニティが実質的な貢献を果たせるように，その組織自体に正当性

図表10－6　実践コミュニティと他組織の比較

組　織	目　的	所　属	結束の理由	継続期間
実践コミュニティ	メンバー能力の向上、知識の構築と交換	お互いに選ぶ	熱意、約束、グループの専門性の確認	継続したい時まで
公式組織	商品、サービスの提供	組織マネジャー	仕事の要請、共通の目標	次の組織編制・異動まで
プロジェクト・チーム	特定のタスクの達成	上司より指示された社員	プロジェクトの目標	プロジェクト終了まで
インフォーマル・ネットワーク	ビジネス情報の収集と伝達	友人、仕事の知人	お互いの必要性	必要と思える期間

出所：Wenger, E., McDermott, R. and W. Snyder, *Cultivating Communites of Practice*, Harvard University Press, 2002.（野村恭彦監修、櫻井裕子訳『コミュニティ・オブ・プラクティス』翔泳社、2002年）により作成。

を与え、知識管理プロセスを策定するなど、環境づくりが重要となる。実践コミュニティに参加できるよう、マネジメントにはメンバーの時間や経費などの環境を整え、コミュニティへの参加を奨励するなど、障害を取り除くことが求められる。これらが整備されることにより、実践コミュニティを、組織に組み入れることも可能となる。

　マネジメントに必要なのは、コミュニティに本来備わっている活気を引き出せるような、組織の知識活動を設計することである。活気を外部から持ち込んだり、人為的に作り出そうとすることではない。コミュニティか本体の組織か、という二者択一でなく、コミュニティの良さを組織に持ち込むことで、人々が自発的に参画し、上下の階層でなく、知識の貢献度に応じて、リーダーシップを発揮できることが望ましい。

4 知識経営と人材
1 知識ワーカー

　知識社会においては、知識だけがただ1つの意味ある資源とされる。**ドラッ**

カー (Peter F. Drucker) は知識ワーカー (ナレッジワーカー) こそが知識の価値を具現化できる存在であり, 企業にとって最大の資産となることを提唱した。同氏は, 知識ワーカーをエンジニア, 科学者, 医者, 作家, ソフトウェア・デザイナーなどとし, プロフェッショナルとほぼ同義のものととらえている。

　知識社会で主役となるのは, 定型業務に従事するマニュアル・ワーカーではなく, 多くの情報を活用し, 知識を創造する専門性を有し, それにより複雑多岐な職務での意思決定が可能となる**知識ワーカー** (ナレッジワーカー) である。誰もが容易にできる不熟練労働には競争優位性はなく, 持続可能な優位性は知識を生かす専門性やスキルなど組織の独自能力にある。企業のなかでは, 各部門でラインを担当するマネジャーに加え, 知識活用を担当するマネジャーやコーディネーターが典型的な知識ワーカーと考えられる。

　知識経営が進むと, 知識ワーカーは職務への専門性を重視する。いわゆるプロフェッショナル化が進み, 勤務先を変更しても職種は変更しないという傾向が強まる。知識ワーカーは, フラット組織で望めなくなった昇進志向ではなく, 職務経験による専門性の向上や教育訓練の機会を重視している。個人にとっては, 自己という人的資本の価値を増大させることができるが, 企業にとっては人材開発や研修からの投資回収ができるかが問題となる。

　ペンシルバニア大学のカペリ教授 (Peter Cappelli) は「勤務先を変える傾向が強いということは, 技能向上に対する投資から, より大きな利益を得るのは, 企業より個人であるということ」を指摘している。教育の機会が得られることは, 知識ワーカーからは高く評価される。そうした教育重視の企業は人材を引き付け, 保持できるので, 知識経営もうまくいくことになる。

　知識ワーカーの育成には集合研修より, アクション・ラーニングのように, 実践を通じた学習が効果的である。その理由としては, ①学習効果が望める, ②学習しながら, 現実の業務を遂行するので投資の見返りが得られる, ③ネットワーク作りのきっかけになる, からである。そのためには, 教材も模擬的なものではなく, 現実の業務が用いられることになる。

2 知識価値を生む人材

　コンピュータが多くの事務スタッフと中間管理職に取って代わりつつあることは明白である。これまでのような事務処理の迅速さや正確さはもはや大きな課題とはされなくなった。今日では次々と変わる目標に対して，どう取り組むかを考え，目標設定，体系化，解決など，変化への対応こそ人間が取り組むべき仕事なのである。

　知識経営の真の主役は人事部門でも情報システム部門でもなく，知識ワーカーである。彼らを機能させるには人と人とのかかわりがうまくいくような，知識経営でのインフラが重要となる。ロイヤル・ダッチ・シェルのプロジェクトでは，デスクトップ・ビデオ会議システム，マルチメディア電子メール，スキャナー，リアルタイム共有のホワイトボードなど，当時としては驚くべきITシステムが盛り込まれるとされるが，それが実際に機能したのは，ITへの投資と同規模の費用をコーチングやトレーニングにあてたためである (Stewart 2001)。同社でインフラ・プロジェクトを担当したボイド氏は「どれだけ多額の資金を投じようとも，知識プロジェクトが成功するのは，それが人々の情熱を掻き立てる重要なトピックに関連している場合だ」と警告した。人々が共通の情報を求めていても，互いを必要としない場合，知識経営は失敗する。

　仕事には，当然ながら暗黙知も形式知も含まれるが，本当に価値のある知識は形式知にすることに向かない場合がほとんどである。知識経営に詳しいIBMのスノーデン氏は「暗黙知の共有を，知的資本管理システムによって，実現することはできない」とさえ語っている。ここでの知的資本管理システムとは，いわゆる技術主導システムのことである。そうなると，技術には限界があり，人と人との関係性に頼ることになる。

　ゼロックスのサービスマンを観察したオーア (Tyler Orr 1996) の研究では，コピーのメンテナンスや修理を担当するサービスマンが何より重視していたものはマニュアルではなく，同僚との意見交換であったという。ゼロックスのサービスマンたちは，朝食やランチ，コーヒータイム，就業後に，お互いの経験を語り合うことで，生きた知識，仕事に本当に重要なことを学びあってい

た。

　この結果から，現場の実際の仕事には定型プロセス（形式知）はあまり役に立たず，同僚との対話（暗黙知）による知識が有効であるという，いわば現場の常識が立証された。筆者が行った自動車販売でのヒアリングでも，メーカーは販売システムを導入し情報共有化を目指していたが，販売の現場で使いたい情報がなく，システムが活用されなかったとのことであった。

　企業はＩＴ技術や情報システムなどで知識経営の基盤を整備することは必要であるが，中心はあくまで対話をはじめとする人と人のかかわりや活動である。技術主導や理論先行の知識経営だけでは，現場の強みを生かすことはできない。まさに知識人材による経営ルネッサンスともいうべき，人材価値の再構築が求められている。

③ 知識経営と人事部門

　知識経営がうまくいく場合，組織全体に浸透し，各職場での通常業務に取り込まれているのが理想的であるが，知識経営の導入には，その推進を行う母体ともいえる組織（部門）が必要である。ナレッジ・マネジメントがそもそもＩＴ技術の発達により，現実化したという背景もあり，これまでは知識経営の中心的な推進は，情報システム部門の役割とみられてきた。

　一方，人事部門は，とりわけ欧米企業においては，その機能が寄せ集めであるとか，戦略性がないといった批判をされ，企業内での位置づけは低かった。1980年代以降，人材への価値観が変化し，ＨＲＭ（Human Resources Management）が確立され，マネジメントでの位置づけは改善された。それでも景気後退期には自部門の機能をアウトソーシングしてコストを削減するなど経営戦略への新たな貢献策を見出せないでいる。

　ナレッジ・マネジメントという名称に示されるように，情報システム部門は知識経営推進の主導権を握ってきたが，その内容はコンピュータ関連の情報システム構築，データ貯蔵庫，通信システムなどで扱われる形式知に主眼を置いてきた。これらは知識経営の一部分ないしは導入部分である。情報システムや

ネットワークというITインフラの整備が進み，コンピュータソフトなどが充足されるにつれ，知識経営においては人材や組織にかかわる部分に価値があることが理解されてきた。

　知識を生かした経営は，組織や人の問題としてとらえることに意義がある。したがって，これまで評価されにくかった人事部門の知識経営への貢献が急速に高まる可能性がある。日本企業では元来，人事部門は中核的存在であり，多くの企業で知識経営の推進者としての役割を果たしてきた。1990年代の不況期には成果主義や短期志向で低下した感のある人事部門の位置づけであるが，知識経営が浸透するにつれ，その重要性は再評価されるだろう。

【参考文献】

Davenport, T. H. and P. Laurence, *Working Knowledge*, Harvard Business School Press, 1998.（梅本勝博訳『ワーキング・ナレッジ』生産性出版，2000年）

Drucker, P. F., *Post-Capitalist Society*, Harper Collins, 1993.（上田惇生訳『ポスト資本主義社会』ダイヤモンド社，2001年）

ゲオルク・フォン・クロー・一條和生・野中郁次郎『ナレッジ・イネーブリング：知識創造企業への五つの実践』東洋経済新報社，2001年。

根本孝『ラーニング組織の再生』同文舘出版，2004年。

日経連出版部編『ナレッジマネジメント事例集』日経連出版部，2001年。

野中郁次郎『知識創造の経営』日本経済新聞社，1990年。

野中郁次郎・紺野登『知識経営のすすめ』筑摩書房，1999年。

Senge, P., *The Fifth Discipline: The Art and Science of the Learning Organization*, Currency Doubleday, 1990.（守部伸之訳『最強組織の法則』徳間書店，1995年）。

Stewart, T. A., *The Wealth of Knowledge*, Currency, 2001.（徳岡晃一郎監訳『知識構築企業』ランダムハウス講談社，2004年）

Wenger, E., McDermott, R. and W. Snyder, *Cultivating Communites of Practice*, Harvard University Press, 2002.（野村恭彦監修，櫻井裕子訳『コミュニティ・オブ・プラクティス』翔泳社，2002年）

第 11 章
中小企業経営

1 中小企業とは
1 中小企業の定義と概念

　中小企業とは，大企業に比べて企業規模（従業員規模あるいは資本金規模）が相対的に小さい企業を意味する。一律に，しかも絶対的な概念として中小企業を規定することは不可能であるといえるが，国の施策・法律上は概念規定をしないと政策対象が特定できなくなるため，多くの国において定義がされている。

　日本の場合，中小企業とは「製造業では資本金3億円以下または従業員300人以下の企業」「卸売業では資本金1億円以下または従業員100人以下の企業」「小売業では資本金5,000万円以下または従業員50人以下の企業」「サービス業では資本金5,000万円以下または従業員100人以下の企業」のことを意味する（**中小企業基本法**による定義）。

　国内の一次産業を除く企業数（＝会社数＋個人事業所：2014年時点）は約382万社あるが，そのうち中小企業は99.7％（381万社）を占める。大企業はわずか0.3％（1万1千社）を占めるに過ぎず，日本の経済活動に中小企業が大きく寄与していることが理解される[1]。また，勤労者全体（一次産業を除く：2014年時点）からみると，中小企業で働く従業者数は従業者全体（4,794万人）の70.1％（3,361万人）を占めており，中小企業が雇用の大半を担っていることがわかる[2]。

　中小企業経営における領域は広いが，本章では，中小企業の活躍分野，管理者の役割，企業成長，下請企業経営，産地企業経営を扱う。

2 大企業と中小企業の活躍分野

　企業はさまざまな産業において存在しているが，大企業に向いた業種，中小企業に向いた業種が存在する。GDPの2割を占める製造業を取り上げると，規模別付加価値額（企業が一定期間に生み出した利益）において中小企業が多くを占めているのは，食料品製造業，繊維工業，家具・装備品製造業，木材・木製品製造業，金属製品製造業，生産用機械器具製造業，印刷・同関連業，窯業・土石製品製造業などであり，これらは**中小企業のシェア**が高い業種である。一方，同付加価値額において**大企業のシェア**が高いのは，輸送用機械器具製造業，石油製品・石炭製品製造業，鉄鋼業，化学工業などである[3]。

　これらからおのおのの特徴を述べると，**大企業の活躍分野**は，

　① 大規模な投資や設備を必要とする分野
　② 市場規模が大きい分野
　③ 少品種大量生産分野

であるといえる。反対に，**中小企業の活躍分野**は，

　① 労働集約的な分野
　② 消費者の好みが絶えず変化する分野
　③ **ニッチ（niche）分野**（市場規模の小さい隙間市場）
　④ 投資規模が比較的小さい分野

である[4]。

　具体的には，大企業の活躍分野は大型のプラントや工場が必要な場合，あるいは市場規模が大きな産業であり，鉄鋼，造船，自動車（完成品・組立メーカー），重機械，化粧品などのメーカーが該当する。また，中小企業にとっては衣料品，食品，機械部品や金属製品などの軽工業やネジ・バネといった種々の部品製造，特定の地域・顧客層を対象にした分野が該当する。

3 経営管理者の役割

　経営管理者のもっとも重要な役割は，中小企業では「**代表者**（Spokesperson）」であるのに対して，大企業では「**資源配分者**（Resource Allocater）」である（図

表11-1参照)⁽⁵⁾。これは、中小企業の経営管理者は、企業を代表する存在としての役割を担い、取引先や顧客などとの関係性に重点を置くが、大企業の経営管理者は、むしろ企業内部を重視し、経営資源をどのように配分しながら経営目的を達成するかということに力点を置くためである。こうした点は、中小企業における経営管理者の重要な役割として「起業家（Entrepreneur）」、「企業の顔（Figurehead）」、「リーダー（Leader）」といった項目があげられており、経営管理者が大きな役割・権限を担っていることからもわかる。他方、大企業では「連絡者（Liaison）」、「中枢（Nerve center）」、「混乱処理係（Disturbance Handler）」といった組織内の調整・統合に関する役割が重視されており、中小企業の経営管理者とは対照的である。

図表11-1 中小企業と大企業における経営管理者の役割

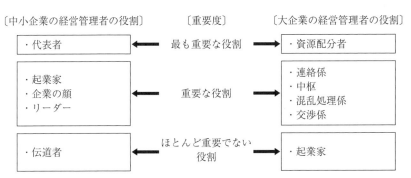

出所：Joseph G. P. Paolillo, "The Manager's Self-Assessment of Managerial Roles: Small vs. Large Firms", *American Journal of Small Business*, January-March 1984, pp.61-62.

2 企業成長の理論と実際
1 グレイナーモデル（企業成長理論）

　企業は設立後、どのような段階を経て成長するのであろうか。そして、各段階において、どのような問題が生じるのであろうか。このような点から、いくつかの企業成長モデルが考案されてきた。ここでは、そのなかでも代表的な、グレイナーモデルを考察することにしよう。

グレイナー (Larry E. Greiner) は、「成長する組織は5つの段階を経て発展する」というモデルを提示した (図表11−2参照)(6)。このグレイナーモデルによると、企業は1つの成長段階を経ると危機的状況に陥るが、それを乗り越えた組織は、それほど経済的失敗や内部的分裂を起こすこともなく4〜8年間は継続的に成長し、そのパターンを繰り返しながら成長を遂げていくことになるという。成長の各段階は、具体的に次のようになっている。

図表11−2 グレイナーモデル (成長の5段階)

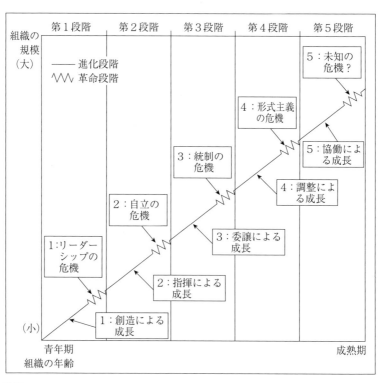

出所：Larry E. Greiner, "Evolution and revolution as organizations grow", *Harvard Business Review,* July-Aug. 1972.

企業成長の最初の段階は，組織の創立期における「創造による成長」（Growth through Creativity）の段階で，経営管理の重点は新製品の生産や販売に置かれる。しかし，会社が成長するにつれて過去のやり方が通用しなくなり，リーダー間の対立が激しくなるため，この段階での危機を「リーダーシップの危機」（Crisis of Leadership）とよぶ。いかに有能なマネージャーを置くかによって，その企業の成長が左右されることになる。

　第2段階は「指揮による成長」（Growth through Direction）とよばれる段階である。指揮的リーダーシップのもとで企業活動の効率化に重点が置かれ，集権的な職能別組織が導入される。この段階を経て，組織の規模が大きくなっていくが，下位レベルのマネージャーの間で，集権的な組織に対する自立欲求が高まってくる。これを「自立の危機」（Crisis of Autonomy）という。

　第3段階は，「委譲による成長」（Growth through Delegation）すなわち権限を委譲した"分権化組織"をうまく活用する段階である。大きな権限を得たマネージャーは，市場の動きを即座に察知し，それを新製品開発に結びつけることが可能となる。こうして，マネージャーの自立化が進むことになるが，一方，トップマネージャーは統制力を回復するために集権化を図ろうとする。しかし，業務が多岐にわたっているため，集権化は多くの場合失敗する。これを「統制の危機」（Crisis of Control）とよぶ。

　第4段階は「調整による成長」（Growth through Coordination）の段階とよばれ，分権化された構成単位間（マネージャー間）の調整システムを機能させることで資源の効率的配分を行い，成長を図っていく。この段階を経るうちに組織は拡大し複雑化していくが，それとともに手続きが問題解決に優先し，革新への勢いが減退する。これを「形式主義の危機」（Crisis of Red Tape）という。

　最後の第5段階は，「協働による成長」（Growth through Collaboration）の段階とよばれ，形式主義の危機を乗りこえようとする強い個人相互間の協働が重視される。チームを通した問題解決やマトリクス組織の採用，マネージャーの教育訓練などによってマネジメントが強化される。そして，この段階を経て訪れる危機は「未知の危機」（Crisis of ?）とよばれる。チームワークの運営や問題解

決の重圧によって従業員が心身ともに疲れ果ててしまうという危機を指しており，いかにそうした従業員を癒すかが課題となる。この解決には，従業員を定期的に休ませ，熟考させ，生気を回復させることが必要となる。

グレイナーは，どんな組織であっても，いずれかの発展段階にあるから，トップマネジメントはそれを認識できれば，次の段階における危機を予測し，それに備えることができると主張した。

2 企業成長と経営課題の実際

企業を創業し，経営活動を軌道に乗せるまでには5～10年ほどかかる。その間に，企業は以下の3つの時期を経験することになる[8]。

1．創業期：本業の製品・商品・サービスによる売上がない段階
2．成長初期：売上が計上されているが，営業利益がまだ黒字化していない段階
3．安定・拡大期：売上が計上され，少なくとも一期は営業利益が黒字化した段階

図表11－3　企業成長の3段階（軌道に乗るまで）

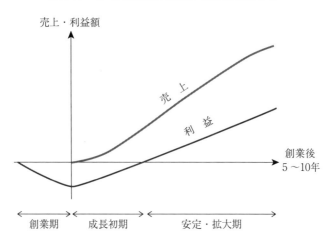

出所：筆者作成。

これらを図に示したのが図表11－3である。創業期は，売上がゼロで開発費や広告宣伝費などによる経費がかかるため利益はマイナスとなる。成長初期は，販売開始により売上が計上されるものの商品・サービスの認知度が低いため，まだ十分な売上が得られず黒字にはならない。しかしその後，徐々に売上が拡大していき，それまでのコスト分を回収し黒字化を果たすことが可能となる。この時期は，経営的にも安定化する「安定・拡大期」であり，創業から概ね5～10年程度を経た段階である。

　では，これら3つの成長段階において，実際の企業はどのような課題に直面するのであろうか。以下に各段階別の課題を示す（図表11－4）。

① 創業期の課題

　創業期は，会社を立ち上げ社員を募集・採用し，実際に事務所や店舗を準備したり，材料を仕入れたり，ホームページの開設，広告・宣伝を行う時期である。販売開始前なのでこうした活動に多額の資金が必要となるため，「資金調達」がこの時期の最大の課題である。次いで，人材が十分でない場合が多く，「家族の理解・協力」を仰ぐことになる。また，受発注システムの整備，記帳，売場作り，生産・在庫管理，ホームページの作成方法など，初めて処理すべき業務も多い。これらの「事業や経営に必要な知識・ノウハウの習得」も創業期特有の課題といえよう。また，人材の確保やマーケティング（仕入先・販売先の開拓，顧客との関係づくり，広告・宣伝など）も克服すべき課題となる。

② 成長初期の課題

　販売を開始し，売上が計上される段階である。まだ黒字にならず赤字の段階なので，資金調達はやはり最大の課題である。次に大きな課題が人材の確保である。創業時期まではなんとか家族の協力で対応できた企業にとっても営業（販売）社員や技術者，経理などで経験のある質の高い人材，現場の労働力，パート従業員などの労働力などが必要となる。また，低い認知度を高めるためのマーケティングや広告宣伝活動も重要な課題である。

図表 11 − 4　成長段階別の課題

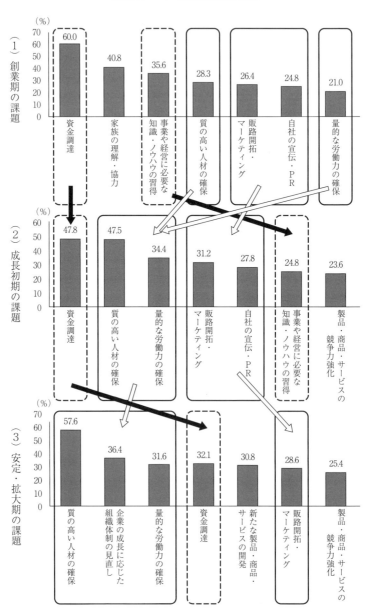

(注) 1．創業期の課題については，現在の成長段階が創業期の企業が現在課題となっていること，および成長初期，安定・拡大期の企業が創業期の時に課題であったことを集計している。
2．成長初期の課題については，現在の成長段階が成長初期の企業が現在課題となっていること，および安定・拡大期の企業が成長初期の時に課題であったことを集計している。
3．安定・拡大期の課題については，現在の成長段階が安定・拡大期の企業が現在課題となっていることを集計している。
4．それぞれの成長段階ごとに全体の回答割合が高い上位7項目を表示している。
5．複数回答のため，合計は必ずしも100％にはならない。

出所：中小企業庁『中小企業白書2017年版』日経印刷，2017年の掲載データ（全体データ（n=2,690））を使用し作成。

③ 安定・拡大期の課題

販売量が増え，黒字化を達成し安定的に成長している段階である。成長拡大期であるため，人数も増えている。そうなると組織体制をどうするかが問題となる。これまで1つだった部署を生産部門と販売部門に分けたり，製品別に事業部を設けるなど，組織の改編を考える必要が生じる。また，知名度がまだ高くないため，質の高い人材や労働力などの人手不足の解消を図っていくことが重要となる。この時期には，資金調達や既存製品・サービスの販路開拓・マーケティングの重要性は，前の段階（成長初期）より低くなり，むしろ新しい製品・サービスの開発を行う必要性が高まってくる。

3 下請企業経営
1 下請分業システム

下請企業とは，「自社よりも規模（資本金または従業員数）の大きな他企業から製品，部品等の製造又は加工，修理等を受託する企業のこと」である[9]。

社会的分業を担うこれら下請企業は，「系列」とよばれる日本の産業構造において幅広い裾野を形成している（図表11-5参照）。現在，中小製造業の半数近くを占めており，完成品メーカーを頂点として**1次下請，2次下請，3次下請，4次下請**という具合にピラミッド型を形成している。下の階層になるほ

図表11－5　下請分業システム

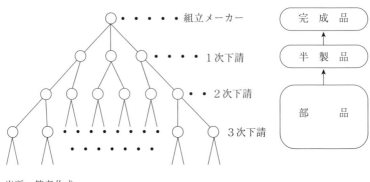

出所：筆者作成。

ど，ネジ，ばねといった細かい部品を製造する小規模・零細な企業で構成されている。

　親企業にとっては，部品生産などを中小企業に委託する結果，自社内で製造しなくてもよいため「生産コストが低減できる」「専門技術の活用ができる」「自社で設備投資をする必要がない」「安定した品質を維持できる」「得意分野に集中できる」といったメリットがある。一方，下請企業にとっても「過去の取引経験やノウハウが生かせる」「新規の取引先開拓や営業活動が不要」「製品開発を行う必要がない」「取引先との取引交渉などの雑事を省ける」といった面でのメリットがある（図表11－6参照）。このように親企業，下請企業の両者にとってメリットがあるため相互の**信頼関係**ができ上がり，長期的で安定的な取引ができることになる。こうした関係は，効率的で高い品質のモノづくりを可能にし，日本製品への高い信頼を獲得してきた大きな要因の1つといえる。しかしながら，①親企業が優越的な立場を利用して下請企業に効率化やコスト削減について過度な要求を行うことがある，②企業間関係の閉鎖性・排他性などの点はデメリットとして指摘されている[10]。

図表 11 − 6 　下請企業と親企業の経営メリット

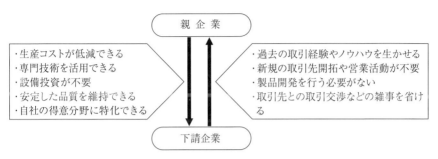

出所：中小企業庁編『中小企業白書 2011 年版』同友館，2011 年を参考に筆者作成。

2　下請構造の変化

　下請企業は戦後一貫して増え続け，1981 年には中小製造業の 65.5％ を占めたが，以後は減少し，2010 年時点では約 2 割（18.6％）へと減少してきた（図表 11 − 7 参照）[11]。

　これは，1985 年の**プラザ合意**に端を発した**円高**，1990 年代のバブル崩壊後の長期不況によって，安価な製品輸入が増大し，大企業の海外生産移転が急増した結果，安定した仕事量を発注できなくなり，親企業による下請企業の維持が困難となったことが影響している。一方，下請企業においても親企業の業績に大きく左右されたり，単価（部品 1 個当たりの発注額）の切り下げ要求に応じる必要性が出てくるなど，下請メリットが年々減少してきている。ある調査によると，近年では，下請企業の半数が下請受注を減らしたいという希望を持っていることが判明しており，下請が下請を脱する，すなわち**「脱下請」**を目指す動きがみられる[12]。

3　下請企業の経営戦略

　下請企業の今後の経営戦略としては，①有力下請企業となるべく品質，コスト，納期への対応能力を強化する，②脱下請へ向けた取引先開拓，③脱下請へ向けて，技術開発力の強化による自社製品・自社技術の開発・販売，が有力と

図表11－7　下請構造の変化

<従来型（ピラミッド型）>

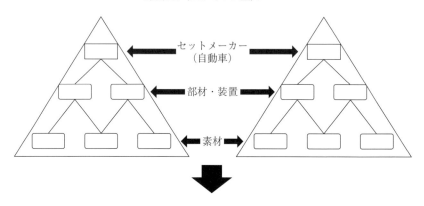

- 1980年代中旬～　円高により国内での生産はコスト高となる
- 1990年代以降～現在
  ① 安い製品の輸入増→国内企業はより安い製品を製造するため下請企業に単価切り下げ要請
  ② 中国，東南アジアへの大企業の生産移転＋中小企業の一部も生産移転
  ③ 国内で親企業を失った中小企業が新規取引先企業を開拓する必要性の増大
  ④ 他社（同業種，異業種の企業）や研究機関等と協力して新製品を開発する動き

<グローバル型（網の目構造）>

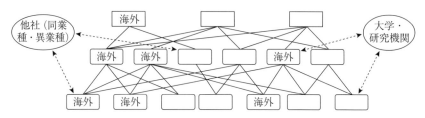

（注）実線は取引関係，点線は連携関係。
出所：経済産業省編『2013年版ものづくり白書』経済産業調査会，2013年，23頁（図2）に筆者加筆。

いえよう。

こうした戦略の実現は，中小企業の場合，自社1社で実施するのは困難である。よって他社との**技術提携**を図ったり，**産学官連携**への参加，コスト競争力強化のための海外生産なども積極的に考慮する必要がある。そうなると，これまでの縦型の関係ではなく，むしろフラットな**ネットワーク型の関係性**を構築していくことが重要になる。

4 産地企業の経営
1 産地の定義と概要

全国には，有田焼，瀬戸焼などの焼き物の産地，旭川，飛騨，大川などにある家具産地，桐生，丹後，一宮などにある織物の産地に代表されるように多数の産地が存在するが，こうした産地は中小企業の集積地となっている[13]。

ここで産地とは，「中小企業の存立形態のひとつで，同一の立地条件のもとで同一業種に属する製品を生産し，市場を広く全国や海外に求めて製品を販売している多数の企業集団」と定義される[14]。首都東京には産地が存在しないと考える人もいるが，実際には機械・金属関連の中小製造業が大田区や墨田区などに多数集積して産地を形成しており，それ以外にもネクタイ，染色（繊維），ニット生地・肌着，ほうろう鉄器，傘などを製造する産地が存在する。

国内には578の産地が存在しているが，その多くは歴史的にも古くから形成されており，なかには奈良・平安時代にまで遡るものもある。全国規模で行われた調査結果によると，江戸時代またはそれ以前に形成された産地が全体のほぼ半数（48.8%）を占めており，次いで明治時代に形成された産地が2割（19.4%）を占める。また，第2次大戦後（昭和21年以降）に形成された新しい産地も2割程度存在している。平均すると，一産地当たり52.4企業（回答のあった247産地の平均）で構成され，従業者数は一産地当たり642.2人（回答のあった193産地の平均）となっている。この数字から推測すると，全国で約3万社の企業と37万人の従業員が産地のものづくりに従事していることがわかる。産地の業種（上位5業種）は，繊維産地が59産地（全産地の23.4%）ともっとも多く，

次いで雑貨その他の産地（54産地, 21.4%）, 食料品産地（47産地, 18.7%）, 窯業・土石の産地（32産地, 12.7%）, 木工・家具産地（25産地, 9.9%）と続く[15]。全体的に生活関連産業が産地の主流であるといえる。

2 産地企業の経営

産地企業の多くは, 細かく分断された生産工程の各部を担当するが, 主にそれらの企業を統括する**産地問屋**（産地卸）や元請メーカーなどが消費地との結節点として流通や受発注機能を発揮するために存在している。そのため, 分業体制が産地内にでき上がっており, 産地全体がいわば巨大な仮想工場として機能している。

産地企業は産地という場に集中立地することで, 情報の共有や原材料の調達, 物流, 共同開発が容易となり, それによって効率的な生産体制が実現できるというメリットが生じる。しかしながら近年, **従業員の高齢化**や**後継者難**, 人手不足に加えて, 中国などからの安価な**製品輸入の増加**により, 多くの産地企業は業績が低迷し, 倒産・廃業・転業などにより年々企業数は減少している。

産地企業にとっての問題点（上位6項目）は, ①国内需要の不振（66.5%）, ②熟練技術・技能工の高齢化（38.3%）, ③原材料・部品価格の上昇（37.8%）, ④事業の後継者難（35.9%）, ⑤製品市場の構造的な縮小（24.4%）, ⑥構造的な競合輸入品の増加（17.7%）である[16]。

こうした問題点を克服していかなければ, 産地企業は存続・成長することが困難となることは経営者自身も自覚しているようである。今後, 産地企業が重点的に取り組もうとしているのは, 製品面に関しては「製品の高付加価値化」や「新製品開発」によって製品の価値を高めることであり, 製造面に関しては「消費者ニーズに合わせた多品種小ロット生産」, そして販売面に関しては「販路の新規開拓」「情報力強化による販売促進」によって売上を拡大することである（図表11-8参照）。また, 人の面に関しては「後継者育成」「熟練技術・技能工の育成」「有能な人材の確保」を重視している。

産地全体が時代とともに新しい技術・技能を取り入れて事業展開を図ってき

た代表例として，新潟県燕市をあげることができる。産地内企業の多くは，伝統的に受け継がれてきた高度な金属加工技術を生かして和釘（江戸時代）→ キセル（明治時代）→ 洋食器（大正〜昭和時代）へと産地全体で事業展開を図ってきた。1980年代中旬以降，洋食器も他のアジア諸国でより安価な製品が生産されるようになったことから需要が落ち込んだので，技術力を生かして新しい分野に次々と進出する企業が現れてきた。現在では，洋食器製造技術（ステンレス加工技術）を応用[17]して，ステンレス製のカーブミラーや摩法ビンを開発した企業，チタン製のゴルフヘッドを開発した企業，などが出現し，新たな金属加工産地へと変貌を遂げている。

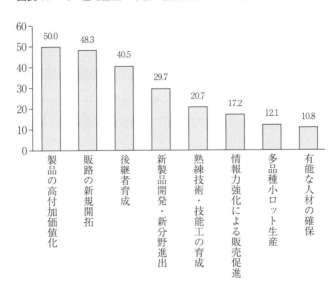

図表11－8　産地企業の今後の重点的取り組み（10%以上の項目）

製品の高付加価値化　50.0
販路の新規開拓　48.3
後継者育成　40.5
新製品開発・新分野進出　29.7
熟練技術・技能工の育成　20.7
情報力強化による販売促進　17.2
多品種小ロット生産　12.1
有能な人材の確保　10.8

（注）1〜3位までの回答合計。
出所：日本総合研究所『中小企業委託調査 全国の産地—平成27年度産地概況調査結果』，2016年。

5 中小企業（製造業）の経営戦略

　下請企業や産地企業を中心とする中小製造業にとって，今後どのような目標，経営戦略を考えるべきであろうか（図表11-9参照）。下記の図表に従って解説しよう。

　下請企業にとっては，現在の下請としての立場をより強化する方向，すなわち有力な下請企業となって，親企業にとってなくてはならない企業となることである。この目標達成のためには，親企業が求める品質や納期，コストの要求を常に満たし，なおかつ他社が簡単には真似できない水準（高精度，高機能など）を維持する戦略が必要となる。これは産地の中小企業にとっても，より有力な産地企業として発展しようという目標に対しては，同様の戦略が必要となる。

　一方，販売先を拡大するためには，**高品質**，**低コスト**，**短納期**あるいは**技術力・開発力**といった面で他社との差別化を図り，それを強力にアピールすることによって新規顧客を開拓することが重要な戦略となる。また，自社製品を有する企業となるために，**新製品開発戦略**に力を入れて他社に模倣されない新製品を創造することも重要である。

　これら以外に，都市部の中小企業にみられる形態ではあるが，工場を廃止して製造部分は他の企業に委託し，自社は品質，コスト，納期，技術開発力を高めて主に設計や試作に特化した企業となる方法もある。こうした工場を持たない企業を「**ファブレス企業**」という。なかには，下請企業であった中小企業が

図表11-9　中小企業（製造業）の経営戦略

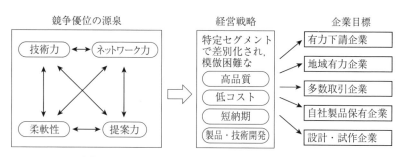

出所：筆者作成(18)。

精密加工の能力を高めて試作品を製造するだけの企業となり，設計はインドの企業へ，生産（量産）は中国の企業に委託するといった先進的な事例もでてきた。

いずれにしても中小企業の経営戦略としては，特定市場において差別化ないし他社が模倣困難な高品質，低コスト，短納期，製品・技術開発のいずれか，あるいはそれらを複合的に組み合わせた戦略を採用することが重要といえる。

こうした経営戦略を実施するためには，自社内の**技術力**や他社からの要求に**柔軟に対応できる能力**，**他社に提案できる能力**，自社では不足する経営資源をすばやく他の企業・機関（大学や行政など）との**ネットワーク**[19]を通して取り入れる能力を高めていくことに力を注ぐことが重要である[20]。これらは，中小企業にとって他社との差別化や模倣困難な状況をつくりだすために不可欠な**競争優位の源泉**となるものである。

【注】

（1）中小企業庁編『中小企業白書2017年版』ぎょうせい，2017年，524頁。
（2）同上書，528頁。
（3）中小企業庁編『中小企業白書2011年版』同友館，2011年，81頁。
（4）中村秀一郎『挑戦する中小企業』岩波書店，1985年，17〜18頁および中小企業庁編『中小企業白書2003年版』ぎょうせい，2003年，50〜53頁を参照。
（5）Joseph G. P. Paolillo, "The Manager's Self-Assessment of Managerial Roles:Small vs. Large Firms," *American Journal of Small Business,* January-March, 1984, pp.61-62.
（6）Larry E. Greiner, "Evolution and revolution as organizations grow," *Harvard Business Review,* July-Aug. 1972, pp.37-46.
（7）中小企業庁編『中小企業白書2017年版』日経印刷，2017年，169頁。
（8）下請中小企業振興法における定義。
（9）清成忠男『中小企業ルネッサンス』有斐閣，1993年，73頁。
（10）中小企業庁『下請中小企業の現状と今後の政策展開について』，2013年，5頁。
（11）同上書，34〜36頁。
（12）日本総合研究所『中小企業庁委託調査 全国の産地―平成27年度産地概況調査結果―』，2016年，73〜79頁。
（13）同上書，3頁。

(14) 同上書，5〜6頁。
(15) 同上書。
(16) 商工総合研究所『地場産業の現状と課題—燕・三条地域—』，2009年。
(17) 中小企業がネットワーク組織に参加する有効性については，関智宏・中山健編『21世紀中小企業のネットワーク組織』同友館，2017年に詳しい。
(18) 中小企業金融公庫総合研究所の調査によると，受託・請負業務を実現している中小企業の競争優位性の要素として技術力，柔軟性，提案力を提示しており，ここではその3つの要素を採用した（中小企業金融公庫総合研究所『「強い下請企業」の戦略』，2006年，20頁）。
(19) 同上。
(20) 同上。

【参考文献】

中小企業庁編『中小企業白書2003年版』ぎょうせい，2003年。
中小企業庁編『中小企業白書2011年版』同友館，2011年。
中小企業庁編『中小企業白書2017年版』日経印刷，2017年。
中小企業庁『下請中小企業の現状と今後の政策展開について』，2013年。
中小企業金融公庫総合研究所『「強い下請企業」の戦略』，2006年。
Joseph G. P. Paolillo, "The Manager's Self-Assessment of Managerial Roles: Small vs. Large Firms," *American Journal of Small Business*, January-March, 1984.
清成忠男『中小企業ルネッサンス』有斐閣，1993年。
Larry E. Greiner, "Evolution and revolution as organizations grow," *Harvard Business Review*, July-Aug. 1972.
中村秀一郎『挑戦する中小企業』岩波書店，1985年。
中山健「企業の永続性に関する一考察」『経営教育年報』第10号，日本経営教育学会，1991年。
日本総合研究所『中小企業庁委託調査 全国の産地—平成27年度産地概況調査結果』，2016年。
関智宏・中山健編『21世紀中小企業のネットワーク組織』同友館，2017年。
商工総合研究所『地場産業の現状と課題—燕・三条地域』，2009年。

第12章
国際経営

1 海外直接投資と間接投資

　海外に直接投資を行い，モノやサービスの生産拠点を設置して，グローバルな視点で事業展開を行っている**多国籍企業**（multinational enterprises）が，欧米や日本のみならずアジア諸国でも急速に台頭している。

　多国籍企業といった場合，単なる貿易活動のみを行う企業ではなく，世界の多くの国に生産やサービスの生産のために**現地子会社**を有している企業をいう。その意味で，多国籍企業は，多くの国籍を持つ企業を有している，まさに多国籍な企業なのである。

1 海外直接投資とは何か

　海外投資は，一般的に直接投資と間接投資に分類される。

　海外直接投資（foreign direct investment）とは，外国でモノやサービスを生産することを主目的とする投資であり，外国に設立した，または買収した企業に対して，経営のコントロールを伴う資本移動である。すなわち，経営支配や参加を目的とする外国企業の買収，海外での現地子会社の設立，支店，工場，店舗等の事業活動を行うための実物資産の取得，などの長期資本の移動による海外投資である。直接投資は，通常このような資本の移動以外に，経営管理，技術，生産，パテント（特許），マーケティングなどの経営資源の国際移転も含まれる。

　なお，海外直接投資は，日本から海外への直接投資としての**対外直接投資**，

および海外から日本への直接投資としての**対内直接投資**に分類できる。

日本の外国為替法では，海外法人の株式取得では，海外企業の株式の10％以上の取得，または10％以下であっても海外企業と役員の派遣，長期にわたる原材料の供給，重要な製造技術の提供など永続的に関係がある場合に，直接投資と定義している。

2 間接投資とは何か

間接投資（portfolio investment）とは，経営のコントロールを目的としない証券・債券投資で，単なる資産運用やキャピタルゲイン（値上がり利益）のための投資や，国債・社債などの投資や金融機関などによる中期・長期の貸付などによる資本移動である。すなわち，企業の経営支配を行わず，株の配当や運用を基本的な目的とする株式，社債などの証券への投資，および，国債・公社債などの債券投資，融資，借款などの国際的な資本移動である。

近年，国際的に日本を含めた先進国（アメリカが特に多い）の機関投資家，個人などを中心とした証券・債券などの間接投資が急速に増加してきている。

3 内部化の理論

企業内に市場を作りだすプロセスが，**内部化**である。すなわち，企業内，子会社間，関連会社間という内部市場（または準内部市場）で，中間品，部品，原材料などの取引をすることである。企業の内部市場は欠陥のある外部市場に代替し，資源配分と流通上の問題について企業内の管理命令を用いて解決する。企業の**内部価格**あるいは**トランスファー（移転）価格**は，企業の組織活動を円滑化するだけではなく，内部市場が，正規市場と同じように効果的に機能できるようにする。

欠陥のある外部市場が（たとえば中間品，部品，原材料の価格設定におけるごとく）存在するとき，あるいは外部市場における取引コストが不当に高い場合，それらを内部化する理由が発生する。経済にはそうした**市場の不完全性**があるため，企業が内部市場を創出したいという強い動機は常に存在する。

世界的規模でみても、貿易には無数の障壁（たとえば関税付与、輸入制限など）や、他の不完全市場が存在するので、多国籍企業が出現する理由はさらにある。多国籍企業は、国際的な市場の不完全性を内部化し、これによりグローバルな社会的厚生の増大を図る。

内部化理論は、先進諸国の大規模な多国籍企業の国際化の論理としてはよく説明できるが、比較的規模が小さく、海外子会社に対する統制が弱い多国籍企業の論理を説明する理論としては説得力が弱いといえよう。

2 海外直接投資の性格・目的

海外直接投資の主要な性格・目的として、現地市場型、輸出型、部品・工程分業型、製品分業型、資源開発型および販売拠点型などに分類できる。なお、現地への直接投資では、1つの目的のみではなく、複数の目的で設置される場合がある。

① 現地市場型の海外直接投資

海外進出国の市場での販売、サービスを目的とした生産拠点を設置するための直接投資が**現地市場型投資**である。この形の投資は、従来の輸入から現地生産への転換という意味で、**輸入代替型直接投資**ともいわれる。

現地市場型投資は、大規模な市場や急速な市場成長が見込まれる諸国、および、関税の付加、あるいはそのおそれに反応してしばしば行われる。さらに、現地市場への輸出の増大によって、現地政府との通商政策上の軋轢が生ずる可能性がある場合、現地生産に切り替えるという貿易摩擦回避のための直接投資がある。

メーカーの場合、輸入ではなく現地で生産した方が、現地市場のニーズに的確に対応した製品を開発・生産できるというメリットがある。国や地域によって、消費者の趣向や要求には微妙な違いがあるため、現地市場に近い場所で生産した方がより適合的となる。

日本の自動車メーカーの東南アジアでの現地生産では、アジアカーの開発と

いうケースがある。日本と違いタイを中心とした東南アジアでは，気候は高温多湿で，道路状況も悪い。東南アジアの一般消費者は，まだ所得水準は低い。このような環境で，装備はシンプル，頑丈で，価格は安いという，東南アジア市場に適したアジアカーを開発し現地生産した。

　サービス産業の海外直接投資は，それを提供する国でビジネスを行うケースがほとんどなので，このカテゴリーに入る場合が多い。日本のサービス産業の海外直接投資は，デパート，スーパー，コンビニ，専門店，ファーストフード，飲食，不動産，ホテル，観光，運送，金融関連などの企業に多い。

2 輸出型の海外直接投資

　完成品，部品などの輸出拠点として設置するための海外直接投資が，**輸出型投資**である。この型での直接投資の主要な動機は，進出国での各種のコスト優位性を利用することによってグローバルなレベルで輸出競争力を高め，企業の優位性を獲得しようとする海外生産戦略である。

　この形の投資には，**労働コスト削減型**，**原材料コスト削減型**，**部品コスト削減型**，**タックスヘブン（税金回避）型**，などがある。日本企業が，労働コストの安い中進国や発展途上国に輸出型の生産拠点を設置するのは，このケースである。特に，資本集約的ではなく**労働集約的な製品**の場合，労働コストの安い海外諸国に進出するのは有効である。逆に，**資本集約的な製品**の場合，海外直接投資をせず，自国で生産（日本の Made in Japan など）を続けるという戦略もあり得る。

3 部品・工程分業型の海外直接投資

　部品・工程分業型投資は，グローバルなレベルで，部品・工程の分業を目的とする海外直接投資である。この型での直接投資の主要な動機は，進出国での各種のコスト優位性を利用することによって，部品・工程生産の最適立地を狙った投資である。たとえば，ＡＳＥＡＮ（東南アジア諸国連合）での**ＡＦＴＡ**（アセアン自由貿易地域）の進展によって，日本企業は，主に電機・機械産業，自

動車産業を中心として，ＡＳＥＡＮでの最適立地に基づく，部品生産の集約や再編の動きが顕著となっている。

④ 製品分業型の海外直接投資

　完成品の生産を国際的に分業することを目的とする海外直接投資が，**製品分業型投資**である。製品分業には，技術レベルがそれほど違わない製品を各国で分担生産する形と，技術レベルの異なる製品を分担生産する形がある。

　日本企業の製品分業をみると，技術レベルがそれほど違わない製品のケースとしては，日本企業が，アメリカ，欧州といった先進諸国に進出し，技術水準がほぼ同一の製品を，グローバルな最適立地という視点から製品分業する形がある。最近では，日本と中国やＡＳＥＡＮでの製品分業において，技術レベルが最先端の製品についても中国やＡＳＥＡＮで生産するという事例も生じてきている。

　技術レベルが異なる製品のケースとしては，日本企業が，タイ，インドネシア，ベトナムなどのＡＳＥＡＮや中国に進出し，主に標準化製品を生産し，日本では高付加価値の高度技術製品を生産し，グローバルに製品分業する場合である。

⑤ 資源開発型の海外直接投資

　原油，天然ガス，石炭，鉄鉱石，銅，鉱物，木材などの**資源開発のための海外直接投資**がある。日本企業は，資源を求めて多くの海外直接投資を行っている。特に注目すべきは，資源開発会社，石油会社のみならず，総合商社の資源開発関連の海外直接投資が多くみられることである。日本の総合商社は，資源開発プロジェクトに参加し，日本の他の企業，海外・現地企業，現地政府と共同出資の形で資源開発を積極的に行っている。

　資源開発関連投資では，農業，畜産業，林業，漁業関連の資源開発もある。アジアやオーストラリアでは，羊毛生産のための海外直接投資，牛肉生産のための海外直接投資，木材生産のための海外直接投資，などのケースがある。

6 販売拠点型の海外直接投資

　進出国の市場での販売拠点，サービス拠点の設置を目的とした海外直接投資が，**販売拠点型投資**である。現地に販売拠点を設置することにより，現地の消費者のニーズや趣向，需要動向等をダイレクトに把握することができる。特に，家電品，コンピューター，通信，機械，自動車などの製品では，現地に販売拠点を設置するのみならず，現地でアフターサービス，修理，部品に対応するためのサービス拠点の設置が不可欠である。

3 完全所有子会社と合弁会社

　海外直接投資により海外子会社を設立する場合，100％出資の**完全所有子会社**と，現地企業などと共同で出資して設立する**合弁会社**の形態がある。よりコントロールの程度を最大化したい多国籍企業では，完全所有子会社を選好する。一方，発展途上国や中進国で，現地政府が特定の産業などで外資の完全所有を規制している場合や，市場でのリスク・不確実性が高い場合，合弁事業は1つの選択となろう。先進国では，戦略的提携としての合弁事業がある。

1 完全所有子会社形態

　海外の完全所有子会社では，本国の親企業が事業を完全にコントロールすることができる。すなわち，親企業がマーケティング，生産，販売，調達，財務，人事などで，海外子会社を直接統制することができる。完全所有子会社は，合弁事業でのパートナーとの対立などのリスクを回避したい企業にとっては，まず考慮すべき戦略である。先進国への進出では，この形態が多い。

　しかし，**完全所有**は，損失のすべてを負担しなければならないというリスクがある。また，外国において独力で事業展開しなければならないため，その会社の資源（資産，人材，生産，技術，販売など）を多く集めることになる。さらに，受け入れ国で，政治的，文化的摩擦などのリスクが生じることもある。

2 合弁会社形態

　合弁企業（事業）（Joint Venture）とは，現地パートナーなどと共同で出資する海外子会社形態である。一般的に，そのパートナーは，現地資本の会社が多いが，場合によっては，現地の国営企業，公営企業，政府，個人，または外国企業などがある。合弁企業は，本国の親企業の出資比率によって，過半数所有（50％以上の所有），半数所有（50％所有），少数所有（50％未満の所有）の形態がある。発展途上国への進出では，この形態によるものがかなりある。

　合弁企業形態の利点は，現地パートナーとの**シナジー効果**（連結効果）が得られる可能性があることである。合弁事業は，現地パートナーと資本とリスクを共有している。さらに現地パートナーの貢献として，土地，原材料，人材，文化・法律・政治などの現地環境に関する知識，流通ネットワークへのアクセス，供給業者や政府役人との人的接触などがある。外国パートナーが持つスキルや資源と組み合わせたシナジー効果が得られたとき，これらの要素が市場参入に成功するための鍵となる。

　合弁企業形態の欠点は，現地パートナーと利害対立が生じる可能性があることである。たとえば，事業戦略，資源配分，移転価格，技術，マーケティング，ブランド，調達，利益処分，配当，投資決定，増資，撤退などの点で，利害対立が生じ，海外合弁事業に失敗するケースがある。このようなこともあり，日本企業の発展途上国や中進国への海外直接投資において，合弁形態の企業の割合が減少している傾向にある。

　国際的な合弁事業の成功要因として，第1に適切なパートナーの選択が重要である。シナジー効果を得ることができるスキルと資源を持つ現地パートナーが，より適切である。

　第2に，現地パートナーとの文化的な相違を克服することが必要である。現地の文化，社会，経営に関する知識と理解，また，現地パートナーとの粘り強い話し合いが重要である。

　第3は，合弁事業を最初から大規模で始めるよりは，最初は小規模から始めて，徐々に拡大していくという，漸進的アプローチも有効であるとされてい

る。

　近年，日本企業のグローバルな海外子会社の再編成，海外合弁会社の諸々の経営問題などにより，**海外子会社の撤退**が起きている。その際，海外合弁企業の現地パートナーが撤退に反対するケースや，法的トラブルになるケースが一部に生じている。日本企業は今後，**撤退戦略**が重要な課題となろう。

4 貿　易
1 輸出と輸入

　企業のグローバル化において，海外直接投資とともに重要なのは輸出・輸入といった**貿易活動**である。

　企業の輸出は，間接輸出と直接輸出に分類される。**間接輸出**は，企業が商社・貿易業者などを通して輸出することをいう。

　間接輸出のメリットは，輸出，海外市場に関する経験，知識がなくても海外での販売が可能であることである。さらに，初期投資が少なく，**サンクコスト**（埋没費用：いったん投入すると回収できにくい費用）が少なく，結果としてリスクが小さいこともメリットである。間接輸出のデメリットは，貿易，現地販売を他の企業に依存していることから，価格，製品戦略，広告，ブランド構築，アフターサービス，流通チャネルなどにおいて，企業独自のマーケティング戦略が困難となることである。さらに，海外マーケティング，海外販売に関する経営資源・ノウハウの蓄積が少ないこともデメリットである。

　以上から，間接輸出は，海外市場での経験が乏しく，輸出量が少なく，海外市場でのリスクが高く，中小・中堅企業の場合に，戦略として有効であろう。

　直接輸出は，企業独自に輸出部門，海外支店，販売子会社などを設立して，輸出活動を行うことである。

　直接輸出のメリットは，価格，製品戦略，広告，ブランド構築，アフターサービス，流通チャネルなどにおいて，企業独自のマーケティング戦略が可能となることである。ソニーは，はじめから直接輸出を行い，成功したケースである。

直接輸出のデメリットは，初期投資が多く必要であり，撤退障壁が高くなり，結果としてリスクが大きくなる可能性があることである。

以上から，海外市場での販売の増大，海外での経験の蓄積につれて，企業独自の販売の必要性が増大することから，直接輸出が有効となる。

2 国際移転価格

国際的な企業内取引の価格について考えてみよう。**図表12－1**は，国際的な企業内取引（貿易）をみたものである。日本の本社が海外の子会社に部品や完成品を輸出しているとする。日本の本社は，海外の子会社に対しての輸出価格を高めに設定すると，日本の本社はその分だけ利益を得るが，海外の子会社は高い部品や製品を買わされている分だけ利益が少なくなる。逆に，日本の本社は低い価格で輸出すれば，日本の本社は利益が減り，海外子会社は利益が増える。このように，同一企業・グループ企業内での輸出価格の設定―これを**企業内取引の国際移転価格**（transfer pricing）という―によって，本社と海外子会社の間，あるいは海外子会社間で利益を移転することが可能となる。

このように，多国籍企業は，グローバルな視点で税金の高い国から低い国に利益を移転させて**租税回避**をすることができるかもしれない。この場合，税金の高い国は租税回避であると批判するかもしれない。

また，移転価格は，**ダンピング**の問題とも関係している。たとえば，日本の本社が，不当に安い価格でアメリカに輸出したとすると，現地企業への不公正な競争であるとしてダンピングの疑いで提訴されるおそれが出てくる。

図表12－1　国際的な企業内取引

```
 ┌──────────┐  部品・完成品   ┌──────────┐
 │日本の親会社│ ←──────→ │海外の子会社│
 └──────────┘              └──────────┘
      ↖   部品・完成品      部品・完成品   ↗
          ↘              ┌──────────┐              ↙
                         │海外の子会社│
                         └──────────┘
```

出所：筆者作成。

以上のように，企業内取引の国際移転価格の設定は，国際経営戦略として重要な問題である。

3 貿易・海外投資と外国為替

世界の貿易では，米ドルを国際貿易の**決済通貨**としているのがまだ一般的である。近年，ＥＵ諸国の通貨であるユーロも決済通貨として使用されてきている。国際的にみると，日本の円は，国際貿易の決済通貨として使用される割合はまだ少ない。

企業のグローバル化において，海外投資とともに重要なのは輸出・輸入といった**貿易**活動である。貿易には，モノの貿易とサービスの貿易がある。近年，日本で重要になってきているのは，**サービス貿易**である。サービス貿易には，以下の3つがある。第1は，**輸送サービス貿易**である。これは，旅客，貨物などの国際輸送サービスである。第2は，**旅行サービス貿易**である。これは，海外旅行などのサービス貿易である。日本から海外への観光は，サービスの輸入となり，海外から日本への観光はサービスの輸出となる。近年，海外からの訪日観光者の増加は，サービス貿易の黒字となり，日本経済にとってメリットが大きい。第3は，その他のサービス貿易である。これは，国際的な特許等使用料，建設，保険，情報，通信などのサービス貿易である。

外国為替レートの変化は，貿易や海外投資に大きな影響を与える。**円高**とは円の価値が上がることであり，たとえば1米ドルが100円から80円になることである。円高は輸出が不利で，輸入は有利となる。逆に，**円安**は円の価値が下がることであり，たとえば1米ドルが100円から120円になることである。円安は，輸出が有利で，輸入が不利となる。

また，外国為替は海外直接投資にも大きな影響を与える。円高は，日本からの輸出が不利なため，日本企業は海外に工場を建てるなどの直接投資を増やし，為替が有利である海外工場から，世界に輸出する戦略をとる。逆に，円安になると日本からの輸出が有利になるため，生産拠点を海外から日本に移転させる圧力となる。

4 貿易と商社

　日本では，貿易において商社の役割が重要である。日本では，**専門商社**と総合商社といわれる商社があり，特に**総合商社**は規模が大きく，重要な存在である。専門商社は，繊維，食品，機械，金属，水産など多様な分野にある。

　三井物産，三菱商事，住友商事，双日，伊藤忠商事，丸紅などの総合商社は，世界的にみてもユニークな存在である。総合商社は，日本での製品の輸出や輸入といった活動以外でも，多彩な活動を行っている。総合商社は，第3国仲介貿易，海外での資源開発，直接投資による他企業（メーカー，サービス）との合弁会社の設立，貿易取引の資金的・保険的支援，大プロジェクトのコーディネーターなどの活動も行っている。

5 グローバルなM＆A戦略

　グローバルな企業戦略として最近脚光を浴びているのは，**M＆A**（合併と買収）と**国際戦略提携**である。企業買収には，株式の取得による買収と，事業譲渡による買収がある。特に買収では，**ＴＯＢ**（Take-Over Bid）（株式の公開買い付け）によるケースが多くなってきている。

　国際戦略提携には，合弁会社の設立，長期取引関係，契約などの形態がある。さらに，契約による戦略提携として，ライセンシング，契約生産，ＯＥＭ，委託加工，共同技術・製品開発，フランチャイジング，販売・マーケティング契約，コンソーシアムなどがある。

1 M＆Aとは何か

　企業の戦略として，近年注目されているのが**M＆A**（Merger ＆ Acquisition）である。M＆Aは，**合併と買収**ということである。

　企業のグローバル戦略において，海外で活動している企業を買収し，経営権を取得して，企業経営をコントロールし，子会社経営を行うという，国際的M＆Aも増えている。

　たとえば，日本企業のアメリカ企業へのM＆Aとしては，ソニーによるＣＢ

Sレコード，コロンビアピクチャーズの買収，ブリヂストンによるファイアストンの買収，ソフトバンクによるスプリントの買収などがよく知られている。

2 合　併

2つ以上の会社が統合して，1つの会社になることを**合併**という。

海外企業同士の合併では，ドイツのダイムラー・ベンツとアメリカのクライスラーとの合併（結果的には失敗した）などの事例がある。

合併には，吸収合併と新設合併がある。**吸収合併**とは，合併する会社のうち1社が存在する形である。**新設合併**とは，合併する会社はすべていったん消滅して，新たに会社を創設する型である。合併では吸収合併が一般的である。

3 買　収

ある会社が，他の会社の経営権を支配するために，他の会社の株式を取得すること，または他の会社の一部の事業を取得することを，**買収**という。以上のように，買収の方法としては，株式の取得と事業譲渡（事業の取得）の2つがある。

買収企業が，買収したい会社の株式を大量に手に入れることにより，支配権を確保するのが**株式の取得による買収**である。具体的には，株式譲渡による買収と新株引き受けによる買収がある。

① 　株式譲渡による買収

買収企業が，買収したい会社の株式を，すでに株式を所有している株主から取得する方法が**株式譲渡による買収**である。

株式譲渡の買収のケースとして，ソフトバンクによるボーダフォン日本法人の買収がある。これは，英国本社のボーダフォン社の保有する日本法人ボーダフォン社の株式97.7%を，1兆7,500億円程度でソフトバンクグループが取得するというものである。

株式譲渡による買収では，ＴＯＢ（株式の公開買付け）による買収もある。買

収企業が，買収したい会社の株式を，TOBにより取得する方法である。

　TOBによるグローバルな買収のケースとして，1999年5月に行われた，英ケーブル・アンド・ワイアレス（C&W）による国際デジタル通信（IDC）の買収がある。また，米ファンド，サーベランスによる西武ホールディングスの買収（結果的に失敗した）がある。

② 新株引き受けによる買収
　買収対象の会社が，新たに株式を発行し，買収企業が第三者割当により取得する方法が，**新株引き受けによる買収**である。

　そのグローバルなケースとして，仏ルノーによる日産の買収がある。仏のルノーは，1999年3月，日産自動車の株式を第三者割当により取得し，ルノーが日産に35％程度出資することに合意したものである。

4 **事業譲渡による買収**

　買収企業が，買収したい会社の有する財産，資産の一部を取得することが，**事業譲渡**による買収である。

　日本企業同士のケースとして，ソニーがコニカミノルタのデジタル一眼レフカメラ関連の一部資産を取得するという，事業譲渡による買収（2006年1月合意）がある。また，日本企業による海外企業の事業譲渡による買収として，日本たばこ産業（JT）が米RJRナビスコ社の海外タバコ事業を78億3,000万ドルで買収した（1999年3月合意）ケースがある。

　海外企業では，米GEが，ジャック・ウェルチ会長の下で，半導体やテレビ事業などを事業売却し，放送会社NBCを傘下に持つRCAや金融部門の事業を取得するという，事業譲渡による買収を積極的に行い成功したケースがある。また，中国のレノボ（Lenovo）が，2004年，米IBMのPC部門（Think Padブランド）を12億5千万ドルで事業買収したケースがある。

5 海外での買収戦略

　国際経営戦略として，**海外企業の買収**がある。海外企業を買収することにより，新たな市場に参入するのである。海外企業の買収の最大の利点は，海外での新会社設立に比較して，買収は現地市場へのアクセスを得る迅速な方法であることである。買収会社は，被買収企業が持っている人材，ブランド，流通チャネル，生産設備，技術などを獲得することができる。

　しかし，海外企業の買収は大きなリスクも伴っている。買収会社と被買収会社の企業文化の相違がもっとも困難な問題である。また，被買収企業の資産が，買収会社の期待に応えるとは限らない。老朽化した工場と設備，隠れた債務，古びたブランド，困難な労使関係など，問題が生じる可能性である。さらに，買収による参入は非常にコストの高いグローバル拡大戦略となり得ることである。よい候補は通常，身売りを望まない。もし望んでいても，買収は高いものとなる。他の外国企業あるいは現地企業もその買収に関心を示し，その結果，厳しい入札競争になることも多い。

　日本企業の海外企業の買収の失敗事例として，東芝による米国原子力事業会社ウェスチングハウス（WH）の買収がある。

6 M＆A戦略の目的

　M＆A戦略は，水平的統合を目的としたものか，垂直的統合を目的としたものかによって，水平型M＆Aと垂直型M＆Aに分類できる。

　また，製品と市場の関連性から，M＆A戦略は，技術関連型M＆A，市場関連型M＆A，コングロマリット型M＆Aに分類できる。

① 水平型M＆A

　類似した製品やサービスを生産している会社を買収，合併する戦略が**水平型M＆A**である。これは，ほぼ同じ製品や事業内容の企業をM＆Aし，主に市場シェアを拡大するために行われる戦略である。

　海外のケースでは，石油メジャー大手，米エクソンと米モービルの合併，米

通信・メディア企業のＡＴ＆Ｔと米タイム・ワーナーとの合併（計画）などがある。

② 垂直型Ｍ＆Ａ

　原材料や部品などの川上方向の企業の買収・合併，生産工程の企業の買収・合併，および販売や流通経路の川下方向の企業の買収・合併というような，垂直的統合を目的とした企業買収，合併戦略が**垂直型Ｍ＆Ａ**である。

　日本の鉄鋼会社や非鉄会社が，海外の資源開発会社を買収するケースが，典型的な垂直型Ｍ＆Ａである。

③ 技術関連型Ｍ＆Ａ

　製品や事業に関連がある企業を買収，合併し，製品ラインを拡張する戦略が**技術関連型Ｍ＆Ａ**である。製品の生産や技術の関連によって技術的シナジーの効果を狙う戦略である。

　ケースとしては，写真技術，光学技術，デジタル技術のより深化を目指したコニカとミノルタの合併（コニカミノルタ社），など多くある。また，ソニーによるコニカミノルタのデジカメ部門の買収も，コニカミノルタが持つ一眼レフカメラの技術，資産の獲得が目的の技術関連型Ｍ＆Ａであろう。日本のユニークなカメラ会社のシグマ社が，米ベンチャー企業フォビオン（Foveon）社を買収したのは，独創的な画像センサーの技術獲得にあった。近年，中国や韓国などの企業が先進国の企業を主に技術獲得を目的として買収する事例もある。

④ 市場関連型Ｍ＆Ａ

　同一もしくは類似の製品を異なった市場，地域で販売しようとするために企業買収，合併する戦略が**市場関連型Ｍ＆Ａ**である。

　このケースでは，日本企業による海外企業の買収の多くが，海外市場の拡大を狙った市場関連型Ｍ＆Ａである。たとえば，ブリヂストンの米ファイアストンの買収，ソフトバンクの米スプリントの買収，などがある。

⑤ コングロマリット型M＆A

異質の製品と相違した市場を持っている企業を買収、合併する戦略が**コングロマリット型M＆A**である。

日本の企業では、オリックス、京セラなどが、幅広い事業分野でM＆Aを行い、コングロマリット型M＆Aの傾向がある。海外では、東南アジアの華人財閥などでこの型のM＆Aにより発展しているケースがある。

7 買収の防衛策

買収には、買収される企業の経営者が買収に対して賛成する**友好的買収**と、買収される企業の経営者が買収に対して反対する敵対的買収がある。友好的買収の場合はあまり問題がないが、**敵対的買収**の場合、買収を防衛して、買収を成功させない施策が時には必要である。

他の企業からの敵対的買収を未然に防ぐための主要な防衛策として以下がある。

第1は、**高い株価**を維持することである。株価が高い場合、買収企業は買収のための費用がかかり、買収が難しくなる。株価を高くするためには、企業業績を向上させることはもちろんだが、そのほかに、株主配当を高くすること、各種の株主優遇策、株式の売買単位の引き下げ、株式分割などの施策があろう。

第2は、**安定株主**を確保することである。金融機関、従業員持株会、取引先、グループ会社などの株主と友好的関係を維持することで、敵対的買収の場合、安定株主として会社側と歩調を合わせて敵対的買収を防ぐのである。

第3は、自社の株を自社が取得するといった**自社株買い**を行うことである。自社株買いは、2001年の商法改正により認められた。会社が、一種の安定株主策として、自己株式を買うのである。自社が大株主となることで、他社の敵対的買収を防ぐのである。

第4は、株主に特殊な新株予約権を与える**ライツプラン**（ポイズンピルともいう）を行うことである。ライツプランとは、会社が敵対的買収前の平時に特殊

な当該会社の株式を有利な価格で取得できる新株予約権を一般株主（株主割当型），または特定株主（第3社割当型）に与えておいて，敵対的買収者が株式を買い占めた場合，買収者以外の株主に大量の新株を発行して，敵対的買収者の持株比率を低下させる方法である。たとえば，株主割当型のライツプランとして，敵対的買収者が20％以上の株式を取得した場合，一般株主に1株式につき5株の新株予約権を与えておくと，敵対的買収者が20％の株を買収したとしても，一般株主が新株予約権を行使すると，一般株主の持株比率は劇的に高まり，敵対的買収者の持株比率はかなり低下する。

　第5は，敵対的な買収で，会社経営者が退任する場合，高額な役員退職金を支払うという契約を作っておくという，**ゴールデン・パラシュート**である。敵対的な買収が起こると，経営者の退任で多額の割増退職金を支払う義務があることで，敵対的買収を防ごうとする施策である。

　他の企業から敵対的買収を仕掛けられた後，防衛するための主要な施策として，以下がある。

　第1は，友好的な会社との合併や新株引き受けによる，**ホワイトナイト**（白馬の騎士）である。敵対的買収の場合，友好的に支援してもらえる企業と合併したり，新株を引き受けてもらって，ホワイトナイトの企業の傘下に入るのである。

　第2は，敵対的買収が生じた段階で，買収を仕掛けられた会社が重要な資産をホワイトナイトや友好企業に売却するなどして，買収者の買収意欲をそぐ防衛策である。たとえば，ライブドアによるニッポン放送の敵対的買収の際に，ニッポン放送が所有していたフジテレビ株式を，ソフトバンク・インベストメントに賃貸したことなどはそれに該当するであろう。

6 国際戦略提携

　国際経営戦略として最近注目されているのは，国際戦略提携，アライアンスである。**戦略提携**（strategic alliances），**アライアンス**とは，パートナー企業が，相互のニーズや共通の目的を達成するために，パートナー個別企業が単独で行

うより効果的にかつリスクが小さいと認識される場合に，2社や多数の独立したパートナー企業間で，共同事業，同盟，グループ，協定，協力関係などの各種の提携関係を構築することである。国際戦略提携の基本的形態としては，合弁企業の設立，長期取引関係，各種の契約による形態などがある。

1 海外での合弁企業の設立

第1の形態としての**合弁企業**（joint venture）は，2つ以上の独立企業が資本を出資して，新たに会社を設立することである。

合弁会社の設立の目的としては，自社のみでは開発・製品化が難しい新技術・新製品の開発・製造・販売，費用およびリスクの分散・共有化，新しい地域や顧客の開拓，海外での輸入制限の克服などさまざまなものがある。

日本でも，自国資本と海外資本との合弁企業は多く存在する。ジェットスタージャパン（豪カンタスと日本航空との合弁），富士ゼロックス（富士フイルムと英国のゼロックス社の合弁），など多くの合弁企業がある。

海外での合弁企業では，多くが自国資本と海外資本との合弁である。日本企業の海外での直接投資の形態として，100％日本側出資の**完全所有子会社**，および主に現地側資本との合弁企業がある。たとえば，タイにおいて，トヨタ自動車と日産自動車は，ともにタイ資本のサイアムセメントとの合弁事業で進出している。百貨店の三越伊勢丹は，中国の上海進出で，現地資本の華亭集団との合弁で1店舗，梅龍（めいりん）集団との合弁で1店舗を持ち，現地進出している。

2 グローバルな長期取引関係

第2の国際戦略提携関係は，長期取引関係である。**長期取引関係**とは，パートナー企業相互の信頼を基礎とする継続的な顧客関係による提携である。この長期取引関係は，中間品，部品・原材料調達にしばしばみられる。海外の現地生産において，良質で安価な部品・原材料の調達が必要であることから，現地の部品・原材料企業との長期的取引関係の構築は1つの重要な生産戦略である。

3 グローバルな契約による国際戦略提携

国際戦略的提携として，契約による形態がある。**契約**による戦略提携には，技術・生産関連の契約としてライセンシング，契約生産，OEM契約，委託加工，共同技術・製品開発，などがあり，そのほか，フランチャイジング，販売・マーケティング契約，コンソーシアムなどの形が存在する。

4 グローバルなライセンシング

ライセンシング（licensing）とは，ある企業（供与企業：**ライセンサー**）が他の企業（受け入れ企業：**ライセンシー**）に対して，特許（patent），ノウハウ（know-how），商標（trademark），著作権（copyrights）などの固有の権利，知識，技術を提供する契約である。ライセンシング契約は通常，ライセンシーに対しての金銭的支払いとしての**ロイヤリティー**（royalty）と，その使用期間が明記されている。ライセンシングは，国内企業間，および国内企業と海外企業間で，多様な業種の企業で行われている。

たとえば，東京ディズニーランドは，アメリカのディズニー社からのライセンシングの下でオリエンタル・ランド社が所有し，運営している。ファッション業界でも，英国ブランドのバーバリー（BURBERRY）が三陽商会へのライセンス供与契約を打ち切ったため，三陽商会の経営が大きな打撃を受けたという事例がある。

ライセンシングの供与企業のメリットとして以下がある。

第1は，輸入や直接投資の制限を行っている国など，他の方法では参入が難しい市場に有効である。

第2は，ライセンシング料の収入確保である。商標，ブランド，研究開発の成果の提供により，追加的収入を得ることができる。

第3は，海外マーケット進出におけるコストやリスクの少なさである。ライセンシングは，直接投資などにより現地生産をするより，コストやリスクが少ない。政治的，経済的，経営的にリスクの高い国へ進出する場合，まず考慮すべき戦略である。

第4は，近年ますます重要になってきている，グローバルな**業界標準・規格標準化**（デファクトスタンダード：de facto standard）の手段として有効である。国際的な規格標準の競争を制するために，多数の企業にライセンスを与えることにより，市場での規格標準のシェアを高め，規格標準の優位性を確保する。

　たとえば，代表的なケースとして，ＶＴＲ規格としてのＶＨＳのケースがある。ＶＨＳを開発した日本ビクターは，特許を中心としたライセンシングを他社に提供した。また，他社とのライセンシングの相互交換であるクロスライセンシングも行った。その結果，ＶＨＳ方式が，ライバルのソニーのベータ方式を押さえて，業界シェアを高め，ＶＨＳ方式が世界の業界標準となった。最近では，米グーグル社が開発したスマホ基本ソフトのアンドロイドのケースがある。アンドロイドは，無償で誰でも提供されるオープンソースであるため，それがスマホ基本ソフトの１つの世界標準（もう１つはアップル）となった。

　ライセンシングの供与企業のデメリットとして以下がある。

　第１は，ライセンシング供与企業は，受け入れ企業の生産戦略，マーケティング戦略，経営戦略に関して，ほとんど統制できないことである。それゆえ，ライセンシング供与企業は，受け入れ企業の生産をグローバルな視点での最適立地戦略に組み込むことは難しく，また，グローバルな視点での生産量の拡大による規模の経済も達成できにくい。

　第２は，ライセンシング受け入れ企業が，将来，ライセンシング供与企業の競争相手・ライバルとなる可能性があることである。受け入れ企業がその技術を獲得し，改良して，新たな製品を開発・製造し，市場に参入するかもしれない。これは，ライセンシング供与のもっとも重大な問題である。

　第３は，ライセンシング受け入れ企業が輸出したい場合，ライセンシング供与企業と市場割当をめぐり利害対立するケースがある。すなわち，供与企業やその契約企業により製品供給されている国・地域に，受け入れ企業が輸出を行いたいと思っている場合に利害対立が生じる。ライセンシング契約において，受け入れ企業が輸出することを規制する条項を加えることは可能である。

　共同研究開発や製品開発のために，企業間でのライセンシングの相互交換と

いう**クロス・ライセンシング契約**がある。アジア企業と日本企業のケースでは，ソニーと韓国サムスンとの液晶パネルに関するクロス・ライセンシング契約（その後，契約は解消した）があった。

5 グローバルな共同技術・製品開発

　共同技術・製品開発とは，2つ以上の独立企業が共同で，ある特定の技術開発や製品開発を行う提携である。

　代表的なケースとして，環境技術や電気自動車（EV）開発に関する自動車会社の共同技術提携，半導体などの最先端製品の共同開発に関する，各種の共同技術・製品開発などがある。

　近年，技術開発の高度化，研究開発費の巨額化，製品の**コモディティ化**（汎用品化：commodity），製品の**モジュール化**（module：規格・機能がほぼ統一された部品を集めた製品。パソコンなどが代表的である），環境技術開発，省エネ技術開発，などの背景から，世界的に企業間での共同技術・製品開発の必要性が高まっている。

6 グローバルな契約生産

　日本企業の海外での戦略として，直接投資による生産拠点の設置はもちろん重要であるが，近年注目されているのは，委託生産，OEM生産といったグローバルな契約生産による形態である。

　契約生産（contract manufacturing）とは，ある企業が他企業の特定の製品を製造する協定である。海外で一般的なのは，ある企業（契約生産委託元企業）が海外の企業（現地契約生産企業）に対して生産に必要な技術を提供して，特定の製品を生産する契約である。日本でも戦後初期，日産が英オースチン車，日野自動車が仏ルノー車の契約生産（**ノックダウン**：Knock Down）を行うことで技術習得したという経験がある。

　グローバルにみると契約生産には，2つの種類が代表的なものである。

　第1は，現地契約生産企業は，委託元企業から生産・技術の指導を受け現地

で生産し，委託元企業のブランドで特定の製品を現地で販売する形態である。たとえば，軍用の航空機（ロッキードなど）や兵器など，技術流出を恐れて，契約生産（ライセンス生産）により行うケースがある。また，ベトナムでは，現地の国営企業が，かつて東芝，日立との契約生産契約により，テレビを生産し，東芝や日立のブランドで販売していたケースがあった。

第2は，委託元企業が，生産・技術の指導をして，部品の生産やアッセンブリーを海外の現地契約企業が行い，原則的に委託元企業が全量引き取る形態である。このケースの代表的形態は，後述するOEMである。

契約生産には，メリットとデメリットがある。契約生産の委託元企業のメリットとして以下がある。

第1は，海外企業に契約によって生産させるのであるから，新たな海外直接投資や資金投下をせずに，現地での生産が可能である。

第2は，ライセンス供与のメリットと同じく，輸入や直接投資の制限を行っている国など，他の方法では参入が難しい市場に有効である。

デメリットとしては以下がある。

第1は，ライセンシングと同様，競争相手を作り出す可能性があることである。

第2は，現地契約生産企業が技術・生産面で不充分であると判明した場合，委託元企業は，技術・生産指導等の支援サービスを提供しなければならず，予想以上の経営資源の投入が必要になる可能性がある。

契約生産のなかでも，現地契約企業が生産した製品を，委託元企業のブランドで販売するのが，OEM契約である。OEM生産には，発注企業が設計図を渡して単に生産のみを委託する形態から，製品の設計を含めて生産委託する形態まで，多様である。

7 グローバルなOEM

OEM（Original Equipment Manufacturing）は，ある企業（**契約生産委託元企業**）が他の企業（**契約生産企業**）に対して特定の製品を生産し，委託元企業のブラン

ドで販売する契約生産の契約である。すなわち，ＯＥＭとは，契約生産企業に製品や部品を生産してもらい，それを委託元企業の自社ブランドで販売することである。

ＯＥＭのケースとして，中国ハイアール（契約生産企業）の家電製品のＯＥＭ，米アップル（委託元企業）の台湾ホンハイ（鴻海：契約生産企業）へのスマホの生産委託，など，国際的なＯＥＭがある。そのほかにも，**プライベートブランド**（ＰＢ：小売業者のブランド），米ナイキ（委託元企業）などのスポーツ用品，電気製品，パソコン，スマホ，自動車など国際的ＯＥＭはかなり多い。

この場合，契約生産企業が，設計・製造のすべてを行うケースから，設計のみ委託元企業で行うケースなど，多様である。委託元企業は，自社で製造するよりより安いコストで製品を調達でき，また自社で生産していない種類の製品も調達することが可能となり，製品ラインアップが増えるというメリットがある。契約生産企業は，大量生産によるコストダウンが見込める。ＯＥＭには，委託元企業がすべて開発，設計し生産のみを委託する形態から，製品の設計を含めた生産委託，契約生産企業が独自に開発した製品の提供など，多様である。

グローバルなＯＥＭは，国際戦略提携として近年注目されている。

ＯＥＭの**委託元企業の目的**として以下がある。

第1は，自社製品ラインの品揃えを豊富にするために，自社に欠けている製品をＯＥＭ調達する。

第2は，自らは得意分野に製品・事業を特化し，それ以外の分野の製品・事業についてはＯＥＭ調達により事業展開する。

第3は，ＯＥＭの製品が自社で開発・製造するより安いコストで調達できる場合，コスト削減効果を期待できる。

ＯＥＭの**契約生産企業の目的**として以下がある。

第1は，ＯＥＭ供給することにより，製品の生産量が増大し市場シェアを高め，さらに規模の経済性によりコストが引き下げられる。

第2は，工場に生産余力がある場合，ＯＥＭ生産により有効活用が可能とな

る。

　第3は，グローバルな**業界標準・規格標準化**（デファクトスタンダード）の手段としてOEMが有効である。すなわち，国際的な規格標準の競争を制するために，多数の企業にOEM供給することにより，市場での規格標準のシェアを高め，規格標準の優位性を確保するのである。

　OEMの委託元企業は，製品供給を契約生産企業に依存することになることから，各種の問題点が生ずる可能性がある。将来の競争上の重要な要素となる製造という付加価値をコントロールできないという問題である。さらに，自らの技術開発力の可能性を喪失し，将来の事業活動の発展性に支障が生じることにもなりかねない。この問題を回避するためには，以下の方法がある。

　第1は，OEM委託元企業側が，設計および技術力を開発し，そのレベルを向上させることによって，OEM製品の品質，特徴を確立するために仕様書，設計図によって製品を製作させることである。これにより，OEM契約生産企業に対して大きなコントロール能力を保持することが可能となる。この戦略の成功事例として，アップルがある。アップルはスマホの設計および基本ソフトの作成は自社で行っており，それが強みとなっている。

　第2は，OEM委託元企業が，代替しうる他の契約生産企業を開拓・維持するのも，コントロール能力を確保するのに有効である。可能であれば，契約生産企業は複数であるのが望ましい。

　第3は，OEM委託元企業が，長期的な事業戦略として，契約生産企業に資本参加することである。

　OEMが多い，**台湾のケース**をみてみよう。台湾の電子・情報産業は，海外へのOEMにより発展してきた。1980年代に台湾に電子・情報産業がスタートしたばかりの時は，外資系企業の比重が高かったが，その後，現地企業によるOEMが主体となった。特に，台湾企業のパソコンやその関連製品（マザーボードなど）は，世界へのOEM供給大国の地位を占めるにいたっている。

　近年の台湾の電子・情報産業について注目すべきは，従来OEMとみなされていたもののなかに，単なる委託生産とはいえないものが増大していることで

ある。すなわち，海外の委託元企業が台湾企業に生産委託する場合，設計図を渡して単に生産のみを委託するのではなく，設計を含めて委託する，あるいは台湾企業が設計した商品のサンプルを見て発注するという**ODM**（Original Design Manufacturing）形態が増えていることである。台湾のエーサー（Acerという自社ブランドとしても販売している），ホンハイ（鴻海：主にアップルのスマホの生産を行っており，日本のシャープを買収した）などの企業が，OEM，ODMを中心として事業展開を行っている。

8 グローバルな委託加工（貿易）

委託加工（貿易）とは，必要な場合，原材料・部品や設備を海外から現地に持ち込み，現地企業が加工して製品として，海外の委託発注企業が引き取る方法である。主に，人件費の安い，中国やベトナムなどの発展途上国でかなり行われており，水産加工品，縫製，繊維，雑貨などの分野で多くみられる。委託加工は，現地契約企業に対して製品仕様，デザインなど生産方法の指示を行い，現地の低賃金の労働力を活用し，労働集約的な製品の加工を委託することで，委託発注企業は安いコストで製品の調達が可能となる。

日本のユニクロが中国，東南アジア，バングラディッシュなどの現地企業と委託加工契約を結び，ユニクロが指示したデザイン・仕様の衣服を現地で加工し，ユニクロが引き取って国内販売するという形態は，委託加工の代表的なケースであろう。国際的にみても，プライベートブランド（PB）品，衣服，ファッション品，雑貨，土産品などで委託加工による形も多い。

9 グローバルなフランチャイジング

フランチャイジング（franchising）とは，**フランチャイザー**（franchiser）が**フランチャイジー**（franchisee：加盟店，加盟事業主）に対して，商標，看板，商業的ノウハウなどの包括的なパッケージ販売に関して締結する契約である。

フランチャイズ化されたパッケージを個別企業が利用する際，通常，スタッフの訓練，顧客サービス，品質管理，および他の諸要件に関して締結する規則

の遵守を条件とする。加盟店や加盟事業主の売上げの一定割合を，フランチャイザーに支払うのが通常である。一般的に，フランチャイジングは，コンビニ，ファーストフード，専門店，飲食店，ホテルなどのサービス産業に多い。

フランチャイジングは，通常，加盟店・事業主間の競争をできるだけ回避するために，市場（地域など）をそれぞれの加盟店・事業主間で分割しているケースもある。フランチャイズ・パッケージのなかにマネジメント・スキルのトレーニング，宣伝・広告の支援，技術的なトレーニング，開設・設備・内装に関する援助などは含まれているのが一般的である。このような包括的な支援により，フランチャイジー（加盟店，加盟事業主）に事業経験がなくても独立しやすくなっている。また，フランチャイザー側は，最小の投資で効果的に市場全体に事業展開ができるというメリットがある。フランチャイジングは，最低限の投資で海外に拡大していく方法である。

ただし，フランチャイジングの問題点としては，一部のフランチャイジーとしての加盟店やチェーンのサービスが悪い場合，全体のブランド力が低下してしまう危険性がある。すなわち，フランチャイジーのサービスが基準を満たしていないと，ブランドの持つ国内や世界での評判を傷つけてしまうことである。このようなことが行われないように，フランチャイザー側は監視する必要がある。さらに，フランチャイジーのサービスの質を保つための，従業員教育や各種の支援が不可欠である。

日本企業の国際化戦略において，コンビニ，ファーストフード，専門店，飲食店，ホテルなどのサービス産業の企業が，進出国での事業展開でフランチャイジングを用いているケースがある。たとえば，セブンイレブン，ローソン，ファミリーマートといったコンビニ業界，ダンキンドーナツ，吉野家，すき家といったフード業界，CDやビデオレンタルのTSUTAYA，オークラニッコーホテル（nikko hotels）などが，東南アジアや中国の事業でフランチャイジング展開を行っている。

10 グローバルな販売・マーケティング契約

販売経路，共同プロモーション，販売ノウハウ，販売要員などの活用，相互品揃え，共同販売などの協定が，**販売・マーケティング契約**である。

たとえば，コンビニでの宅配，郵便，キャッシュ・ディスペンサーのサービス，航空会社グループ（ワン・ワールド，スター・アライアンス）内のマイレージサービス，国際的な銀行間のATMの相互利用などの契約のケースがある。

最近，世界的に，企業間での競争のみならず，お互いにメリットがあれば協力しようという，「**競争と協調**」という動きがあり，各種企業間での販売・マーケティング契約が注目されている。

11 グローバルなコンソーシアム

特定のプロジェクト実行のため，独立企業がプロジェクトの分担を行い，多数の企業と共同して行う形態の1つとして，**コンソーシアム**（consortium）がある。

コンソーシアムは，航空機開発，建設，インフラ，資源開発，鉱業などの大規模プロジェクトにおいて，グローバルなレベルで広がってきている。たとえば，ボーイングやエアバスの新型旅客機開発は，日本企業も参加している，多数の企業によるコンソーシアム形態による事業である。

コンソーシアムには，リスクの分散，専門知識の共有，コストの削減，完成時間の短縮などのメリットがある。ハイテク，資源開発，インフラ建設といった大規模プロジェクトでは，グローバルなコンソーシアムがますます一般的となりつつある。コンソーシアムの一部ではライセンシング，クロス・ライセンシングやマネジメント契約など他の形態の協定と結びついている。

日本企業の海外でのコンソーシアムは，インフラ関連，鉄道関連，天然資源開発，航空機開発などの大規模プロジェクトに多い。

7 知的財産権の国際戦略

日本企業のグローバル化の進展に伴って，知的財産権をめぐる問題が顕在化

している。中国や東南アジア諸国でのいわゆる「偽ブランド商品」,「模倣商品」,「商標権や特許権の侵害」などの問題が生じている。一方, アメリカやヨーロッパなどの先進諸国との間でも, 高度技術などの知的財産権保護に関する問題が生じている。

知的財産権とは, 特許（高度な新技術の発明）, 実用新案（新しい技術的な考案）, 意匠（デザイン, 形状など）, 商標（商品・サービスの名前やマーク）, 著作（文芸, 学術, 音楽, 映像, コンピュータのプログラムなどの著作）などの権利である。これらの知的所有権は, 著作権を除いて, 一定の手続きで登録することによって, 所持者に独占的な権利を認めている。日本では, 特許権は20年間, 実用新案権は10年間, 意匠権は15年間, 商標権は10年間, 著作権は原則として50年間, 保護される。なお, 商標権は登録を更新することで, 半永久的に保護される。

国際的な知的財産権の保護に関して, **パリ条約**（工業所有権保護条約）があり, 日本をはじめ100カ国以上が加入している。パリ条約は, **内国民待遇の原則**, すなわち外国人と内国人を差別しないという原則がある。また, どこかの国で出願してから, 一定期間内に他の同盟国で出願すれば, すべて最初の出願日付でしたものとして扱ってもらえる, **優先権制度**を定めた。

本国で出願し登録を認められた商標について, パリ条約では, 原則としてほかの同盟国でもそのまま登録できると定めている。たとえば, 日本で正規に登録した商標については, 中国でもその商標権が登録できる。中国での「偽ブランド商品」は, その意味で国際的にみても違法であり, 日本企業は提訴を含めた施策と, 中国当局の取り締まりが必要であろう。

特許については, 日本では一番先に出願した者が特許を受けることができるという, **先願主義**をとっている。なお, アメリカでは, 先に発明した者に特許を与えるという**先発主義**をとっていたが, 2013年から先願主義に改正となった。

国際的にみると, 特許権は, 各国で独立した特許出願, 審査が必要であるという, **特許独立の原則**がある。なお, 複数の国で特許を出願するときに, 日本で特許を出願し, 保護を受けたい国を指定することによって, 各指定国での出

願につき一定の保護が与えられている。たとえば，日本で登録した特許については，中国であらためて特許出願，審査が必要であるが，日本での出願の1年以内であれば中国で優先権（日本に出願された出願日をもって，中国で出願した日としての扱いを受けるという優先権）を持つことができる。

　日本企業は，欧米やアジアなどの海外で，特許出願や商標権の取得が増加している。グローバルなレベルでの競争が激化してきている日本企業において，知的財産権の国際戦略はこれからますます重要となるであろう。

【参考文献】

井原宏『国際事業提携』商事法務研究会，2001年。
神田秀樹『敵対的買収防衛策』経済産業調査会，2005年。
小田部正昭・クリスチアン・ヘンセン『グローバルビジネス戦略』同文舘，2001年。
ロビンソン，R. D.，入江猪太郎監訳『基本国際経営論』文眞堂，1985年。
佐藤憲正『国際経営論』学文社，2005年。
丹野勲『アジア太平洋の国際経営』同文舘，2005年。
丹野勲・原田仁文『ベトナム現地化の国際経営比較』文眞堂，2006年。
丹野勲・榊原貞雄『グローバル化の経営学』実教出版，2007年。
丹野勲『アジアフロンティア地域の制度と国際経営』文眞堂，2005年。
丹野勲『日本企業の東南アジア進出のルーツと戦略』同文舘，2017年。
山崎清・竹田志朗『テキストブック国際経営』有斐閣，1993年。
渡邊顯・辺見紀男編『敵対的買収と企業防衛』日本経済新聞社，2005年。

索　引

A-Z

AFTA（アセアン自由貿易地域）……216
ASEAN（東南アジア諸国連合）……216
entrepreneurship……26
IoT……27
LBO（Leveraged Buy Out）……57
M&A（Merger & Acquisition）……223
Made in Japan……216
MBO（Management Buy-Out）……55
NGO（Non-Governmental Organization）……15
NPO 法人……14
ODM（Original Design Manufacturing）……237
OEM（Original Equipment Manufacturing）……234
Off-JT……159
OJT……159
PM 理論……166
PPM（Product Portfolio Management）……104, 107
QC……157
RBV（resource based view）……121
SL 理論（状況対応型リーダーシップ理論）……170
SWOT 分析……97, 98
TOB（Take-Over Bid）……223, 224
TQC……157
VRIO フレームワーク……122
X 理論……85
Y 理論……85

ア

アメリカ経営学……75
アライアンス……229
アングロサクソンモデル……46, 65
アンゾフ……102
安定・拡大期……200, 203
安定株主……228
アントレプレナー……19
―――シップ……26
委員会設立会社……46
委員会等設置会社……67
意思決定の指針……96
委託加工（貿易）……237
1 次下請……203
1 人会社……7
一般層……130
一般法人株……68
インキュベーション……35
―――施設……35
―――・マネージャー……35
売上・利益計画……22
売り手の交渉力……116
ウルリッチ……150
営業……81
エイベル……100
エンジェル……40
援助的行動……171
円高……205, 222
エンパワーメント……173
円安……222
オハイオ研究……164
オープン・システム……126
親会社……9
親企業……204
オランダ東インド会社……7, 43

カ

海外企業の買収……226
海外子会社の撤退……220
海外直接投資（foreign direct investment）……213
開業率……27
会計……81
外国会社……10
外国為替レート……222
外国債……59
外資系企業……53
会社……4
―――法……19
階層組織……82
買い手の交渉力……115
開発力……210
外部環境……126, 144, 149
課業……79
学習する組織……187
額面株式……47
寡占（oligopoly）……15
課題別教育……159
活動……151
合併……16, 224
―――と買収……223
金のなる木……109
株価……228
―――収益率（PER）……60
株式（stock）……7, 47
―――会社……7, 43
―――譲渡による買収……224
―――の公開買い付け（Take Over Bid: TOB）……55
―――の取得による買収……224
―――の相互持ち合い……67
―――有限会社（股份有限公司）……70
株主主権論……71, 72
株主所有の分散……63
株主総会……44, 62
株主代表訴訟権……47
株主の権利……47
株主割当てによる増資……49
カルテル……17
環境と行動……75
官公庁企業……14
監査委員会……46, 47, 62, 64, 67
監査役……46
―――会……46, 62, 65, 67
間接金融……60
間接投資（portfolio investment）……214
間接輸出……220
完全親会社……10

索　引　　243

完全子会社……………………10
完全所有………………………218
　　　──子会社………218, 230
管理………………………………81
　　　──のプロセス……………81
官僚制……………………………77
機会………………………………99
機械的組織………………89, 90
機関投資家………………………65
企業…………………………1, 2
起業………………………………19
起業家……………………………19
　　　──活動……………………26
企業組合…………………………12
起業支援担当者…………………35
企業戦略…………………………96
　　　──論……………………102
企業内教育……………………157
企業内取引の国際移転価格
　（transfer pricing）………221
起業の意思決定…………………19
企業の働き………………………75
企業買収…………………………50
企業レベルの目標………………96
議決権……………………………47
　　　──制限株式………………48
技術………………………81, 100
　　　──関連型 M&A………227
　　　──提携…………………207
技術力……………………210, 211
稀少性…………………………121
既存競争業者…………………115
機能戦略…………………………96
機能レベルの目標………………96
規模の利益………………………15
基本戦略………………………119
客単価……………………………26
キャピタル・ゲイン（売却益）…40
吸収合併………………………224
脅威………………………………99
教育訓練………………………157
業界標準・規格標準化
　（デファクトスタンダード：
　de facto standard）……232, 236
競争戦略………………………113
競争と協調……………………239
競争優位性……………………103
競争優位の源泉………………211
共通性目標やコミュニケーション
　………………………………129
共同化…………………………182

共同企業……………………2, 4
共同技術・製品開発…………233
協同組合…………………………11
共同決定法………………………65
規律………………………………82
近代労務管理の時代…………146
グレイナーモデル（企業成長理論）
　………………………………197
グレートマン理論……………163
クローズド・システム………126
クロス・ライセンシング契約…233
軍事用語…………………………94
経営（執行）委員会（executive
　committee）…………………64
経営学（management）…1, 74-76
経営管理…………………………74
経営参加…………………………65
経営者支配………………………63
経営戦略…………………………97
　　　──策定プロセス…………97
　　　──と組織…………………94
経営目標……………………96, 97
経営理念…………………20, 97, 137
計画的戦略………………………98
経済価値………………………121
契約…………………………10, 231
契約生産（contract
　manufacturing）……………233
　　　──委託元企業…………234
　　　──企業…………………234
決済通貨………………………222
研究開発部門……………………91
権限─責任………………………82
権限の集中………………………82
研修の技法……………………160
現代人事管理の時代…………146
現地子会社……………………213
現地市場型投資………………215
公開会社…………………………9
公企業……………………2, 13
後継者難………………………208
合資会社…………………………6
公私混合企業……………………14
公正………………………………82
　　　──取引委員会………15, 18
　　　──な発行価額……………49
合同会社…………………………8
行動科学……………………84, 147
高品質…………………………210
合弁会社………………………218

合弁企業（事業）（Joint Venture）
　………………………53, 219, 230
公募による増資…………………50
合名会社…………………………5
子会社（従属会社）………9, 54
顧客機能………………………100
顧客層…………………………100
顧客知共有型…………………184
顧客別…………………………136
国際戦略提携…………………223
国際比較経営……………………1
国有株……………………………68
国有法人株………………………68
国立銀行条例……………………4
個人企業……………………2, 3
個人知…………………………181
個人投資家（エンジェル）……22
コストリーダーシップ戦略…120
国家株……………………………68
コッター………………………173
コーディネーター………………35
個別的利益の全体の利益への従属
　………………………………82
コーポレートガバナンス
　（corporate governance：
　企業統治）……………62, 71
コミットメント………………171
コモディティ化………………233
雇用管理………………………152
ゴールデン・パラシュート…229
コングロマリット型M&A…228
コンソーシアム（consortium）…239
コンピテンス…………………171
コンメンダ（commenda）……6

サ

最高経営責任者（CEO：
　Chief Executive Officer）……64
最高財務責任者（CFO：
　Chief Financial Officer）……64
最高執行責任者（COO：
　Chief Operation Officer）……64
財団…………………………………4
財務………………………………81
採用……………………………152
サービス貿易…………………222
差別化戦略……………………120
差別出来高給制度………………79
3委員会…………………………46
参加型リーダーシップ………165
三角合併…………………………56

産学官連携	207
サンクコスト	220
3次下請	203
産地	207
――問屋	208
参入障壁	115
支援活動	117
時価発行	50
私（民間）企業	2
指揮の一元性	82
事業協同組合	12
斯業経験	32
事業譲渡による買収	225
事業戦略	96, 113
事業ドメイン	100
事業内容	22
事業部制組織	95, 134
事業レベルの目標	96
資金	33
――計画	22
――需要	22
――調達	22, 50, 201
資源開発のための海外直接投資	217
資源配分者	196
資源ベース戦略論（RBV）	121
自己株式の取得	51
自己啓発	159
自己資金	23
自己実現	30
自己資本	47, 59
――比率	59
――利益率（ROE）	60
指示的行動	171
自社株買い	228
市場開発	102
市場価格	52
市場関連型 M&A	227
市場浸透	102
市場成長率	107
市場の不完全性	214
自然人	5
持続的競争優位	122
下請企業	203
執行委員会	46
執行役	46, 67
執行役員制度	45
実践コミュニティ	189
シナジー	102, 103
――効果（連結効果）	219
資本集約的な製品	216
資本の証券化	7
指名（人事）委員会	46, 47, 64, 67
社員	5, 43
社会科学	1
社外（外部）取締役	62
社債	58
社団	4
――法人	4
従業員主権論	72, 73
従業員の安定	82
従業員の高齢化	208
従業員の団結	82
従業員持株制度	51
集権的	95
集団維持機能	166
集中戦略	121
柔軟に対応できる能力	211
14の管理原則	82
主活動	117
授権株式数	7, 49
主たる有効性	160
情意	154
小会社	154
昇格・昇進	154
昇給	154
証券取引所	54
少子高齢化	28
上場	52
――会社	9
――企業	52
情報化	28
情報の共有	208
情報の時代	179
賞与	154
職能	95
――給	156
――分化	130
――別教育	159
――別組織	95
職務給	156
職務中心主義	152
所有と経営の分離	63, 64, 76
新会社法	4, 8, 43
新株発行による増資	52
新株引き受けによる買収	225
新株予約権	50, 58
――付社債	58
新規参入の脅威	114
親権（温情）主義的労務時代	145
人材	33
人材育成	157
――方法	160
人材戦略	149
人材の確保	201
新産業	28
人事異動	153
人事管理	143
人事機能	152
新製品開発	208
――戦略	210
新設合併	224
人的資源管理	144
信用協同組合	12
信頼関係	204
衰退期	105
垂直型 M&A	227
垂直的分化	129
水平型 M&A	226
水平的分化	129
スタッフ	132
――部門	132
スタートアップ期	35
ストック・オプション	50
生活関連産業	208
生協	12
生産活動に関する関心	169
成熟期	105
成熟した状態	87
成績	154
製造部門	91
成長期	105
成長初期	200, 201
成長戦略	185
成長ベクトル	102
製品開発	102
製品の高付加価値化	208
製品分業型投資	217
製品別	136
製品輸入の増加	208
製品ライフサイクル	105
全員有限責任	7, 43
先願主義	240
戦術（tactics）	94
専制的労務の時代	145
先発主義	240
専門経営者	64, 77
専門商社	223
専門知ネット型	184
戦略（strategy）	94
――提携（strategic alliances）	229

索　引 ─── 245

創意……………………………………82
創業……………………………………19
────期……………………200, 201
────者………………………………19
操業（生産）シナジー……………104
総合商社……………………………223
増資……………………………………8, 49
総資産利益率（ROA）………………60
相乗効果……………………………104
相対的マーケットシェア
　（市場占有率）……………………107
創発的戦略…………………………98
ソキエタス（societas）………………6
組織活性化…………………………141
組織活動……………………………187
組織知………………………………181
組織的活用…………………………121
組織の改編…………………………203
組織の分化…………………………130
組織は戦略に従う……………………95
組織文化…………………………138, 139
組織変革……………………………141
租税回避……………………………221

タ

大会社…………………………………9
対外直接投資………………………213
大企業の活躍分野…………………196
大企業のシェア……………………196
第3者割当てによる増資……………49
第3セクター…………………………14
体制づくり…………………………165
代替製品……………………………115
態度・行動型………………………160
対内直接投資………………………214
代表者………………………………196
代表取締役……………………………45
多角化………………………………103
多国籍企業（multinational
　enterprises）……………………213
他社に提案できる能力……………211
脱下請………………………………205
達成の成果…………………………151
他人資本……………………………58, 59
短納期………………………………210
ダンピング…………………………221
担保付社債……………………………58
地域別………………………………136
知識…………………………………178
────経営企業……………………185
────資産…………………183, 185

・スキル型…………………………160
────の時代………………………179
────の4大課題……………………33
────ワーカー……………………191
秩序……………………………………82
知的財産権…………………………240
知的資本型…………………………184
地方公営企業…………………………14
チャレンジ・ショップ………………36
チャンドラー…………………………94
中華人民共和国会社法（公司法）
　……………………………………69
中国のコーポレートガバナンス……68
中小企業…………………………9, 195
────基本法………………………195
────の活躍分野…………………196
────のシェア……………………196
長期取引関係………………………230
直接金融………………………………60
直接輸出……………………………220
強み……………………………………99
定款…………………………………7, 21
低コスト……………………………210
テイラー……………………………147
────の科学的管理法……………146
敵対的買収…………………………228
テクノクラート………………………63
撤退戦略……………………………220
ドイツ経営学…………………………75
ドイツモデル…………………………66
動機づけ─衛生理論（二要因論）
　……………………………………86
投資会社………………………………39
投資事業有限責任組合………………11
投資シナジー………………………104
導入期………………………………105
特殊法人………………………………14
独占（monopoly）……………………15
────禁止法………………………15
────的状態………………………16
特定非営利活動法人…………………15
匿名組合………………………………10
独立行政法人…………………………14
特例有限会社…………………………8
特許独立の原則……………………240
トップマネジメント
　（top managemant）………62, 130
富岡製糸場……………………………13
ドメインの再定義…………………101
ドメインの定義……………………100
ドラッカー…………………………190

トランスファー（移転）価格……214
取締役……………………………45, 66
取締役会（board of directors）
　……………………………………64, 66
────の決定事項…………………45

ナ

内国債…………………………………59
内国民待遇の原則…………………240
内部化………………………………214
内部価格……………………………214
内部環境…………………………144, 149
内部昇進取締役…………………45, 62
内部（社内）取締役…………………62
内面化………………………………183
ナレッジ・マネジメント…………180
ナレッジワーカー…………………183
2次下請……………………………203
ニッチ（niche）分野………………196
日本経営学……………………………75
日本的経営…………………………152
入札談合………………………………17
人間関係論……………………………83
人間中心主義………………………152
人間に対する関心…………………169
ネットワーク………………………211
────型の関係性…………………207
────組織…………………………137
農協……………………………………12
能力…………………………………154
────開発………………………154, 157
ノックダウン（Knock Down）……233

ハ

買収………………………………52, 53, 224
配置転換（人事異動）……………153
配当権…………………………………47
配当性向………………………………60
ハーシーとブランチャード………170
ハーズバーグ………………………148
働く人間………………………………75
発行株式数……………………………7
花形…………………………………109
バーナード…………………………127
バブル崩壊…………………………205
パリ条約（工業所有権保護条約）
　……………………………………240
バリューチェーン（価値連鎖）
　…………………………………116, 117
販売拠点型投資……………………218
販売シナジー………………………104

販売部門	91	
販売・マーケティング契約	239	
5フォース分析	114	
非営利組織	1, 36	
比較の基準	90	
非公開企業（閉鎖会社）	9	
ビジネス・インキュベーター	35	
ビジネス・スクリーン	112	
ビジネス・プラン（事業計画書）	21, 22	
1株当たりの利益（EPS）	60	
1株1議決権の原則	48	
1株1票の議決権	44	
ヒューマン・リソース・ディベロップメント	157	
ヒューマン・リソース・マネジメント	143	
評価内容	154	
評価要素	154	
表出化	183	
非流通株	68	
ファブレス企業	210	
ファミリービジネス	63	
ファヨール	81	
ファンクショナル組織	131	
部下への配慮	165	
復占（duopoly）	15	
不公正な取引方法	17	
負債比率	60	
普通株式	48	
普通社債	58	
不当な取引制限の要件	18	
部品・工程分業型投資	216	
プライベートブランド（PB）	235	
プラザ合意	205	
フランチャイザー（franchiser）	237	
フランチャイジー（franchisee）	237	
フランチャイジング（franchising）	237	
ブレイク	169	
プロジェクト組織	137	
プロジェクトチーム	187	
プロフェッショナル	186	
分業的	82	
分権的	95	
ベストプラクティス型	184	
変革型リーダーシップ理論	173	
ベンチャー企業	29	

ベンチャーキャピタル（投資会社）	22, 39	
貿易	222	
―――活動	220	
報酬委員会	46, 47, 64, 67	
法人	4	
―――格否認の法理	5	
募集設立	8	
ボストン・コンサルティング・グループ（BCG：Boston Consulting Group）	104	
保全	81	
ホーソン実験	147	
発起設立	8	
ホワイトカラー	186	
ホワイトナイト	229	

マ

マグレガー	85, 148	
負け犬	109	
マーケティング	22, 33	
―――計画	22	
マージン（利益）	117	
マズロー	85, 148	
マトリクス組織	136	
マネジメント	74	
―――サイクル	81	
―――・シナジー	104	
―――の役割	151	
マネジリアル・グリッド	169	
ミシガン研究	165	
三隅二不二	166	
未成熟―成熟モデル	87	
未成熟な状態	87	
ミッション（使命）	20	
3つの基本戦略	119	
ミドルマネジメント	130	
民営化	2, 13, 14, 63	
ミンツバーグ	98, 133	
民法上の組合	10	
無額面株式	47	
無限責任	3, 5, 6	
無担保社債	58	
ムートン	169	
メイヨー	83	
―――の人間関係論	147	
命令の一元性	82	
メインバンクシステム	60	
メンバーの成熟度	170	
目標達成機能	166	
モジュール化	233	

持株会社	16	
持分会社	4	
モチベーション	84	
模倣困難性	121	
問題児	109	

ヤ

役割の呼称	151	
有機的組織	89, 90	
有限会社	8	
有限責任	6	
―――会社（有限責任公司）	69	
―――事業組合（LLP：Limited Liability Partnership）	11	
友好的買収	228	
優先株式	48	
優先権制度	240	
輸出型投資	216	
輸送サービス貿易	222	
輸入代替型直接投資	215	
4次下請	203	
欲求階層説	85	
弱み	99	

ラ

ライセンサー	231	
ライセンシー	231	
ライセンシング（licensing）	231, 232	
ライツプラン（ポイズンピル）	228	
ライン	132	
―――・アンド・スタッフ組織	132	
―――組織	130	
―――部門	132	
リーダー	162	
リーダーシップ	162	
―――行動理論	164	
―――特性論	164	
リッカート	88, 165	
流通株	68	
旅行サービス貿易	222	
レスリスバーガー	83	
劣後株式	48	
連結化	183	
ロイヤリティ（royalty）	231	
労働者協同組合（ワーカーズコープ）	12	
労働集約的な製品	216	
労働力の動き	152	

（検印省略）

2018年4月5日　初版発行
2020年4月5日　二刷発行

略称 ― 新時代の経営

新時代の経営マネジメント

著　者　中山　健・丹野　勲・宮下　清
発行者　塚田　尚寛

発行所　東京都文京区　株式会社　創成社
　　　　春日2-13-1
　　　　電　話 03（3868）3867　　FAX 03（5802）6802
　　　　出版部 03（3868）3857　　FAX 03（5802）6801
　　　　http://www.books-sosei.com　振替 00150-9-191261

定価はカバーに表示してあります。

©2018 Takeshi Nakayama, Isao Tanno,　　組版：トミ・アート　印刷：S・Dプリント
Kiyoshi Miyashita　　　　　　　　　　　製本：カナメブックス
ISBN978-4-7944-2519-5 C3034　　　　　　落丁・乱丁本はお取り替えいたします。
Printed in Japan

経営・マーケティング

書名	著者	区分	価格
新時代の経営マネジメント	中山　健／丹野　勲／宮下　清	著	2,400円
テキスト経営・人事入門	宮下　清	著	2,400円
大学生のための国際経営論	岩谷昌樹	著	2,800円
環境経営入門　―理論と実践―	金原達夫	著	1,800円
ビジネスデザインと経営学	立教大学大学院ビジネスデザイン研究科	編	3,000円
働く人のキャリアの停滞　―伸び悩みから飛躍へのステップ―	山本　寛	編著	2,650円
働く人のためのエンプロイアビリティ	山本　寛	著	3,400円
イチから学ぶビジネス　―高校生・大学生の経営学入門―	小野正人	著	1,700円
脱コモディティへのブランディング　―企業ミュージアム・情報倫理と「彫り込まれた」消費―	白石弘幸	著	3,100円
やさしく学ぶ経営学	海野　博／畑　隆	編著	2,600円
豊かに暮らし社会を支えるための教養としてのビジネス入門	石毛　宏	著	2,800円
おもてなしの経営学［実践編］　―宮城のおかみが語るサービス経営の極意―	東北学院大学経営学部おもてなし研究チーム／みやぎ おかみ会	編著／協力	1,600円
おもてなしの経営学［理論編］　―旅館経営への複合的アプローチ―	東北学院大学経営学部おもてなし研究チーム	著	1,600円
おもてなしの経営学［震災編］　―東日本大震災下で輝いたおもてなしの心―	東北学院大学経営学部おもてなし研究チーム／みやぎ おかみ会	編著／協力	1,600円
イノベーションと組織	首藤禎史／伊藤友章／平安山英成	訳	2,400円
経営情報システムとビジネスプロセス管理	大場允晶／藤川裕晃	編著	2,500円

（本体価格）

創成社